# 作者简介

## 王玮

  毕业于华南理工大学机电一体化专业，正高级工程师，现就职于广州地铁建设管理有限公司，任数字化建设委员会办公室主任，中国图学学会 BIM 专委会委员。自 2003 年以来，先后参与广州地铁 2 号线等多条线路从初步设计到开通验交的全建设过程管理工作。所管辖的广州地铁 18 及 22 号线工程成为住房和城乡建设部和中国城市轨道交通协会"工程＋数字化"双示范工程。同时，从 2013 年起，推进数字化、信息化在工程管理过程中的赋能落地工作。以"基于数据的项目管理"为目标，研发适应轨道交通工程项目管理特点的"基于 BIM 的信息化施工管理平台"，推进"自主可控"物联技术在数字工地数据采集中的积极作用。参与编制广东省地方标准《城市轨道交通基于建筑信息模型（BIM）的设备设施管理编码规范》DBJ/T 15—161—2019 与《城市轨道交通建筑信息模型（BIM）建模与交付标准》DBJ/T 15—160—2019。曾获华夏建设科学技术奖二等奖、城市轨道交通协会科学进步奖二等奖、中国图学学会龙图杯一等奖等奖项。

 ## 广东积木机电科技有限公司

  广东积木机电科技有限公司，为国家高新科技企业、专精特新企业、创新型中小企业、科技型中小企业、广州市轨道交通产业联盟理事成员、广东省建设工程绿色与装配式发展协会理事成员，致力于推广机电 DfMA 装配式工程全流程服务。

  公司主营业务有：DfMA 装配式机电工程、耐火风管、复合风管、镀锌风管、BIM 咨询、MiC 模块化高效冷水机房及消防泵房、轨道交通智能系统解决方案、环境系统整体解决方案。公司拥有专业的研发设计生产团队，专注于各种通风管道的研发制造与基于 BIM 技术的机电安装工程装配式产品的开发，深化设计，预制和新工艺、新工法研究，已申请多项专利和工法，在装配式应用方面有较强的研发生产能力。

  公司先后承接广州地铁项目（9 号线、14 号、21 号线、8 号线、18 号线、22 号线、7 号线顺德段全线、5 号线东延段、3 号线东延段、11 号线、12 号线、13 号线等）、深圳地铁项目（20 号线、12 号线、13 号线全线、3 号线等）、埃克森美孚（惠州）项目、华南理工大学广州国际校区项目、香港科技大学广州校区项目、香港国际机场项目和深圳中医院高效装配式机房等。

# 前言

在城市化进程不断加速的今天，城市轨道交通作为缓解交通压力、提升出行效率的核心基础设施，已成为现代城市发展的重要标志。然而，传统轨道交通建设模式面临工程专业交叉复杂、协调难度高、资源浪费严重等问题，导致项目周期长、成本不可控、质量难以保障。面对新时代对"新质生产力"的迫切需求，行业急需一种更高效、更绿色、更具可持续性的技术解决方案。DfMA（Design for Manufacturing and Assembly，面向制造和装配的设计）技术应运而生，它通过模块化设计、数字化协同和工业化生产，为城市轨道交通建设注入新的活力，成为推动行业转型升级的重要引擎。

DfMA 并非新兴概念，其根源可追溯至汽车制造业的模块化生产模式。例如，特斯拉通过高度集成的模块化设计，大幅缩短了车辆生产周期；尚品宅配则以家居模块化定制开创了"个性化＋工业化"融合的商业模式。这些成功案例表明，DfMA 技术的核心在于通过标准化、预制化和数字化手段，打破传统工程建设的碎片化桎梏。然而，城市轨道交通领域因其工程复杂度高、专业协同难度大等特点，DfMA 技术的应用仍处于探索阶段，基于这一背景编写本书，旨在为行业提供可复制的经验与范式。

本书立足于理论与实践的双重维度，系统探讨 DfMA 技术在城市轨道交通领域的创新应用及其商业模式。全书以解决行业痛点为导向，结合国内外典型案例，深入剖析 DfMA 技术的核心理念、实施路径与未来趋势，旨在为读者提供一套从设计到施工、从技术到管理的完整知识体系，助力行业实现高效、低碳、智能化的跨越式发展。

本书紧密贴合城市轨道交通行业的发展趋势，以 DfMA 技术为核心，深入探讨了这一技术如何在城市轨道交通领域发挥重要作用。在专业性和学科交叉方面，本书涉及建筑、机械、信息技术等多个领域，通过阅读本书，读者可以系统地了解 DfMA 技术在城市轨道交通建设中的应用，掌握装配式相关的设计、加工、施工和管理技术，以及学习如何利用 DfMA 技术优化现有的施工组织设计和商业模式，探索新的盈利点和运营效率提升策略。当前，DfMA 技术方兴未艾，其与智慧建造、绿色低碳等趋势的融合必将催生更多突破。

由于编者水平有限，书中难免存在疏漏与不足之处，敬请广大读者不吝指正。

# 小工法撬动大业态

## ——城市轨道交通 DfMA 应用研究与商业模式

王 玮 广东积木机电科技有限公司 著

中国建筑工业出版社

图书在版编目（CIP）数据

小工法撬动大业态：城市轨道交通 DfMA 应用研究与商业模式 / 王玮，广东积木机电科技有限公司著. -- 北京：中国建筑工业出版社，2025.6. -- ISBN 978-7-112-31189-7

Ⅰ.U239.5

中国国家版本馆 CIP 数据核字第 2025SH0137 号

本书紧密贴合城市轨道交通行业的发展趋势，以 DfMA 技术为核心，深入探讨了这一技术如何在城市轨道交通领域发挥重要作用。全书共分为 9 章，具体内容包括绪论、DfMA 理论基础与技术框架、基于 DfMA 的轨道交通机电系统设计革新、基于 DfMA 的轨道交通机电系统设计案例分析、DfMA 与数字化技术的深度融合、DfMA 数字化编码管理体系、DfMA 带来的经济效益与社会效益、DfMA 撬动城市轨道交通业态发展的商业模式、趋势与展望。

本书适用于土木工程、机械工程等专业的本科生和研究生，可作为教学参考和科研辅助资料；同时也适合作为城市轨道交通工程领域的专业人士的参考用书。

责任编辑：李天虹　李　阳
责任校对：党　蕾

## 小工法撬动大业态——城市轨道交通 DfMA 应用研究与商业模式
王　玮　广东积木机电科技有限公司　著

\*

中国建筑工业出版社出版、发行（北京海淀三里河路 9 号）
各地新华书店、建筑书店经销
北京龙达新润科技有限公司制版
建工社（河北）印刷有限公司印刷

\*

开本：787 毫米×1092 毫米　1/16　印张：12¼　字数：300 千字
2025 年 6 月第一版　　2025 年 6 月第一次印刷
定价：**49.00** 元
ISBN 978-7-112-31189-7
（44736）

**版权所有　翻印必究**
如有内容及印装质量问题，请与本社读者服务中心联系
电话：（010）58337283　　QQ：2885381756
（地址：北京海淀三里河路 9 号中国建筑工业出版社 604 室　邮政编码：100037）

# 目录

## 第1章 绪论 ········· 1
1.1 尚品宅配：模块化设计的成功实践 ········· 1
1.2 DfMA 的起源与发展历程 ········· 7
1.3 DfMA 的核心理念：借鉴汽车模块化设计与部件概念 ········· 8
1.4 DfMA 在城市轨道交通中的应用场景 ········· 13

## 第2章 DfMA 理论基础与技术框架 ········· 20
2.1 DfMA 核心思想 ········· 20
2.2 DfMA 核心原则 ········· 22
2.3 DfMA 方法论 ········· 25
2.4 DfMA 的基本步骤 ········· 27
2.5 数字化工具在 DfMA 施工中的应用：BIM 与 ERP 系统的整合 ········· 29
2.6 DfMA 实施的层次 ········· 35

## 第3章 基于 DfMA 的轨道交通机电系统设计革新 ········· 37
3.1 基于 DfMA 的轨道交通机电工程装配设计和制造设计技术 ········· 37
3.2 预制构件设计与制造技术 ········· 61
3.3 DfMA 运输和吊装方案 ········· 62
3.4 施工技术与管理创新 ········· 64

## 第4章 基于 DfMA 的轨道交通机电系统设计案例分析 ········· 73
4.1 基于 DfMA 的轨道交通机电工程设计技术要点 ········· 73
4.2 基于 DfMA 的轨道交通机电工程模块化制造技术要点 ········· 95
4.3 基于 DfMA 的轨道交通机电工程安装要点 ········· 103

## 第5章 DfMA 与数字化技术的深度融合 ········· 108
5.1 基于 DfMA 的轨道交通机电工程数字化运维管理 ········· 108
5.2 数据应用与智慧物流仓储管理 ········· 118
5.3 智能制造与 DfMA 的结合 ········· 122
5.4 数字工厂与智慧制造 ········· 125

5.5　智慧工厂 ·········································································· 139
5.6　BIM＋APP-MES 在运维管理中的应用 ································ 151

## 第 6 章　DfMA 数字化编码管理体系 ···································· 153
6.1　编码体系设计原则 ···················································· 153
6.2　编码体系与 BIM 集成 ··············································· 155
6.3　数字化编码在 DfMA 全生命周期中的应用 ···················· 157
6.4　数字化编码的实时管理与跨阶段连贯性保障 ················· 160

## 第 7 章　DfMA 带来的经济效益与社会效益 ························· 163
7.1　工程成本与周期的优化 ············································· 163
7.2　低碳可持续性与环境影响 ·········································· 164
7.3　劳动力需求与用工效率的改善 ···································· 165
7.4　应用情况和推广效益 ················································ 166
7.5　DfMA 对传统业务场景的影响 ···································· 170

## 第 8 章　DfMA 撬动城市轨道交通业态发展的商业模式 ········· 177

## 第 9 章　趋势与展望 ···························································· 179
9.1　DfMA 技术在城市轨道交通建设中的价值体现 ·············· 179
9.2　DfMA 技术在城市轨道交通建设中的发展趋势 ·············· 180
9.3　DfMA 技术在城市轨道交通建设中的推广应用 ·············· 182

## 参考文献 ··············································································· 185

# 第 1 章

# 绪论

在当今快速发展的建筑和制造业领域，模块化设计作为一种创新的方式，正逐渐改变着传统的建设模式。本章旨在为读者提供一个关于模块化设计及其在城市轨道交通中应用的全面概览。首先，通过尚品宅配的案例来探讨模块化设计的成功实践，从其成立背景与发展历程，到模块化家居设计理念和商业模式创新，揭示模块化设计在现代企业中的应用及其带来的变革。其次，将追溯 DfMA（Design for Manufacturing and Assembly，面向制造和装配的设计）的起源与发展，并探讨其核心理念，特别是如何借鉴汽车行业的模块化设计与部件概念，通过分析汽车行业的应用案例，深入理解模块化设计与部件的优势。最后，转向 DfMA 在城市轨道交通中的应用场景，探讨其面临的挑战与机遇，以及 DfMA 在此领域的价值与意义。

## 1.1 尚品宅配：模块化设计的成功实践

在家居行业，消费者的个性化需求与大规模生产之间的矛盾一直是传统制造模式中的难点，而尚品宅配通过模块化设计成功解决了这一问题。其模块化设计不仅仅局限于产品结构的优化，更是通过数字化技术和智能化生产，实现了从设计到生产、物流到安装的全流程优化。在本节中，我们将深入探讨尚品宅配如何通过模块化设计实现商业模式创新，以及其成功经验对其他行业的潜在应用价值。

### 1.1.1 成立背景与发展历程

2004 年，尚品宅配在中国家居行业悄然崛起，创始人通过创新思维和对市场需求的敏锐洞察，成功打破了传统家居行业的格局。尚品宅配的故事从一张简单的设计图开始，象征着家居行业进入数字化、定制化时代的起点。这一切的背后，是国内首个家具设计软件的诞生，它为每块板材赋予"身份证"，实现了家具的个性化定制与数字化管理。在那时，尚品宅配的名字便成为"家居行业搅局者"的代名词，标志着传统家居行业正在迎来一场深刻的变革。

2006 年，尚品宅配顺利落成了其首个数码化家具工厂，凭借先进的数字化生产线，生产能力迅速跃升，成为华南地区领先的家具生产企业。数字化生产不仅打破了传统手工定制的局限，更使个性化产品能够实现大规模生产，将少数人的定制梦想转化为大众的生活方式，推动了定制家具的普及。

2007年，尚品宅配率先提出"全屋定制"概念，首次将定制的业务扩展至家居的各个领域，不仅限于衣柜、橱柜等小件家具，而是涵盖了整个居住空间的个性化需求。通过"3房2厅"全屋定制，尚品宅配打破了传统家居消费模式的限制，为消费者提供了前所未有的选择自由和个性化设计的空间。

2009年，互联网的飞速发展为尚品宅配带来了新的商业机遇。尚品宅配积极拥抱O2O（Online to Offline，即线上到线下）模式，开创了家居电商的新消费模式。消费者可以通过网络平台轻松浏览家居产品，进行定制，享受网上购物的便捷体验。这一举措让尚品宅配迅速在消费者心中占据了重要地位，也引领了家居行业向数字化、网络化的方向发展。

2010年，尚品宅配推出了"宅配"元年，开始提供全方位的家居用品一站式配套服务，创新性地打造了"拎包入住"的服务模式，极大提升了家居消费者的购买体验。从选购家具到整体搭配，尚品宅配让消费者能够在一个平台上完成所有家居需求，真正实现了全屋配齐。

2011年，阿里巴巴集团的资深顾问曾鸣将尚品宅配誉为"中国C2B（Customer to Business，即消费者到企业）模式的样本"，这份赞誉不仅源于尚品宅配在家居行业的创新性，也凸显了其在数字化、智能制造与新零售模式融合方面的独特优势。通过精准的市场洞察和个性化的服务流程，尚品宅配将消费者的需求置于核心位置，开创了数字化全流程定制的新时代。从预约量尺、合同签订到方案定制、产品生产及上门安装，尚品宅配的每一环节都确保流畅与高效。

2014年，尚品宅配再次突破传统思维，率先将家居店铺开设在繁华的购物中心，带来了全新的家居消费体验。通过这一举措，尚品宅配将线下体验与线上购物无缝衔接，推动了家居消费模式的进一步变革。

随着品牌的不断壮大，尚品宅配在2015年签约了意大利殿堂级设计师，引入国际化设计理念，为中国家庭带来世界级的家居设计风格，并荣获"中国好设计"奖项，推动了家居行业设计水平的提升。

进入工业4.0时代，尚品宅配在2016年获得了工业和信息化部认证，成为智能制造试点示范企业，率先将家居行业推向了智能化、自动化的新高峰。同时，尚品宅配成立了中国家居行业首家生活方式研究院，利用海量用户数据深入研究国人的家居需求与生活方式，真正将定制家居提升至一种美好生活的构建方式。

2017年，尚品宅配成功上市，进一步巩固了其行业领导者地位。

2024年，尚品宅配通过AI设计工厂再次升级了其服务模式，为消费者提供了更为高效、便捷、精准的定制体验。通过智能化的设计平台，消费者可以在短时间内获取多种设计方案，实时修改，享受个性化的服务，彻底告别了传统家居购物中的冗长与不透明的过程。AI技术的应用不仅提升了设计效率，还深度洞察了不同人群的生活方式，使设计方案更加符合消费者的需求与情感共鸣。同时，智能化的预算计算系统为消费者提供精准报价，彻底解决了家居消费中的价格不透明问题，提升了消费者的决策效率。

## 1.1.2　尚品宅配的模块化家居设计理念

尚品宅配的模块化家居设计理念，既是其商业模式创新的核心，也是其成功实践的重要支柱。通过将家居产品设计为标准化部件，同时保留高度的个性化定制空间，尚品宅配不仅突破了传统家居行业的局限，也为消费者提供了既符合个性化需求，又能在大规模生产中保持高质量和高效率。这一理念的核心价值在于如何实现标准化与定制化的平衡，以及如何通过模块化设计提升生产和消费的效能。

(1) 模块化家居的定义：标准化部件与个性化定制结合

模块化家居设计的基本理念在于通过标准化部件的生产，使得各个组件具有高度的兼容性和灵活性，从而能够根据消费者的不同需求进行定制化组合。这一理念的关键在于"模块"二字，将一个复杂、庞大的家居设计体系拆解为若干个标准化的模块，每个模块在生产时都遵循统一的设计和质量标准，但它们在组合时却具有极高的灵活性与多样性。

在传统家居市场，定制家居往往面临成本高和生产周期过长的挑战。传统定制家居需要完全根据每个消费者的需求进行设计和生产，导致生产工艺复杂、周期漫长且缺乏生产效率。而尚品宅配通过模块化设计，将家居中的各个功能单元，如衣柜、书柜、厨房、浴室等拆解成可标准化生产的模块，这些模块可以根据不同的空间需求和风格设计进行自由组合，既能满足消费者对家居空间的个性化需求，也能在生产和运输环节保持较低的成本和高效的运转。

例如，尚品宅配的橱柜和衣柜设计中，基础模块包括柜体、门板、抽屉、隔板等，每个部件都具有统一的规格与质量标准。这些基础模块通过精确的标准化生产确保了产品的质量一致性和制造效率，而消费者则可以根据实际需求，在尺寸、颜色、材质、功能配置等方面进行个性化定制。尤其是在木板的选择上，尚品宅配通过不同的颜色和材质搭配，帮助消费者打造各种风格的家居氛围，例如：采用浅色木板和自然纹理的组合，能够营造出一种温馨、明亮的北欧风格，强调简洁、功能性和自然元素的结合；而深色木材与粗犷的金属配件则适合打造工业风格，带有一些原始质感和现代都市气息，适合喜爱个性和硬朗风格的消费者；如果消费者喜欢温暖、朴实的乡村风格，尚品宅配可以提供带有复古感的木质色调，如浅胡桃木或松木色，这些颜色搭配上手工雕刻的细节，能够呈现出一种亲切、自然的乡村家居氛围。

(2) "小工法、大业态"的应用：标准化生产与个性化装配

尚品宅配的模块化家居设计理念，深刻体现了其"小工法、大业态"的应用策略。所谓"小工法"是指通过精细化、标准化的生产工艺，使得每个模块的制造过程高度规范和简化。通过"小工法"，企业能够降低生产过程中的不确定性，缩短生产周期，并且实现低成本、大规模的生产。而"大业态"则是指基于标准化模块的灵活组合，能够满足不同消费者对空间功能与美学的个性化需求，最终形成规模化、集约化的家居产品供给链条。

具体来说，尚品宅配将整个生产过程分为两个层次。第一层次是"标准化生产"，包括原材料的采购、部件的制造和初步装配等，所有这些环节都高度依赖精确的工艺和统一的生产规范。通过先进的数控设备、自动化生产线以及信息化管理系统，尚品宅配能够实现大规模的生产，并确保每一个模块的质量一致性。第二层次是"个性化装配"，即根据消费者的设计需求，通过系统自动化平台和精密装配线，将标准化模块按需组合成个性化

的家居产品（图1-1）。在这一环节，消费者的需求被精确地转化为具体的设计方案，个性化需求与模块化产品的灵活拼接相结合，最终交付出符合消费者预期的定制化家居产品。消费者可以根据自身喜好，在轻奢、极简等风格中自由选择，系统会根据这些风格指引，推荐相应的设计方案与配件，确保最终的装配效果既符合个性化要求，又兼具设计感与实用性。这种灵活的拼装方式，不仅赋予家居产品独特的艺术气息，还能满足消费者对于家居环境的高品质追求。

这种"小工法、大业态"的策略，既保证了模块化生产的高效率，又最大程度地保留了定制化设计的灵活性。消费者能够根据自身的空间结构、生活习惯及审美情趣，选择适合自己的家居风格和功能配置，同时尚品宅配通过高度集成的生产模式，能够快速响应并实现大规模的定制化生产，保证了产品的交付周期和服务质量。

图1-1 尚品宅配个性化装配

（3）用户体验：如何通过模块化设计提升客户满意度

尚品宅配的模块化家居设计不仅仅是为了提高生产效率，更多的是为了提升消费者的使用体验。在家居消费中，消费者对个性化、舒适性、功能性和美学的需求日益提高，而传统家居产品往往很难同时满足这些需求。尚品宅配通过模块化设计，结合定制化的个性化服务，成功地解决了这些问题，从而大大提升了客户的满意度和品牌忠诚度。

1）个性化定制与空间优化：尚品宅配通过在线设计平台和线下体验店的结合，帮助消费者更好地规划和设计家居空间。消费者可以通过可视化设计工具，提前预览不同家居模块的组合效果，根据实际需求对每个模块的尺寸、颜色、材质等进行定制。这种高度个性化的设计方式，不仅让消费者能够根据自己的生活需求进行空间优化，还能根据个人的审美标准选择最适合的家居风格。通过这种定制化设计，消费者可以在有限的空间中最大化地利用每一寸空间，实现功能与美学的双重需求。

2）高效的生产与交付体验：模块化家居设计使得生产过程更加高效，产品交付周期显著缩短。通过标准化部件的生产，尚品宅配能够提前备货并快速响应消费者需求，避免了传统定制家具长时间等待的问题，消费者可以在短时间内获得满意的家居产品，从而提升了他们的购物体验。

3）质量与服务保障：标准化的生产流程确保了每个模块的质量一致性与稳定性，而个性化的装配则保障了最终产品的贴合度和舒适性。此外，尚品宅配还提供全程的安装与售后服务，确保消费者在使用过程中能够得到及时的支持与帮助。这种完善的服务体系，大大增强了消费者的信任感与满意度。

4）线上线下无缝衔接的购物体验：尚品宅配通过线上平台和线下体验店的深度融合，为消费者提供了全渠道的购物体验。在选择产品时，消费者不仅可以通过线上平台进行便捷的浏览和设计，还可以在线下体验店中进行实物体验，在线下进行最后的调整与确认。这种线上线下无缝衔接的购物模式，极大地提升了消费者的便利性和满意度。

## 1.1.3 尚品宅配的商业模式创新

尚品宅配的商业模式创新，体现了现代家居产业向更加精细化、智能化、模块化方向的转型。其成功的核心，除了在前端的个性化设计和产品定制上精益求精，更在于通过创新的供应链管理、智能制造、配送和安装等后端环节，实现了全程效率的提升。通过模块化设计与智能化手段的融合，尚品宅配不仅提升了生产与服务的效率，也在整个家居产业链中构建起了高度整合、协同创新的商业生态系统。

（1）"C2B＋O2O"商业模式的创新

在传统的家居定制行业中，生产商通常根据市场的整体需求进行批量生产，然后通过线下渠道分发到消费者手中。这一模式下，消费者的个性化需求往往难以得到满足，而生产效率和供需之间也存在较大的滞后性。尚品宅配的创新之处在于引入了"C2B＋O2O"模式，通过将消费者的需求与生产环节直接对接，实现了从传统"产品导向"到"用户导向"的根本转变。

"C2B"模式的核心是从客户需求出发，反向驱动生产，制造符合消费者个性化需求的家居产品。通过这一模式，尚品宅配不仅仅根据市场趋势生产产品，而且根据每位消费者的个性化需求进行定制生产，确保了高效的个性化服务。应用"C2B＋O2O"模式，进一步增强了这一创新商业模式的竞争力。尚品宅配通过线上平台和线下体验店的结合，打破了传统零售模式中的线上与线下割裂的壁垒，构建了一个无缝连接的全渠道消费体系。消费者可以通过 PC 端、新居网等平台进行产品浏览、设计体验、购买决策，而在线下，尚品宅配通过全国一千多家门店，构建了垂直布局的线下体验平台，为消费者提供现场体验和个性化服务。线上线下的结合不仅提高了客户的参与度和满意度，也增强了企业与消费者之间的互动性和黏性，确保了对消费者需求的即时响应。

（2）数据驱动的精准营销与用户画像分析

尚品宅配通过大数据技术，基于消费者的年龄、身份、职业等多维度数据进行用户细分，从而能够深度分析并挖掘不同用户群体的多元化需求。例如：对于年轻消费者，尚品宅配会通过设计风格、功能需求等角度推出更加符合其审美与使用需求的产品；而对于中老年消费者，则可能注重产品的实用性和安全性。在这一过程中，尚品宅配能够根据用户的具体需求提供个性化定制方案，从而提升消费者的购买体验和满意度。

此外，通过精准的用户画像和需求分析，尚品宅配实现了精准营销，提升了广告投放和促销活动的效果（图1-2）。与传统的广泛撒网式营销不同，尚品宅配能够精确地定位到有潜在购买意向的用户群体，从而使得广告成本得到更好的控制，同时提高了转化率。这种基于大数据分析的精准营销，不仅为尚品宅配带来了更多的销售机会，也让企业能够更好地适应市场的动态变化，提升市场反应速度。

图1-2 尚品宅配精准营销

（3）从"制造"到"智造"的转型升级

尚品宅配的商业模式创新不仅仅体现在销售渠道和用户需求的管理上，更在于生产制造环节的全面智能化转型。作为家居定制行业的先行者，尚品宅配在制造领域实现了从传统"制造"到"智造"的跨越，充分利用现代智能制造技术，在"工业4.0"时代的浪潮中走在了前列。

在智能化转型的过程中，尚品宅配采用了全数字化的C2M（Customer to Manufacturer，即消费者到生产者）模式，将消费者的个性化需求与生产端紧密对接。这一模式的最大特点在于，消费者的每个设计需求都能直接影响生产环节的决策，生产过程高度个性化并且灵活多变。这使得尚品宅配能够在保持定制化的同时，保持较高的生产效率，从而应对市场上多元化的需求。

尚品宅配在智能制造工厂中采用了"机器指挥机器"的生产模式（图1-3）。与传统的"人指挥机器"方式不同，这种智能化生产系统大大提高了生产效率，同时也使得产品的定制化程度和生产的灵活性得到了显著提升。通过数字化标签技术，每一件家具产品都可以在生产、仓储、物流、安装等环节中实现全程追踪和智能管理。每一件产品从选材到生产，再到仓储、配送和安装，都在信息系统的支持下实现了自动化和智能化管理。

这一智能化生产体系不仅保证了产品的高质量、生产的高效率，也大大缩短了生产周期，降低了生产成本。尚品宅配的制造基地每天出厂千余套家具，生产出约30万个完全不同的板件，确保了定制化产品的大规模生产能够顺利进行。通过这一"智能化+自动化"的生产模式，尚品宅配成功将大规模定制化生产变为现实，让消费者能够享受到既个性化又高效的家居定制服务。

（4）智能化与自动化双轮驱动下的市场拓展

凭借智能制造和大数据驱动的精准营销，尚品宅配的家居定制业务得到了极大的拓展。通过数字化和智能化的手段，尚品宅配已经为全国超过1000万个家庭设计了定制家居空间。这不仅意味着家居定制产品从"少数人定制"变成了"多数人生活"，也标志着

图 1-3 "机器指挥机器"的生产模式

定制家居逐渐进入了大众化消费阶段，推动了整个家居行业向更高效、更智能的方向发展。

尚品宅配作为家居行业中模块化设计与定制化生产的领先企业，其商业模式创新与成功实践不仅在家居行业内产生了深远影响，也为其他行业，特别是城市轨道交通等基础设施建设领域提供了重要的借鉴意义。通过尚品宅配的成功经验，我们可以深刻理解模块化设计在提升生产效率、降低成本、优化资源配置、提高用户体验等方面的巨大潜力。尤其是对于像城市轨道交通这样复杂的建设项目，模块化设计的引入无疑为解决传统施工模式中的种种痛点提供了有效的方案。

## 1.2 DfMA 的起源与发展历程

尚品宅配的模块化设计与成功实践为现代制造与装配设计提供了重要启示，这种设计理念的核心与 DfMA 的基本思想不谋而合。接下来，我们将从历史角度解析 DfMA 的起源与发展历程。

DfMA 的概念最早可以追溯到 20 世纪 60 年代，当时制造业正处于迅速发展的阶段。为了解决传统设计与制造脱节的问题，工程师和研究人员开始探索如何将产品设计与制造、装配过程紧密结合，以提高生产效率和产品质量。在 20 世纪中期，随着大规模工业化生产的兴起，传统设计方式中存在的问题逐渐显现。这一时期，研究者开始意识到，设计阶段的决策对后续制造和装配过程有着决定性影响。20 世纪 60 年代末，美国和欧洲国家的一些工业研究机构开始尝试将制造和装配需求纳入设计流程，这种思路为 DfMA 的诞生奠定了理论基础。

DfMA 作为一个系统化的方法论最早由英国工程师 Geoffrey Boothroyd 和 Peter Dewhurst 在 20 世纪 80 年代明确提出。他们开发了一套工具和方法，用于帮助设计师分析产品的制造和装配成本，并优化设计以降低复杂性和提高效率。这些工具后来被称为 Boothroyd-Dewhurst 方法，成为 DfMA 理论体系的重要组成部分。20 世纪 90 年代，DfMA 理念逐渐与模块化设计、预制件和工厂化生产深度融合，形成了更加完整的体系。在这一过程中，模块化设计通过零部件的标准化与模块化，简化了产品设计，便于规模化制造和快速装配；预制化技术让建筑行业的构件可以像工业产品一样被精准制造并批量生产，大幅缩短了施工周期；工厂化生产则在受控环境中提高了构件的一致性与质量稳定性。此外，随着数字化技术的崛起，建筑信息模型（Building Information Modeling，BIM）技术被引入 DfMA 流程，打破了设计、制造和施工之间的传统壁垒，使得所有环节可以通过数字化平台实现无缝协同。这些技术的发展，让 DfMA 在汽车制造、航空航天、电子产品和建筑行业中得到了广泛的应用。

我国政府也高度重视制造业的发展，提出"中国制造 2025"等政策，推动制造业转型升级。DfMA 作为提高制造业竞争力的关键手段，将在我国制造业发展中发挥重要作用。目前，DfMA 的应用已逐步围绕六大方向展开：绿色建筑、缩短施工工期、模块化设计、预制构件、工厂化生产以及 BIM 技术的全面协作（图 1-4）。在绿色建筑领域，DfMA 通过减少材料浪费、优化能源使用和提升建造效率，为可持续发展提供了有力支持；在建筑与基础设施建设中，标准化的模块设计与预制构件的大规模使用显著缩短了施工周期并降低了施工难度；工厂化生产在精确控制的环境中制造出高质量构件，减少了现场施工的不确定性。此外，BIM 技术作为 DfMA 的数字化核心支撑工具，

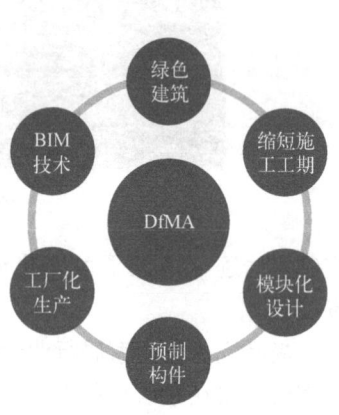

图 1-4　DfMA 的应用

不仅使得设计可视化，还使施工过程具备全流程的协调和优化能力。轨道交通等复杂的基础设施项目正广泛采用这些方法，通过 DfMA 实现了高效、可靠和可持续的建造模式。

未来，DfMA 的发展将更加依赖智能制造、人工智能和物联网等技术的深度融合，推动其在全生命周期中的全面应用。在建筑领域，DfMA 将继续为模块化和预制化提供技术支持，助力工业化建造模式的普及；在制造业，DfMA 将进一步优化资源利用，提升产品质量与制造效率。作为绿色建造与现代制造的桥梁，DfMA 不仅是当前技术发展的核心方法论，也将成为未来高效可持续发展的重要基石，为建筑、交通及制造业的转型升级提供广阔的可能性。

## 1.3　DfMA 的核心理念：借鉴汽车模块化设计与部件概念

DfMA 的核心理念在多个行业中得到了实践，而汽车行业的模块化设计与部件化管理尤为成熟。这些成功经验不仅可被轨道交通等领域的工业化建造模式借鉴，更充分展示了模块化理念在复杂系统中的高效性与可扩展性。

### 1.3.1　汽车行业模块化设计与部件的应用案例

在城市轨道交通领域，采用 DfMA 理念，不仅可以显著提高设计效率和降低成本，

还能提升生产和施工过程中的可控性。而其核心理念之一，便是借鉴汽车行业中模块化设计与部件概念。这一理念通过将复杂的系统分解为若干模块或标准化部件，使得设计、制造、组装以及后期维护更加高效且灵活。

**1. 汽车模块化设计与部件概念**

汽车模块化设计与部件概念是现代汽车产业中广泛应用的两大核心设计理念，它们相辅相成、相互促进。

（1）汽车模块化设计概念

汽车模块化设计（Modular Design）是一种将汽车产品按功能或组件划分为多个标准化、互换性强的模块进行设计和生产的方法。该概念的核心目的是通过将复杂的整车产品分解成若干个独立、功能明确的模块，使得各个模块能够根据需求进行灵活组合和配置。模块化设计的优势在于其显著提高了生产效率，减少了生产成本，同时也能够为汽车厂商提供更强的市场应变能力和更大的技术创新空间。模块化设计的核心原则包括以下几方面。

①标准化设计：所有模块的设计都遵循统一的标准，使得不同车型之间可以共享相同的部件。这种标准化不仅可以减少零部件的种类，还能大大降低研发和生产的成本。

②可组合性：模块化设计强调功能模块的高度可组合性。通过标准化接口设计，不同的模块可以在不同车型之间灵活组合，满足不同市场需求的变化。例如，一个车厂可以在同一平台上生产轿车、SUV、跨界车等不同车型，只需通过更换模块化的部件（如底盘、动力系统等）即可实现。

③适应性强：由于模块化设计允许对现有模块进行灵活配置，因此可以较快速地响应市场变化。例如，电动车平台和传统燃油车平台之间可以共享大部分模块，从而为车厂提供了更大的适应性和更快的市场响应速度。

④可扩展性：模块化设计的一个重要优势是平台的可扩展性。通过基础模块的共用，厂商可以在现有平台上快速推出新的车型或技术迭代，进一步提升产品的更新换代能力。

模块化设计不仅限于整车架构的划分，还能够涉及生产线、供应链等多个环节的优化，最终实现成本、效率和市场需求的平衡。

（2）汽车部件概念

汽车部件概念（Component Concept）是指汽车产品的各个单独部件在设计、制造和组装过程中，遵循可重用、标准化和高效互换的原则。部件概念强调对汽车中的每一个子系统或组件（如发动机、底盘、电池组、车身、内饰等）进行独立设计，使这些部件具备独立生产、测试、装配和维修的能力，同时保证这些部件在不同车型间的高互换性和兼容性（图1-5）。部件化的关键特点包括：

①独立性与模块化：每个部件在设计时不仅要具备独立性，即能够单独完成指定功能，还要保证其能够与其他部件兼容或互换。例如，汽车的动力系统、制动系统、座椅等都可以独立设计成标准化模块，便于批量生产和维护。

②互换性与兼容性：不同型号、不同品牌的汽车可以共享标准化的部件。这意味着，不同的车型、不同的生产周期中，厂商可以共用相同部件，降低了零部件采购成本，同时也简化了车辆的售后服务和维修流程。

③标准化与优化：通过对部件进行标准化设计，生产厂商不仅能够提高生产效率，还

能减少零部件的种类和复杂度，从而使整体供应链更加简洁。部件标准化还能优化供应商管理，使得供应链中的各环节更具稳定性和可控性。

④可重用性：部件概念还强调零部件的可重用性。即使不同车型的设计有所不同，部分核心部件依然可以跨车型使用。例如，发动机、变速箱、悬挂系统等核心部件可以在多款车型之间共享，避免了重复开发和生产。

⑤快速迭代与创新：通过将部件独立设计，厂商可以对单个部件进行快速迭代和创新。例如，在电动汽车领域，电池模块作为独立部件的改进可以迅速应用到不同的车型中，提高了技术创新应用的速度。

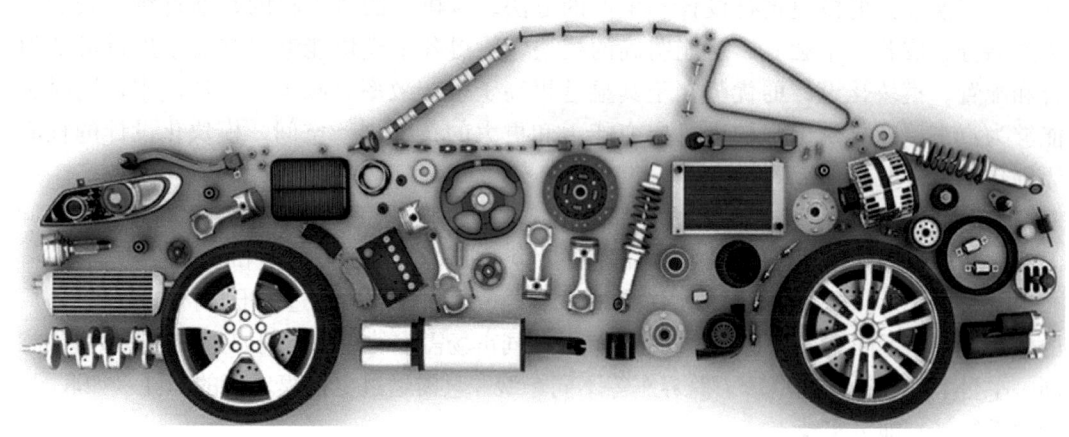

图 1-5　汽车部件

**2. 汽车模块化设计的实现方式**

汽车模块化设计的实现方式是一个复杂而系统化的过程，涵盖了从概念设计到生产实施的多个阶段。通过精心设计和标准化的部件互换机制，模块化设计不仅能够提升生产效率和产品灵活性，还能在满足不同市场需求的同时，实现生产过程的高效协同和成本控制。以下将详细介绍汽车模块化设计的几种主要实现方式。

（1）平台化架构的构建

平台化架构是汽车模块化设计的核心实现方式之一。通过建立统一的模块化平台，汽车制造商能够在同一基础平台上开发和生产多个车型。每个平台包括了如底盘、车身结构、动力系统等关键模块，而不同的车型仅需通过对这些平台的定制化调整（如车长、车宽、动力系统等配置）即可适应不同的市场需求。例如，大众通过 MQB（Modular Querbaukasten）平台化架构实现了多个品牌和车型的共享，平台包含了标准化的底盘和动力模块。不同的车型在该平台上进行配置调整，从而满足不同车型的需求。此举不仅简化了生产流程，还能大大减少研发和生产成本。丰田的 TNGA（Toyota New Global Architecture）平台通过标准化的生产模块，不仅支持多种车型，还支持不同动力系统（如传统内燃机、混合动力、电动驱动等）汽车的生产。这种平台化架构让丰田能够快速响应市场变化，并在全球范围内保持生产一致性。通过平台化架构，汽车厂商能够实现多样化的产品组合，同时最大化利用相同模块的生产资源。

（2）模块化部件的标准化设计

模块化部件的标准化设计是实现汽车模块化的关键方式之一，其核心在于通过统一设计标准，使得各个模块能够在不同车型、平台之间互换使用，从而简化生产流程并降低成本。标准化的部件包括发动机、变速箱、座舱、车身结构等，这些部件都可以根据需求进行定制，同时保证它们具备高度的互换性和兼容性。通过模块化设计，多个车型可以共享相同的部件，从而减少零部件种类，降低库存和采购成本，并简化供应链管理。模块化设计的另一个重要优势是，它允许对核心部件（如动力系统、制动系统等）进行独立设计和优化，同时确保不同配置的车型能够快速满足市场需求。例如，奔驰通过 MFA（Mercedes Front-wheel-drive Architecture）平台标准化了座舱设计，各种不同车系的车型可以共享相同的座舱模块，确保生产线的高效利用并简化了制造过程。宝马在 CLAR（Cluster Architecture）平台下实现了动力总成的模块化设计，跨多种动力系统的应用（如内燃机、混合动力及电动驱动）。这一模块化设计使宝马能够灵活地应对市场对不同动力系统的需求，提升了车型的生产效率和创新能力。通过这种标准化和模块化的设计，汽车制造商不仅能够提升生产效率，还能在不同车型和市场之间实现快速响应和产品迭代。

（3）智能化生产与模块化装配

通过数字化设计、3D 打印、自动化装配等先进技术，制造商能够精确控制模块的生产与装配过程，确保模块的标准化、高质量以及高效生产。在这一过程中，数字化建模与仿真技术发挥着重要作用，设计师利用计算机辅助设计（CAD）和计算机辅助工程（CAE）工具精确构建模块，并通过仿真优化设计，以满足生产要求。3D 打印技术则用于快速制造复杂的部件原型，特别是对于低批量、高精度要求的部件，提供了灵活且低成本的解决方案。此外，自动化装配线的应用，不仅提高了模块化部件的装配精度，降低了人工成本，还保证了生产过程的一致性和稳定性。例如，宝马在其 CLAR 平台生产过程中广泛应用了数字化建模和自动化装配线，确保了模块的高效组装与精准匹配，大幅提升了生产效率。同样，特斯拉的电动汽车生产线也采用了高度自动化的模块化装配模式，实现了每个模块的快速精准安装。智能化生产的应用不仅减少了生产错误率，还增加了生产灵活性，使得不同类型的模块能够快速适配到生产线，从而实现产品的个性化定制和快速生产。

### 3. 模块化设计与部件的应用

在汽车行业，模块化设计与部件的应用案例不仅仅是简单的生产方法，而是一种革命性的设计理念，为整个汽车制造行业带来了巨大的变革与进步。这种设计方法的成功实践为其他行业提供了宝贵的经验和启示。汽车行业在模块化设计方面的成功案例包括了现代汽车制造过程中的模块化设计应用。通过将汽车分解为若干个独立的模块，如发动机模块、底盘模块、车身模块等，制造商可以实现生产流程的标准化和模块的批量化生产。这种模块化设计使得汽车制造商能够更好地优化生产流程，提高生产效率，降低生产成本，并且更快速地满足市场需求。例如，在汽车工厂内，不同模块的生产可以同时进行，从而缩短整个生产周期，提高生产效率。

模块化设计还使得汽车制造商能够更加灵活地应对市场需求的变化。通过模块的标准化设计和生产，汽车制造商可以根据需求进行快速的组装和定制，从而推出不同款式和配置的汽车产品，满足不同客户群体的需求。这种灵活性不仅提升了客户满意度，还带来了更广泛的市场覆盖和更高的销售额。同时，模块化设计也为汽车制造商提供了更便捷的维护和维修服务，因为部件可以更容易地进行更换和升级，降低了维修成本，缩短了维修时间，提高了售后服务质量。

除了模块化设计，汽车行业还广泛应用部件概念。汽车的零部件如轮胎、座椅、电子设备等，都是根据特定功能和需求进行设计和制造的。这些部件可以独立进行生产，然后在装配过程中进行组装，从而实现汽车整体性能的优化和定制。例如，不同型号的汽车可能采用不同品牌的轮胎，以满足不同的性能需求；座椅的设计也可以根据车辆类型和级别进行个性化定制，提升乘坐舒适度和安全性。这种部件概念的应用使得汽车制造商能够更好地实现产品差异化，提高产品竞争力，满足消费者多样化的需求。

### 1.3.2 模块化设计与部件概念的优势

模块化设计与部件概念的优势在于它能够在多个层面上优化生产流程、提升产品质量、降低成本，并加速市场响应。这些优势不仅体现在生产端，还对产品生命周期的各个环节产生了深远的影响，特别是在设计、制造、供应链管理、维修和升级等方面。借助模块化设计，企业能够实现高效的资源利用和灵活的市场适应性，进而提高产品竞争力。

（1）提高生产效率与降低成本

模块化设计通过将复杂的产品结构分解为多个标准化模块，使得生产过程更加简化和规范化。这种简化有助于减少零部件种类，缩短生产周期，并且在不同产品线之间实现零部件共享，降低了生产和库存成本。在汽车行业中，汽车制造商通过模块化平台的应用，实现了不同车型之间零部件的标准化和互换性，从而显著提高了生产效率，减少了人工干预和组装时间。例如，应用MQB平台的大众汽车可以在不同车型间共享底盘、发动机、变速箱等核心模块，不仅降低了部件的采购成本，还提高了生产线的利用率。

（2）促进定制化与灵活性

模块化设计的一个显著优势是其能够快速响应市场需求，满足个性化和定制化的产品需求。消费者对汽车、家居、轨道交通等产品的需求日益多样化，模块化设计通过将功能模块化，使得产品能够根据具体需求进行灵活配置。例如，汽车厂商可以根据不同地区的法规、消费者的需求，灵活调整车辆配置、车身结构或动力系统等模块。这种灵活性不仅提高了产品的市场适应性，也缩短了产品的开发周期。在城市轨道交通领域，类似的模块化设计理念可以应用于列车车厢、控制系统、供电系统等模块。通过模块化设计，轨道交通企业可以根据不同的线路和需求，对列车进行灵活的配置和调整，满足不同区域、不同运营条件的需求。

（3）提升质量控制与一致性

模块化设计通过标准化部件和模块的应用，极大地提升了产品质量的可控性。在传统的个性化生产模式下，由于零部件种类繁多且生产方式各异，产品质量的一致性往往较难保证。而模块化设计通过标准化的生产工艺和部件制造，确保了每个模块的制造质量和组装精度。这种一致性不仅提高了产品的可靠性，还减少了生产过程中的不确定性，降低了产品缺陷的发生率。例如，在汽车制造中，通过模块化设计，汽车的动力系统、车身结构、电子设备等都可以采用统一标准进行生产，确保不同车型之间的零部件质量一致，进而降低产品缺陷率，提高品牌信誉和消费者的信任度。

(4) 提高资源利用与可持续性

模块化设计还具有显著的环境效益。在生产过程中,通过标准化部件的使用,减少了不同部件的重复制造和浪费,从而有效提高了资源的利用效率。此外,模块化设计还便于对产品进行回收和再利用。由于各模块之间的标准化,部件的拆解、维修和替换变得更加容易,有助于延长产品的生命周期并减少废弃物的产生。在汽车行业中,越来越多的制造商开始采用可回收材料,并在设计阶段考虑未来的拆解与回收问题。通过模块化设计,车主在更换旧部件时,可以选择相同或兼容的模块进行替换,从而减少了废弃部件的数量,推动了汽车产业向可持续的方向发展。

(5) 促进协同创新与技术集成

模块化设计通过将各个功能模块分开,可以使得不同领域的技术更加容易集成。制造商可以根据需求引入最新的技术,并将其集成到相应的模块中,而不会对整体设计造成较大影响。这种设计方式大大降低了新技术的推广难度和成本,使得企业能够灵活引入先进的技术,不断提升产品的技术水平和市场竞争力。在轨道交通领域,模块化设计同样能够促进各类新技术的应用,如智能控制系统、自动化列车调度技术、环境监测技术等。通过模块化的方式,轨道交通运营商可以根据需求快速集成新技术,提高系统的整体智能化水平,并增强其对未来技术发展的适应能力。

(6) 优化供应链管理

模块化设计不仅优化了生产过程,也显著改善了供应链管理。在传统制造模式下,由于产品的多样化和定制化,零部件采购和物流管理往往十分复杂。而模块化设计通过使用标准化的零部件和模块,使得采购流程更加简化,供应商数量也得以减少。这不仅降低了库存成本,还使得供应链更加稳定和高效。例如,采用模块化设计的大众汽车,能够使多个车型共享相同的底盘、发动机、电子系统等核心模块,这样一来,零部件的供应商数量大大减少,供应链的管理变得更加高效,运输成本和供应风险也相应降低。

(7) 简化维护与升级

模块化设计还使得产品的维护和升级变得更加简便。在传统产品中,由于各零部件之间的兼容性差,维修人员往往需要对整个系统进行复杂的拆解与修复。而在模块化设计中,模块化部件可以独立替换,维修工作变得更加快捷和高效。此外,模块化设计还为产品的未来升级提供了便利,制造商可以在不影响整体系统的情况下,快速对单一模块进行更新和优化。例如,在轨道交通领域,随着技术进步和运营需求的变化,列车的驱动系统、通信系统等模块可能需要定期升级。通过模块化设计,运营商可以轻松地对相关模块进行更新,确保系统的高效运行,并避免了整体系统的过度升级和高成本投入。

模块化设计与部件概念的应用为现代制造业带来了显著的提升。从提高生产效率、降低成本,到促进定制化、提升产品质量、优化供应链管理,它对整个产业的运营模式、技术创新和市场适应能力产生了深远影响。

## 1.4 DfMA在城市轨道交通中的应用场景

DfMA的核心在于通过模块化设计、标准化生产和高效装配,优化建设过程的效率与质量。在城市轨道交通领域,DfMA不仅能够解决传统建设模式下的痛点,还能为工程管理、资源利用和可持续发展注入新动力。以下将结合城市轨道交通建设面临的挑战与机遇，探讨 DfMA 理念的潜在价值与实际应用。

### 1.4.1 城市轨道交通建设的挑战与机遇

城市轨道交通作为现代化城市基础设施的重要组成部分，承担着缓解交通压力、促进经济发展、提升城市品质的重要职能。然而，在传统建设模式下，轨道交通项目面临着诸多挑战，同时也蕴含着巨大的发展机遇。DfMA 作为一种创新理念，为城市轨道交通建设提供了突破现有困局的有效路径。

**1. 城市轨道交通建设的挑战**

（1）工程复杂性带来的多重协调难题

城市轨道交通工程具有多学科交叉、多系统融合的特性，涵盖了土木工程、机械设备、电气系统、通信网络和供电保障等多个专业领域。在传统建设模式下，不同学科和系统间的信息壁垒突出，导致设计、施工和运维阶段的协作效率较低。例如，土建与机电专业在接口设计和施工衔接上常常存在分歧，致使返工现象频发，从而拖延施工进度并增加成本。此外，设计与施工脱节问题尤为显著，设计阶段的方案在实际施工中可能因现场条件而难以实施，从而产生不可预见的风险和费用。

这一问题在地质条件复杂或交通密集的城市区域表现得尤为突出。例如，在地质不稳定区域，隧道开挖需要土木与地质工程专业高度配合，稍有不慎便可能引发塌方或地面沉降等事故。而在城市核心区进行施工，需同时解决交通导改、居民干扰和场地受限等问题，这些都增加了专业间的协调难度。传统模式下多依赖人工协调，不仅效率低，还容易遗漏关键问题，进一步凸显了现有体系的局限性。

（2）资源浪费与成本管控困难

传统轨道交通施工方式以现场现浇和加工为主，其工艺复杂且对施工环境的依赖性强，导致资源浪费现象难以避免。例如，钢筋混凝土在现场加工和装配过程中，因模具制作偏差、人工操作误差和施工环境限制等原因，导致材料利用率难以达到预期水平，产生大量边角料和废料。同时，施工过程中返工现象频繁，这不仅延误了施工进度，还增加了材料和能源的额外消耗。尤其是在大规模项目中，单一施工环节的浪费可能累积成巨大的资源损失，直接提高工程总成本。此外，传统施工方式缺乏对资源使用的精准规划与动态调整能力，难以实现资源的高效配置与可持续利用。

人工成本的居高不下也是资源浪费与成本管控困难的重要因素之一。在传统现场施工中，大量依赖熟练工人的手工操作，例如钢筋绑扎、混凝土浇筑和模具安装等环节。这些工作对技术熟练度要求较高，而由于工地环境复杂和操作标准化程度不足，人工效率通常较低。此外，施工现场对人力的高度依赖使得因劳动力短缺或人工费用上涨而产生的成本波动风险加剧。同时，人工操作容易受疲劳、环境和技术水平的影响，导致返工率高和施工质量不稳定，进一步增加了间接成本。

（3）建设周期长与环境扰动大

轨道交通工程规模庞大，施工涉及站点挖掘、隧道掘进、轨道铺设等复杂环节，传统建设模式下工序多、工艺复杂，建设周期普遍较长。尤其是采用现场浇筑和逐步施工的方式，不仅受天气、场地等外部条件的制约，还容易因设备调度、施工组织不善等问题出现工期延误。例如，大型车站的基坑开挖可能因地质条件突变导致工序调整，隧道掘进过程中突遇岩层破碎带则可能需要进行额外的加固处理，这些不确定性因素进一步延长了工期。此外，由于传统施工方式对施工进度的计划性和精细化管理不足，时间浪费较为严重，从而拖慢了整体项目推进速度。

与此同时，建设周期长往往加剧了对城市环境和居民生活的干扰。在城市核心区域，轨道交通施工不可避免地伴随着噪声、振动、粉尘以及交通导改等问题。例如，施工设备的连续运行可能产生噪声和地面振动，对周边居民的日常生活和工作环境造成干扰；挖掘和运输过程中产生的粉尘则会影响空气质量，甚至引发健康问题。此外，施工场地占用公共空间，导致交通拥堵和通行不便，给城市运行效率带来负面影响（图1-6）。在一些施工周期较长的项目中，居民的不满情绪可能进一步升级，甚至引发社会矛盾和产生项目推进阻力。

图1-6 传统城市轨道交通建设施工场景

（4）绿色低碳需求的迫切性

随着我国"双碳"目标（碳达峰和碳中和）的提出，各行各业都面临着严格的环保与可持续发展要求，轨道交通建设也不例外。作为城市化进程中的重要基础设施，传统轨道交通施工方式在能源消耗、碳排放和资源利用等方面存在较大改进空间。施工现场通常需要大量使用高能耗设备，例如隧道掘进机、混凝土搅拌机等，其高强度运行过程会产生大量二氧化碳。同时，钢筋混凝土作为主要建筑材料，其生产过程涉及矿石开采、高温煅烧等高能耗环节，显著增加了碳排放。此外，施工过程中能源管理的粗放模式和对可再生能源的利用不足，使得项目碳排放量难以得到有效控制，与绿色发展理念形成较大矛盾。

轨道交通行业要实现绿色低碳转型，仅靠施工过程的减排远远不够，还需从设计、施工到运营全生命周期入手，融入低碳技术和管理方法。例如：在设计阶段，通过引入轻量化和模块化设计理念，可以减少材料用量和施工能源需求；在施工阶段，应用低碳混凝土、装配式构件和智能化设备调度，进一步降低现场施工的资源消耗和环境污染；在运营阶段，推广节能型轨道车辆和智能化能耗管理系统，持续优化能耗表现。

此外，实施绿色供应链管理，通过引入可再生材料和节能生产工艺，也能从源头上减少碳排放量。

**2. 城市轨道交通建设的机遇**

（1）政策驱动与需求增长

一方面，随着城市化进程的加速以及对现代化交通网络的迫切需求，城市轨道交通行业迎来了前所未有的机遇。我国政府深刻认识到城市轨道交通对解决大城市交通拥堵、提升公共交通效率及优化交通结构的关键作用，逐步出台了系列政策支持轨道交通建设。《"十四五"现代综合交通运输体系发展规划》（国发〔2021〕27号）明确提出，超大型和特大型城市应建设以轨道交通为核心的高效公共交通系统，并鼓励轨道交通与传统公交、步行交通的互联互通。政策上的倾斜不仅体现在基础设施建设的资金投入，还通过土地政策、税收减免等多方面为轨道交通发展提供了有力保障。同时，地方政府也积极响应中央政策，通过制定地方性规划和出台具体实施措施，推动轨道交通项目的落地和建设，进一步加速了市场需求的释放。尤其是在二线及三线城市，轨道交通的建设需求大幅增长，推动了行业整体发展。

另一方面，随着城市人口不断增长和居民出行方式的多样化，轨道交通作为高效、快捷的出行方式，其需求也在持续上升。特别是在大城市，轨道交通能够有效缓解日益严重的交通拥堵问题，提高居民的出行效率。此外，轨道交通建设有助于优化城市交通结构，通过合理布局线路网络，促进区域间的协调发展。这种综合性的交通网络能够提升城市整体的交通承载能力，推动城市经济的平衡发展和区域一体化进程。同时，轨道交通系统对于吸引投资、推动城市商业中心和住宅区的开发也有着重要的促进作用，成为带动区域经济发展的重要引擎。因此，政策的持续驱动与日益增长的市场需求，为轨道交通建设提供了长期稳定的增长动力，使得这一行业不仅具有深远的社会价值，也具备强劲的经济发展潜力。

（2）DfMA理念的应用前景

DfMA理念通过优化设计、模块化构建和标准化生产，能够显著提升工程项目的效率与质量，推动传统施工模式的转型。在城市轨道交通建设中，利用DfMA理念，许多传统的施工环节可以通过利用工厂预制和标准化生产的方式来完成，从而有效提升施工精度和速度。例如，站台、隧道衬砌等关键结构部分，可以通过标准化模块进行预制生产，然后在施工现场进行快速拼装。这样的方式不仅降低了现场施工的复杂性和不确定性，还大大缩短了工程周期。此外，由于在工厂内进行预制，施工现场的人员和设备需求减少，降低了安全隐患和管理难度，也减少了施工过程中的材料浪费和能源消耗。通过采用模块化设计，施工质量得到显著提升，产品的一致性和精度得到了保障，同时也增强了项目的可重复性和可维护性。

从更广泛的角度来看，DfMA理念不仅能够提升工程建设的效率与质量，还与国家的可持续发展目标高度契合。通过工厂预制和标准化生产，能够有效减少现场施工过程中对自然资源的浪费，降低材料的损耗和施工能耗，减少建筑垃圾的产生，从而更好地支持"双碳"目标的实现。以轨道交通建设为例，通过模块化生产和组装，建筑材料的运输和使用变得更加高效，从源头上减少了碳排放。同时，因生产过程集中在工厂环境中，工厂可以采用更先进的节能减排技术，使得整体施工过程更加绿色低碳。DfMA的推广不仅将推动工程建设的智能化和高效化,也为轨道交通行业的可持续发展提供了有力支持,为实现环保与经济效益的双赢奠定基础。

(3) 智能化与数字化赋能

智能化和数字化技术在轨道交通领域的快速应用,为行业带来了新的活力。从设计到施工,BIM、数字孪生、物联网等技术可实现项目全过程的精细化管理与动态优化。通过BIM技术,设计师可以在项目初期通过三维建模和模拟分析,精准预测施工中的潜在问题,并优化资源的配置和施工方案。在设计阶段,BIM不仅能提供建筑物理结构的详细信息,还能整合各种数据,包括材料、时间表和成本等,帮助团队实现全面协调,避免施工中的重复劳动和低效环节。这种基于数据的决策支持能够显著提高设计质量,减少设计变更和成本超支的风险,进而提升整个项目的交付效率。

此外,物联网技术在施工现场的应用,进一步推动了轨道交通建设的智能化管理。通过在设备、材料和人员上部署传感器,物联网能够实现对施工现场的实时监控,提供关于设备运行状态、工地环境及工人安全等方面的数据。这些数据不仅有助于监控项目进度和资源利用情况,还能实现智能调度,优化工地的人员和物资安排,确保施工过程中的高效性和安全性。与此同时,数字孪生技术的引入使得整个轨道交通系统在虚拟空间中得以重建,能够实现项目生命周期内的实时模拟和预测。通过对数字孪生的动态调整,项目管理者可以在施工、运营和维护等各个阶段进行精准控制,提前识别潜在问题,并制定相应的应对方案。综合运用这些智能化技术,不仅能大幅提高轨道交通建设的施工效率,还能够在后期运营中实现精准管理和预测性维护,极大地提升轨道交通系统的服务质量和运营效益。

(4) 装配式与工业化的推动

装配式建造方式与工业化生产的深度融合,使轨道交通建设更加高效和环保。通过预制构件的生产与装配,轨道交通项目能够实现精确、标准化的施工过程,大幅提升了建筑质量和施工效率。预制构件的工厂化生产不仅能够严格控制每个环节的质量,确保构件的精度和稳定性,还能够大幅减少现场施工的复杂性和不确定性。相比传统的现场浇筑和施工方式,预制构件能够在工厂内完成大部分的生产和加工工作,这不仅缩短了施工周期,还有效减少了现场的施工干扰和资源浪费。此外,由于预制构件的生产过程高度标准化,施工现场的拼装工序更加简单和快捷,减少了对人工操作的依赖,减少了人为因素引发的质量问题并降低了安全隐患。

工业化的规模化生产和模块化拼装在提升项目经济性的同时,还增强了施工的便捷性。采用大规模生产的方式可以通过优化资源配置和提升生产效率,降低项目整体成本。尤其在多个类似的轨道交通项目中,标准化的模块化设计和构件可以实现大批量生产和重复使用,进一步降低了单个项目的单位成本。同时,模块化拼装使得施工过程中材料使用和工期的可控性大大增强,项目进度得以精确掌控,从而减少了施工延期的风险和不可预见的费用。工业化生产还能够利用先进的自动化设备和信息化技术,提高生产过程的效率和精度,确保构件的质量符合要求和施工的顺利进行。

城市轨道交通建设正处于变革和机遇并存的关键阶段。在传统建设模式面临的多重挑战中,DfMA理念以其高效、低碳、协同的优势,为解决建设问题提供了全新思路。同时,新技术、新政策和市场需求的驱动,使轨道交通行业拥有广阔的发展前景。

### 1.4.2 DfMA在城市轨道交通应用中的价值与意义

在城市轨道交通建设中，DfMA的应用展现出了巨大的潜力和深远的价值，不仅优化了工程设计和施工管理过程，还提升了项目的可持续性和整体经济性。

(1) 提升施工效率与质量的迫切需求

在全球化和城市化进程加速的今天，轨道交通作为城市公共交通的骨干，其建设速度与质量直接关系到城市的运行效率与居民生活质量。然而，传统的施工方法面临诸多挑战，包括设计与施工脱节、施工场地受限、人员技能水平不均、材料浪费严重、环境影响大等问题，这些问题都严重制约了施工效率和质量的提升。因此，研发和应用高效的施工方法，以应对日益增长的城市交通需求，成为当前轨道交通建设领域亟待解决的问题。

研究目的之一在于通过引入DfMA技术，实现轨道交通机电工程的模块化、标准化设计与施工，以此提高施工效率和质量。DfMA技术的核心在于设计阶段就充分考虑制造和装配的需求，通过优化设计减少现场作业，提高施工的工业化程度。具体而言，该技术的应用将促使机电系统的设计更加模块化，使得大量工作可以在工厂环境下完成，减少现场施工的复杂性和不确定性，从而显著提高施工效率，缩短建设周期。

(2) 促进实现绿色建筑与可持续发展目标

随着全球对环境保护意识的增强，绿色建筑与可持续发展已成为国际共识。轨道交通作为城市基础设施的重要组成部分，其建设和运营对环境的影响不容忽视。传统的施工方式往往伴随着大量的材料浪费、高能耗以及施工现场的环境污染，与绿色建筑理念背道而驰。因此，研究DfMA在轨道交通机电工程中的应用，不仅是为了提升施工效率和质量，更是为了促进绿色建筑和可持续发展目标的实现。

通过DfMA，可以减少现场施工中的二次加工，减少材料浪费，减少建筑垃圾的产生，符合资源节约和循环经济的要求。此外，工厂化预制和现场快速拼装的施工模式减少了现场的噪声、粉尘等污染，有利于改善施工环境，减少对周边社区的影响。长远来看，采用DfMA技术的轨道交通项目，因其高效率、低能耗、低污染的特点，将更有利于城市的可持续发展，为构建绿色、低碳的城市交通系统奠定坚实基础。

(3) 强化轨道交通系统建设的智能化、模块化水平

在信息化和智能化技术蓬勃发展的当下，轨道交通系统的智能化、模块化水平成为衡量其现代化程度的重要标志。传统的机电系统设计、生产和安装方式难以满足现代轨道交通建设对智能化、集成化、快速响应的需求。因此，研究如何在轨道交通机电工程中有效实施DfMA，不仅是对传统施工方法的一次革新，也是对智能化、模块化建设理念的深度贯彻。

首先，DfMA与BIM技术的深度融合，为机电工程的全生命周期管理提供了可能。通过高精度的BIM模型，设计、生产、施工、运维等各个环节的信息得以高效共享，实现数据驱动的精细化管理。例如，基于BIM模型的预制构件生产与物流管理，可以精确控制生产进度，优化物流路径，确保预制件按时、按需到达现场，减少了现场等待时间，提高了施工效率。其次，DfMA强调的模块化设计与生产，为轨道交通机电系统的智能化集成提供了基础。模块化设计使得机电系统中的各个子系统和组件能够像积木一样，快速、灵活地组装和调整，不仅提高了施工的灵活性，也为未来的系统升级和维护提供了便

利。同时，模块化设计便于集成最新的智能化设备和系统，如智能监控、故障预警、能耗管理等，为轨道交通的智慧运营提供了硬件支撑。最后，DfMA 的实施有助于构建基于物联网（IoT）和大数据的运维管理平台，通过实时监控系统状态、预测维护需求、优化资源配置，实现机电系统的高效运维。例如，通过在预制模块中嵌入二维码或 RFID 标签，可以实现对每一个组件的追踪和健康管理，一旦发现问题，能够迅速定位并采取措施，大大提高了系统运行的安全性和可靠性。

总之，DfMA 在城市轨道交通中的应用，不仅是建筑施工技术的一次创新，更是对传统建设模式的一次深刻变革。它通过模块化设计、标准化生产和智能化管理，优化了设计与施工流程，提高了资源利用效率，降低了环境影响，并为轨道交通项目带来了更高效、更低碳、更智能的建设模式。随着技术的不断发展和行业的逐步变化，DfMA 将在未来的轨道交通建设中发挥越来越重要的作用，成为推动城市轨道交通快速发展和可持续建设的重要引擎。

# 第 2 章

# DfMA 理论基础与技术框架

DfMA 作为一种革新性的设计方法，贯穿了城市轨道交通从规划到建造的全生命周期。要深刻理解 DfMA 的实际应用与商业价值，必须从其理论基础与技术框架出发，全面梳理其核心理念和技术方法。本章将系统解析 DfMA 的概念、核心思想及技术体系，为其在城市轨道交通领域的应用提供理论支撑和方法论依据。

## 2.1 DfMA 核心思想

DfMA 是一种面向未来制造与建造趋势的综合性设计方法论，旨在通过优化产品设计，简化制造和装配过程，最终达到提高生产效率、降低成本、增强质量一致性以及减少全生命周期资源浪费的目的。它是一种将设计、制造、装配与运营进行深度协同的系统性方法，尤其在高复杂性和高精度需求的工程项目中，具有重要的现实意义和技术价值。

DfMA 的核心思想在于设计阶段的前置优化，即在设计初期即考虑制造性（Manufacturability）和装配性（Assembly）的要求，以减少后续制造和装配中的问题，提升生产和施工的整体效益。具体而言，DfMA 通过以下几个关键方面体现其核心理念。

(1) 制造性的深度考量

制造性是指产品设计在制造阶段的可行性和效率。它强调设计师应从制造角度出发，考虑如何让设计更易于生产、组装和维护，从而降低制造成本，提高生产效率，并确保产品质量。制造性的核心理论基础可以归结为以下几个要素。

1) 简化设计与制造工艺

制造性考量的核心原则之一是简化设计，旨在通过简化产品的结构和工艺要求来降低生产复杂度。设计的简化能够减少不必要的零部件和加工步骤，进而降低生产成本并提高制造效率。采取标准化部件和模块化设计是常见的优化策略，这不仅有助于简化制造工艺，还可以提高零部件的重复利用率。通过降低设计的复杂性，生产商可以在更短的时间内完成制造，降低出错率，并确保产品质量的一致性。

2) 零部件的可制造性

零部件的设计应充分考虑它们在生产过程中的可制造性，即设计应避免过于复杂或难以加工的几何形状。复杂的形状可能需要更多的加工步骤，增加制造难度和成本。例如，设计时避免过多的切割、打孔或精细的表面处理工艺，可以显著简化生产过程并降低相关成本。简化零部件的设计使得制造过程更高效，减少了对高精度设备的需求，从而提升生产的可操作性和经济性。

3）制造成本与生产效率的平衡

制造性考量的另一个关键因素是平衡制造成本和生产效率。设计不仅要满足功能要求，还需要确保能够在有限的成本和时间内实现高效生产。合理选择材料和工艺能够有效降低生产成本，同时确保产品质量和生产的可行性。例如，选择普及性强、易加工的材料，可以避免高成本和使用难以加工的特殊材料，同时采用适宜的批量生产工艺（如注塑、铸造等）可以提升生产效率，减少人工干预的需求。

4）设计与制造的协同

DfMA 要求设计和制造两者之间的高度协同。传统的设计和制造常常是分离的，设计师在设计阶段关注功能和外观，而制造商在生产阶段关注工艺的可行性和成本。这种割裂的方式常常导致设计和制造之间出现不匹配，增加了后期的成本和复杂性。为了实现更好的制造性，设计师应当在设计初期就与制造工程师、生产线设计师等紧密沟通，确保设计不仅符合功能需求，而且能够在实际制造中得到高效执行。这种协同不仅限于产品设计阶段，也应延续到产品生命周期的每个环节，包括后期的维护和使用。

5）自动化与智能制造的结合

随着制造技术的进步，自动化和智能制造在提升制造性方面起到了越来越重要的作用。通过引入自动化生产线、机器人技术以及智能传感器，制造商能够更精确、更高效地进行生产。这些技术使得复杂的制造任务得以自动化完成，从而降低了人工干预的需求，并提高了生产的一致性和质量。在设计过程中，考虑这些自动化技术的应用，可以帮助设计师设计出更符合自动化生产要求的部件，进而降低了生产过程中对人工和复杂操作的依赖。

(2) 装配性的全面优化

在制造过程中，装配是一个至关重要的环节，它将零件组合成成品或半成品。无论是汽车、电子产品还是机械设备，几乎所有产品都需要经历装配过程才能最终呈现在消费者面前。在装配过程中，装配性的考虑是至关重要的。装配性不仅关注组装阶段的操作简便性和效率，还涉及零部件的设计、尺寸配合以及生产工艺等多个方面，从而全面提升装配过程中的时间控制、成本控制和质量控制水平。

1）减少部件数量与简化组装工艺

装配性的优化首先体现在减少零部件数量上。传统的设计往往倾向于使用大量零件，这增加了每个零件的生产、运输、存储和装配的成本。在 DfMA 的框架下，通过分析每个部件在产品中的功能，设计师可以通过合并、简化或重新设计零部件来减少数量，从而减少装配过程中需要处理的部件数。例如，通过模块化设计，可以将多个功能合并在一个单元中，减少了装配步骤，进而提升了效率。简化装配工艺也是提升装配性的重要手段。复杂的装配过程通常需要更多的人工操作和精细调整，而简化工艺可以降低装配过程中的难度和错误率。具体而言，设计师应当优先考虑易于自动化和标准化的装配流程，避免需要复杂操作的步骤，减少需要人工介入的环节。

2）优化零部件的设计与配合

在装配性优化中，零部件的设计和配合也是至关重要的。优化零部件的形状和配合公差，能够确保在组装过程中更加顺利，减少组装的误差和调整时间。例如，通过设计易于对接和定位的零件，使得装配工人或自动化设备可以快速、准确地将各个部件组合起来。常见的优化方式包括采用定位销、卡扣、插接件等简化装配方式，避免复杂的螺纹连接和焊接等高难度操作。此外，设计时考虑装配顺序也是装配性优化的关键之一。一个合理的装配顺序能够大幅度提高整体组装效率，避免返工和重复操作。通过合理的零部件布局和顺序安排，确保装配过程中每个环节的无缝衔接，进一步提升装配的顺畅度。

3) 装配工艺的自动化与标准化

在现代制造中，自动化和标准化工艺的引入是装配性优化的重要手段。自动化生产线能够显著提高装配速度和精度，减少人工误差，并确保大规模生产的一致性。设计师在设计产品时，应当考虑自动化装配的可行性，例如，确保零部件的形状和尺寸适合自动化装配工具（如机器人臂、自动夹具等）的使用。标准化则是指通过使用统一的零部件或连接方式来简化装配过程。例如，设计时使用标准的螺栓、螺母、插头等连接件，不仅可以简化工艺，还能降低库存管理的复杂性。这种自动化和标准化的设计思想能够有效地缩短生产周期，提升整体生产效率。

4) 减少装配误差与质量控制

减少装配误差是优化装配性的一个重要目标。装配过程中的误差不仅会导致质量问题，还可能需要额外的调整和修正，增加生产时间和成本。为了减少误差，设计师需要考虑零部件之间的公差配合，使得每个部件能够精确匹配，确保装配过程的顺利进行。此外，设计时还应考虑零部件的可视性、易操作性和安装方便性，以便在装配时可以快速发现并解决问题。质量控制的优化同样是装配性提升的一部分。通过精确的设计和标准化的流程，可以降低产品在装配过程中出现质量缺陷的概率。此外，设计过程中还应融入质量控制的反馈机制，例如设计时考虑如何简化装配后的检查过程，确保质量问题能够及时发现和修正。

制造性和装配性是DfMA理论中两个核心的优化方向，二者紧密相连，共同推动着产品设计的高效制造和组装。在制造性方面，设计师通过简化设计、降低零部件复杂性、优化加工工艺等方式，使得产品在生产过程中更容易、低成本地制造。而在装配性方面，设计师则进一步从组装的角度出发，通过减少部件数量、简化装配工艺、优化零部件配合和引入自动化装配技术等手段，提升了装配过程的效率和精确度。通过这两个方面的优化，产品的制造和装配过程不仅能大幅度降低成本、缩短生产周期，还能提高生产过程的可控性和产品的质量一致性，从而实现更高效、更经济的生产目标。

## 2.2 DfMA核心原则

DfMA核心原则是实现模块化设计、标准化制造和装配的基础，也是确保城市轨道交通系统在快速发展的城市环境中保持竞争力的重要保障。在具体实施过程中，DfMA核心原则包括：对设计阶段的充分考虑，以确保产品在制造和装配过程中的可操作性和效率；对制造流程的优化，以实现高效、经济的生产方式；对装配过程的精细化管理，以保证产品的质量和可靠性。这些原则的贯彻执行，不仅能够提升城市轨道交通系统的整体性能，还能够为未来的技术升级和系统扩展提供坚实的基础。DfMA核心原则包括以下几个方面。

(1) 简化设计

简化设计是 DfMA 理论中的一个核心原则，旨在通过减少设计的复杂性，以优化产品的制造和装配过程。在保证产品的功能性和性能要求的前提下，设计师应当通过减少零部件数量、优化部件的配合方式、消除冗余功能及避免不必要的复杂几何形状等手段，来简化设计。这一过程不仅有助于降低生产环节中的技术难度，还能显著降低生产中的误差率和加工难度。简化设计的实现能够有效提升产品的可制造性，并为整个生产过程的高效性和稳定性奠定基础。

简化设计的另一个重要效益在于其对生产成本和资源利用的优化。通过减少不必要的零部件，设计不仅可以有效降低材料的消耗，减少库存压力，还能减少运输、存储和装配过程中的管理成本。此外，简化的设计通常更容易实施自动化生产，减少人工操作的需求，进而提高生产效率和一致性。通过这种方式，简化设计成为制造商实现规模化生产、降低单位成本、提升产品一致性和质量的关键路径，同时也为生产周期的缩短和成本控制提供了重要支撑。如图 2-1 所示，该电路板的设计简洁明了，减少了不必要的组件，从而降低了制造成本、提高了组装效率。

图 2-1 简化设计的电路板

(2) 标准化与模块化

标准化与模块化是 DfMA 中的重要原则。标准化强调在设计过程中采用通用的行业标准部件，这不仅能够显著降低零部件的采购成本，还能够简化生产工艺和加工流程。通过使用标准化部件，设计师能够减少定制化部件的数量，从而降低生产周期并确保零部件的可获取性和互换性。此外，标准化设计还支持生产过程的自动化，进一步提升生产效率和产品的一致性，进而减少因部件不匹配或兼容性问题而导致的返工和质量控制难题。

模块化设计则通过将产品划分为多个标准化的模块来优化整个生产过程。每个模块可以作为一个独立的单元进行设计、制造和测试，最终通过组合不同的模块来完成最终产品的组装。这种设计理念不仅能够简化设计和生产流程，还能大幅提升生产的灵活性和适应性。在模块化设计中，不同模块间的互换性和兼容性使得生产过程更加灵活，能够迅速适应市场需求变化，同时也降低了库存管理的复杂度。

（3）减少零部件的数量

每增加一个零部件，不仅会直接增加制造和装配的成本，还会给产品的运输、存储和后期维护带来额外的复杂性。零部件的增多使得装配过程中可能出现更多的错误和不一致性，增加了质量控制的难度。而减少零部件数量能够有效缩短生产周期、降低物料管理成本，同时简化生产流程，使其更加标准化和自动化。因此，从设计初期开始，减少零部件的数量是提升整体生产效率和降低成本的重要手段。

为了实现零部件数量的减少，设计师可以采用多种策略。例如，设计时可以将多个功能集成到单一零部件中，或通过一体化设计来减少部件的数量，这不仅减少了装配过程的步骤，还降低了制造和质量控制的复杂度。另一个常见的做法是使用可调节或模块化设计，这种设计可以在保持多样性和功能性的同时，降低零部件的多样性和减少零部件的数量。这些设计方法通过集成和简化，降低了生产难度，并显著减少了因零部件数量过多而导致的装配错误和生产偏差。此外，减少零部件数量还能够促进生产过程的自动化，使得制造和装配工作更加高效且一致，进而推动制造业朝着更高效、更具竞争力的方向发展。

（4）设计应考虑制造与装配的可行性

在 DfMA 中，设计决策不仅要考虑产品的功能性、外观和使用体验，还必须充分评估制造和装配的可行性。设计师需要从产品的制造与装配角度出发，深入分析每一项设计选择对生产效率、成本控制以及后期装配过程的影响。这一原则要求在设计初期阶段就对产品的制造工艺进行系统评估，确保所设计的产品不仅能达到预期的功能和性能，还符合制造过程中的实际可行性，避免复杂或不切实际的设计要求。这种设计思维的核心是通过优化设计，使产品在实现功能需求的同时，具备高效、低成本的生产特性，从而确保产品能够在预算内按时生产并顺利进入市场。

此外，设计考虑制造与装配的可行性还强调设计师与制造商和装配工程师之间的密切合作。在设计过程中，设计师应与生产团队持续沟通，及时发现可能引起生产困难或增加成本的设计问题。通过这样的跨部门协作，设计师能够更早地识别出潜在的制造瓶颈和装配障碍，并通过调整设计方案来规避这些问题。这种团队合作的模式确保了设计与制造之间的无缝对接，从而优化生产过程，减少生产过程中的返工和资源浪费，提高产品质量的一致性和稳定性。

（5）重视成本控制与效率优化

设计师在设计过程中通过精简零部件、简化工艺步骤，减少生产过程中的不必要环节，从而有效降低生产成本并提升生产效率。这一优化不仅限于制造阶段，还延伸到产品的整个生命周期，包括设计、生产、运输、装配以及后期维护等各个环节。每个环节的成本控制都对最终产品的竞争力产生重要影响，而 DfMA 正是通过全方位的设计优化，在保证产品质量和功能的前提下，减少浪费、降低资源消耗，进而推动整体成本的优化。

为了实现成本的有效控制，设计师应在产品设计初期进行全面的成本评估，精确分析不同设计选择对整体生产成本的潜在影响。这种前瞻性的设计思维不仅能够识别和规避高成本的设计选项，还能在产品生命周期的早期阶段就为成本控制铺设基础。通过系统性地评估材料选择、制造工艺、运输方式以及装配方法等方面的成本，设计师能够优化设计方案，减少冗余和低效环节，确保在产品开发的每个阶段都能够以最小的投入实现最大的产出。最终，这种全生命周期的成本控制不仅提升了产品的市场竞争力，还促进了企业资源的高效配置和企业长期可持续发展。

（6）提高产品质量的一致性

在 DfMA 中，提高产品质量的一致性是实现卓越制造的关键原则之一。通过优化设计，特别是在设计阶段对制造过程的深度考虑，可以使生产过程更加稳定和可控，从而显著提高产品的质量一致性。标准化设计和简化生产工艺的实施，有效减少了生产过程中的变数，这不仅降低了质量波动的可能性，还减少了设计复杂性过高而引发的生产缺陷。通过精心设计每一项零部件，并将生产环节的复杂度降至最低，设计师能够确保产品的质量在大规模生产中保持一致，并符合行业标准和客户期望。

此外，设计师还需要在设计过程中充分考虑产品在制造、运输、装配以及后期使用中的潜在挑战，以确保其质量的一致性贯穿产品生命周期的每个阶段。例如，通过设计易于组装和调整的零部件，可以有效减少在生产过程中的人为错误，降低装配过程中的质量波动，并提升最终产品的整体一致性。这样的设计方法不仅减少了质量问题的发生，还能降低返工率和售后维修成本，从而提升客户满意度和品牌信誉。在全生命周期内对质量的严格把控，使得每一个产品在功能、外观和性能方面都能达到预期标准，最终实现产品质量的一致性和长期可靠性。

## 2.3 DfMA 方法论

DfMA 是 DFM（Design for Manufacture，面向制造的设计）和 DFA（Design for Assembly，面向装配的设计）结合的产物（图 2-2）。DFM 专注于优化产品的制造过程，而 DFA 则侧重于简化产品的装配过程。通过将这两者结合起来，DfMA 提供了一种系统的方法，旨在实现设计、制造和装配的高效协同，从而达到整体的产品设计和生产优化。

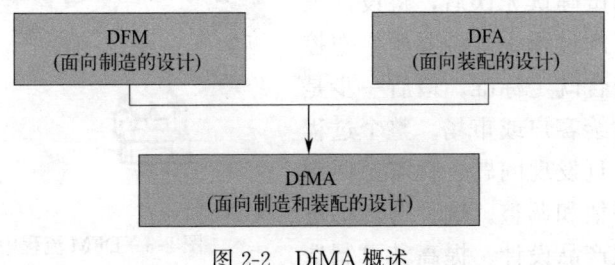

图 2-2  DfMA 概述

（1）DFM

DFM 是一种工程策略，旨在产品设计和开发阶段就充分考虑制造过程的特性与需求。这种方法强调在设计阶段就优化产品以适应制造过程，从而在生产阶段实现成本效益的最大化、生产效率的提高和质量的保障。通过 DFM，可以减少生产成本、缩短生产周期、提高产品产量和降低资源消耗。

根据零件的制造工艺，DFM 方法可以细分为多个不同类型，每种类型都针对特定的制造技术和工艺进行优化，旨在提升生产效率、降低制造成本并确保质量一致性。DFM for Machining（面向机械加工的DFM）主要关注采用机械加工方法（如车削、铣削、钻孔等）进行零件制造。在这一过程中，设计师需要深入考虑零件的几何形状、材料去除量、刀具路径的选择以及切削力的控制等因素。此外，设计时还必须考虑加工顺序的合理性、工艺公差和尺寸控制，以及可能涉及的表面处理要求。通过优化这些制造参数，DFM for Machining 能够有效减少加工过程中可能出现的误差并降低加工难度，从而提高零件的加工精度与生产效率。DFM for Casting（面向铸造的DFM）则针对使用铸造工艺（如砂型铸造、压铸、重力铸造等）制造零件的情况，强调设计零件的铸造可行性。在这一方法中，设计师需要关注零件的形状和壁厚的合理性，确保铸造过程中材料流动顺畅，并避免因设计不当而引起的铸造缺陷。此外，模具设计、浇铸系统的配置和支撑结构的选择也对最终铸件的质量和成本有着直接影响。DFM for Casting 通过在设计阶段合理规划这些工艺参数，能够有效优化铸件的生产流程，减少废料和瑕疵，提高铸件的质量与生产效率。DFM for Injection Molding（面向注塑的DFM）则侧重于注塑成型工艺，设计师需要关注零件形状、模具设计、壁厚的均匀性以及注塑工艺参数的优化。通过合理控制模具设计和工艺参数，DFM for Injection Molding 能够最大程度地减少因模具缺陷或工艺不当导致的生产问题，确保零件在高效生产的同时满足质量标准。每一种DFM方法都要求在产品设计的早期阶段就充分考虑相关制造工艺的限制和需求，从而实现零件设计的优化，降低后期生产中的工艺难度并节约成本。

图2-3展示了DFM流程中的各个关键环节及其相互关系。从需求分析开始，对产品功能、性能、成本等方面的要求进行深入研究，然后进行现场分析，确保设计的可行性以及与实际生产环境的匹配度。在此基础上，进行产品的设计和开发工作。设计完成后，通过模拟或实际的测试来验证设计的正确性和可靠性。经过测试确认无误后，将设计投入生产过程。在生产过程中，需要严格把控产品质量，确保符合既定标准。最后一步是将合格的产品交付给客户或市场。整个过程是循环往复的，一旦发现问题，就需要回到前面的步骤重新评估和调整。这种迭代的过程有助于不断优化产品设计，提高其可制造性，降低制造成本和提高产品质量。

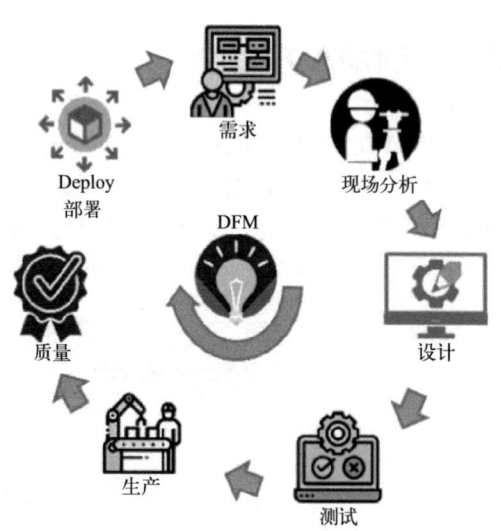

图2-3 DFM流程中的各个关键环节及其相互关系

（2）DFA（面向装配的设计）

DFA是一种面向装配的设计方法，旨在优化产品设计，使其在装配过程中能够实现更高的效率、更低的成本和更好的质量控制。

装配过程涉及将多个零部件整合为完整的产品，确保产品能够发挥既定功能并反映出其质量标准。从装配的定义中可以解读出三个层面的意义：①将零部件相互连接；②确保产品功能的实现；③展示产品的质量特性。装配不仅仅是拧紧螺钉，将零部件简单拼合，更为关键的是组装完成后的产品必须能够正常运作,并展现出产品的质量。装配是承载产品功能和质量的关键环节。对于所有类型的产品而言,在零部件经过生产加工最终形成产品之前,都必须经历装配阶段。产品的零部件数量可以从几个到数百万个不等。例如,一个订书机可能包含几十个零部件,一部手机可能有几百个零部件,一辆汽车则可能包含数万个零部件,而一架飞机的零部件数量则会超过数百万。装配是产品制造流程中的一个关键环节,它对产品的质量、成本以及开发周期均有显著影响。装配流程的品质参差不齐,不同的装配工艺对产品性能的影响各不相同。观察装配品质、装配效率以及装配成本等多个维度,可以发现最好与最差的组装流程特点,详见表2-1。

最好和最差的装配流程　　　　　　　　　　　　　　　　　　　　　　表 2-1

| 序号 | 最好的装配流程 | 最差的装配流程 |
| --- | --- | --- |
| 1 | 零件很容易识别 | 零件很难识别 |
| 2 | 零件很容易被抓起和放入装配位置 | 零件不容易被抓起,容易掉到任何位置 |
| 3 | 零件能够自我对齐到正确的位置 | 零件需要操作人员不断地调整才能对齐 |
| 4 | 在固定之前,零件只有唯一正确的装配位置 | (1)在固定之前零件能够放到两个或者两个以上的装配位置;<br>(2)很难判断哪一个装配位置是对的;<br>(3)零件在错误的位置可以被固定 |
| 5 | 紧固件很少,快速装配 | 螺钉、螺柱、螺母有多种牙型、多种长度、多种头型,令人眼花缭乱 |
| 6 | 不需要工具或夹具的辅助 | 需要工具或夹具的辅助 |
| 7 | 零件尺寸超过规格,依然能够顺利装配 | 零件尺寸在规格范围之内,但依然装配不上 |
| 8 | 装配过程不需要过多的调整 | 装配过程需要反复的调整 |
| 9 | 装配过程很容易很轻松 | 装配过程很难很费力 |

## 2.4 DfMA 的基本步骤

在工程领域,实施设计以便于制造和组装的基本步骤是产品开发过程中至关重要的一环。这一过程不仅关注产品设计的创新性和功能性,更强调在设计阶段就考虑产品的生产性和可组装性。通过适当的设计和规划,可以在产品的整个生命周期中节约成本、提高效率,并最终实现产品的性能优化和用户满意度的提高。产品设计、制造与组装的整体流程优化是企业取得成功的关键因素,如图2-4所示为采用DfMA的产品生产流程图。

(1)需求分析

需求分析是第一步,也是整个产品开发过程的基础。它的目标是全面而准确地理解客户的需求。这不仅包括产品的功能性和性能指标,还应涵盖用户体验、市场趋势、竞争对手分析以及成本预算等多个维度。在需求分析阶段,还需考虑产品的生命周期成本,包括研发、生产、运营、维护和报废回收的成本。此外,还应评估不同方案的可行性和风险,确保设计方案的实施能够在技术、经济和法规等方面得到支持。

(2)概念设计

概念设计阶段是在对需求深入理解的基础上,创造性地提出产品设计的初步构想。在

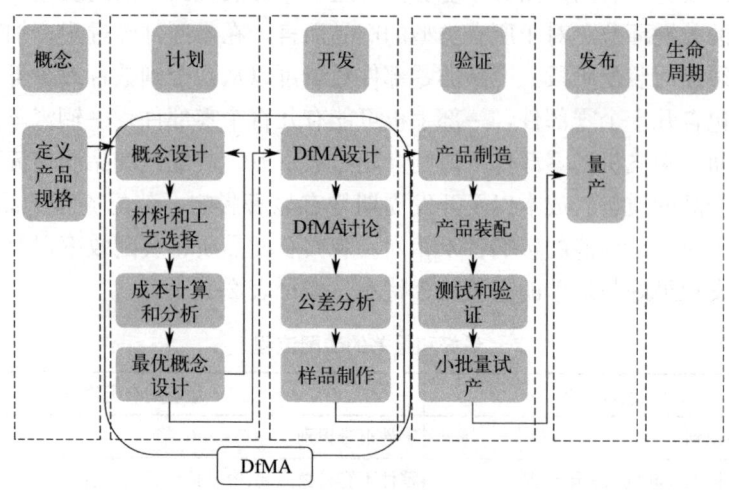

图 2-4 采用 DfMA 的产品生产流程

这一阶段，设计师通常会运用头脑风暴、形态学分析等方法，构建多个可能的产品设计方案。概念设计的关键在于捕捉产品核心价值，形成清晰的设计方向。此外，还需要考虑可持续性设计原则，如节能减排、循环利用等，确保产品设计符合长远发展的要求。

（3）详细设计

在确立概念设计之后，详细设计阶段就需要对产品进行具体化描述，这包括尺寸、形状、接口、材料选择、工艺流程等方面的详细规划。设计师需要运用 CAD 等工具，制定出详尽的设计图纸和技术文件。同时，详细设计还应考虑组装的易行性、维护的便捷性以及故障诊断的友好性，以降低生命周期成本和提高用户满意度。这一阶段的设计成果将直接用于指导生产制造和装配。

（4）制造过程分析

制造过程分析旨在确保设计的产品能够高效、低成本地生产出来。在这一阶段，需要对生产流程进行深入分析，识别可能的制造瓶颈、质量问题以及成本超支等风险。通过运用精益生产、自动化、信息化等现代制造技术，对生产流程进行优化，以实现高效生产。

（5）装配过程分析

装配过程分析关注的是产品从零部件到成品的组装过程。分析内容包括装配顺序、装配方法、装配工具的选择等，目的是减少装配过程中的时间浪费、提高装配质量和效率。装配过程的优化可以显著降低生产成本，提升产品竞争力。

（6）设计优化

设计优化是基于制造和装配过程分析的结果，对产品设计进行改进的过程。这可能包括对设计进行调整，以简化制造和装配过程，减少零件数量和加工步骤；或者改进材料和工艺，以提高产品的性能、耐用性和可回收性。设计优化是持续进行的，旨在不断改进设计中的缺陷和浪费。

（7）验证与确认

通过原型试验和批量生产，验证设计的可行性和有效性是设计优化的重要保证。这一阶段的主要目的是确保设计能够满足客户的需求，并能够在实际生产中稳定运行。验证与确认还包括对产品性能、安全性和可靠性的测试，确保产品在上市前达到相关标准和要求。

(8) 持续改进

持续改进是最后一个阶段，也是最重要的一个阶段。通过市场反馈、质量控制和用户体验等途径收集数据，对产品性能和生产过程进行监控，不断寻求改进的机会。持续改进要求企业建立一种学习和创新的企业文化，鼓励员工提出创意和改进措施，以实现产品质量和生产效率的持续提升。

## 2.5 数字化工具在 DfMA 施工中的应用：BIM 与 ERP 系统的整合

数字化工具在 DfMA 施工中的应用，特别是 BIM 与 ERP 系统的整合，正成为推动城市轨道交通建设向更高效、智能方向发展的重要力量。BIM 技术以其强大的信息共享和协同工作能力，为 DfMA 施工提供了详细的产品信息和技术参数，从而提高了施工的精确性和效率。而 ERP 系统则专注于企业资源的优化配置和统一管理，包括物料采购、生产计划、库存控制、成本核算等方面。通过与 BIM 集成，ERP 系统能够实时获取项目进展和资源需求，实现对生产过程的精细化控制，进一步降低成本和提高施工效率。因此，BIM 与 ERP 系统的整合为 DfMA 施工提供了一个全面的信息管理平台，使得设计、制造和装配过程更加协同、高效。

### 2.5.1 BIM 技术在 DfMA 施工中的应用

随着建筑行业数字化转型的不断推进，BIM 技术逐渐成为推动 DfMA 施工过程优化的重要工具。BIM 技术通过将建筑设计、施工和运营的各个阶段集成在一个统一的数字平台上，能够为设计、制造和装配提供更高效、更精准的支持。因此，在 DfMA 框架下，BIM 技术不仅有助于优化设计方案，还能在整个生命周期中提供实时的数据支持和协作平台，促进各专业团队之间的紧密合作。

(1) BIM 技术的基本功能

1) 三维建模

BIM 技术可以通过创建和管理建筑和基础设施项目的数字表示，实现三维建模。这种三维模型可以准确地呈现建筑物的几何形状和空间布局，包括墙壁、楼板、梁柱等构件的精确尺寸和位置。这对于 DfMA 方法非常重要，因为它可以帮助设计师在设计阶段就考虑制造和装配的要求，确保构件之间能够相互配合和装配的准确性。

2) 信息集成

BIM 技术可以集成结构、建筑、机械、电气和管道的数据。LOD（Level of Development）是 BIM 中衡量模型详细程度和信息完整性的标准，对于 DfMA 的应用至关重要。LOD 不仅定义了模型的几何精细度，更重要的是它明确了模型中包含的工程信息的深度，这对 DfMA 的实施有着直接影响。在 DfMA 的设计阶段，LOD 的准确应用能够确保模型包含足够的信息来指导制造和装配过程，从而减少差错和返工，提高工程效率。

LOD 的分级从 LOD100（概念设计）到 LOD500（施工完成），每一级对应模型的详细程度逐步增加。在 DfMA 背景下，LOD300 及以上级别的模型尤为重要，因为这些级别的模型不仅包含三维几何信息，还包含非图形信息，如材料属性、制造规格、安装细节等，这对于预制构件的设计、生产及现场安装都是必不可少的。例如，LOD300 模型可以用来进行初步的预制件设计，而 LOD400 模型则可以精确到每个预制件的详细尺寸、材质和连接细节，直接指导工厂生产。

3）协同工作

BIM 技术支持不同专业团队在同一平台上进行协同设计与施工。各个专业团队可以在同一个 BIM 模型上进行设计和修改，实时协作和交流。这种协同工作的方式可以提高工作效率，减少冲突和错误，并促进团队之间的合作和集成。在 DfMA 的实施中，协同工作可以确保设计和制造的一致性和协调性，优化制造和装配过程。

4）可视化

BIM 技术提供了项目从设计到维护全生命周期的可视化支持。通过 BIM 模型，可以以图形化的方式呈现建筑物的外观、内部布局和系统设备等，这对于设计师、制造人员和维护人员来说都非常有价值，可以帮助他们更好地理解和评估设计方案，提前发现潜在问题，并进行必要的调整和优化。

（2）BIM 技术在 DfMA 中的应用

1）设计优化

在建筑项目的设计阶段，BIM 技术可以帮助设计团队发现并解决冲突，从而提高设计质量，降低项目成本。通过 BIM 模型，设计师可以直观地查看建筑模型的各个部分，检查各个系统（如结构、管道、通风等）之间的协调性。这种方法有助于提前发现潜在的问题，如管道和结构部件的碰撞，从而避免在施工阶段出现设计变更和现场调整，促使项目顺利进行。此外，BIM 技术还可以支持设计师进行多种设计方案的对比和优化。设计师可以创建不同的设计方案，通过模拟分析，比较各个方案的性能指标，如能耗、光照、通风等，从而选出最佳设计方案。这不仅有助于提高建筑物的性能，还可以降低运营成本。

2）预制构件设计

在 DfMA 理念的指导下，BIM 技术可以用于精确设计和制造预制构件。通过 BIM 模型，设计师可以准确地表示建筑物的各个部分，包括尺寸、形状、材料等。这些信息可以被传递到预制构件制造商，帮助他们精确地生产出所需的构件。预制构件的设计和制造过程可以实现高度自动化，从而提高生产效率和精度。此外，预制构件的生产可以在工厂内进行，降低了现场施工的风险和成本。使用 BIM 技术进行预制构件设计，可以实现建筑行业的现代化和工业化。

3）施工模拟

BIM 技术可以用于施工模拟，帮助项目经理和施工团队优化施工计划和流程。通过 4D BIM，即在建筑模型中加入时间信息，可以模拟施工过程，预测施工进度，从而合理安排施工资源和计划。施工模拟还可以帮助发现施工中的潜在问题，如高风险作业、资源冲突等，从而提前采取措施，降低施工风险。此外，通过施工模拟，项目经理可以更准确地估算项目成本，控制项目预算。

4）成本管理

BIM 技术可以用于 5D BIM 成本管理，即在建筑模型中加入成本信息，实现项目成本的精确估算和控制。通过 BIM 模型，项目经理可以实时查看项目的成本情况，包括直接成本（如材料费、人工费等）和间接成本（如管理费、风险费等）。这种方法有助于项目经理更好地控制项目成本，避免成本超支。此外，BIM 技术还可以支持项目经理进行多种成本方案的对比和优化，从而实现项目成本的最优化。

（3）BIM 技术与 DfMA 的协同作用

BIM 技术为 DfMA 提供了强大的技术支持和信息平台。在 BIM 环境下，设计、施工和制造团队可以共享一个集成的、实时更新的模型，这有利于跨专业间的协同工作，减少了信息孤岛，提升了工作效率。BIM 模型的三维可视化特性使得设计人员能够在虚拟环境中预演安装过程，识别潜在的冲突，优化设计，从而减少现场的调整和修改。此外，通过 BIM 模型的参数化设计，可以快速生成不同的设计选项，进行成本估算和性能分析，帮助项目团队做出更加合理的设计决策。

BIM 技术与 DfMA 的协同还体现在对供应链管理的优化上。通过 BIM 模型，可以生成精确的材料清单和预制件需求，支持精准的物料采购和物流规划，减少了浪费，降低了成本。在生产阶段，BIM 模型可以直接链接到制造设备，实现数据驱动的自动化生产，提升生产精度和效率。最后，BIM 模型在施工阶段作为施工指导和质量控制的依据，确保安装的准确性和高效性，同时也为后期的运维管理提供了丰富的信息基础。

## 2.5.2 ERP 系统在 DfMA 施工管理中的作用

ERP 系统（Enterprise Resource Planning，即企业资源规划系统）在 DfMA 施工管理中扮演着重要的角色。它通过提供一系列基本功能，帮助企业有效地规划、协调和控制资源、成本和进度，实现高效的 DfMA 实践。以下是 ERP 系统的基本功能及其在 DfMA 施工管理中的作用。

（1）ERP 系统的基本功能

ERP 系统的基本功能为企业提供了全面的管理工具，这些功能不仅涵盖了企业的日常运营，还为企业的发展战略提供了有力支持。

1）资源规划

ERP 系统在现代制造业中扮演着至关重要的角色，它通过集成管理的方式，帮助企业实现对人力、设备、材料和资金等关键资源的全面规划和优化。在 DfMA 施工管理中，ERP 系统的应用尤为重要，因为它能够确保从设计到制造再到装配的整个生产流程中，资源得到有效分配和充分利用。具体而言，ERP 系统在人力资源规划方面能够根据项目需求和工作量，自动规划和分配工程师、技术人员和其他工作人员的任务，提高人员利用率，并确保设计团队与制造团队之间的紧密协同。在设备资源管理方面，通过对设备使用情况的实时监控和数据分析，ERP 系统能够帮助企业合理规划设备投资和维护计划，减少设备闲置时间，提高设备综合效率。物料资源优化方面，ERP 系统能够对物料采购、库存管理和供应链进行优化，减少库存积压，降低资金占用，确保生产线的连续运作。而在财务管理方面，ERP 系统通过集成财务模块，实时监控项目成本和资金流向，为企业提供准确的财务数据支持，有助于企业进行成本控制和资金分配优化。

此外，ERP系统还能通过数据分析与决策支持、客户关系管理（CRM）系统集成以及灵活应对市场变化等多方面，进一步拓展其在资源规划中的应用。利用大数据和人工智能技术，ERP系统能够对历史数据进行分析，为管理层提供决策支持，帮助企业识别资源规划的潜在问题和改进方法。通过与CRM系统的集成，ERP系统能够更好地理解市场需求和客户偏好，指导资源规划的方向，确保产品设计和制造更加符合市场需求。同时，ERP系统为企业提供了快速响应市场变化的可能，通过实时调整资源规划，企业能够更加灵活地应对订单波动、原材料价格变动等外部因素。综上所述，ERP系统在DfMA中的资源规划与优化作用，不仅提升了企业的内部管理效率，也为企业在激烈的市场竞争中保持优势提供了强有力的支持。作为工科领域的专家学者，我们应当深入研究ERP系统与DfMA理念的融合应用，推动制造业向更加智能化、高效化的方向发展。

2）物料需求计划（MRP）

MRP是ERP系统中的一个核心功能，它在DfMA中扮演着至关重要的角色。MRP通过精确的数据分析和算法，帮助企业对生产过程中所需材料的数量和时间进行准确估计和管理。在预制构件和组件的制造中，准时供应材料是确保生产顺利进行的基础。MRP能够根据项目的具体需求和预先制定的制造计划，自动计算出所需材料的种类、数量以及最佳采购时间，从而为企业提供了一套高效的物料管理解决方案。MRP的实施，极大地提升了企业在DfMA实践中对物料供应的掌控能力。通过MRP，企业可以实现对材料需求的实时监控，及时响应生产计划的变化，避免因材料短缺或过剩而造成的生产延误或成本增加。此外，MRP还能够与采购和物流模块无缝对接，自动生成采购订单，并跟踪材料的采购状态和物流进度，确保材料能够按照计划准时到达生产线。这种前瞻性的物料管理方式，不仅提高了生产效率，也降低了库存成本，为企业带来了显著的经济效益。

在DfMA项目的实施过程中，MRP还能够帮助企业优化库存结构，通过精确的需求预测和库存控制，减少资金占用和仓储空间，同时降低物料过期或损坏的风险。此外，MRP还能够提供详细的物料使用报告，帮助企业分析物料消耗情况，进一步优化物料采购策略和库存管理流程。

3）生产计划和调度

在现代制造业的复杂环境中，生产计划和调度是确保生产效率和质量的关键环节。ERP系统在这一过程中的应用，极大地提升了生产管理的智能化和精准度。该系统能够根据设计阶段确定的要求，制定出详尽的生产计划，这不仅涵盖了生产的具体步骤，还包括了与生产活动紧密相关的资源和材料需求。通过ERP系统的高度集成性和数据处理能力，企业能够将生产计划与库存管理、供应链、人力资源等关键因素有效对接，确保每一项资源都能在正确的时间、以正确的数量投入到生产过程中。此外，ERP系统的协同工作和实时数据更新功能，为制造团队的调度和调整提供了强有力的支持。在实际生产过程中，由于市场变化、订单波动、设备故障等多种因素的影响，生产计划往往需要做出相应的调整。ERP系统通过实时监控生产进度和资源使用情况，能够迅速识别潜在的问题，并给出最优的调度方案。这种动态调整能力，不仅保障了生产任务能够按时完成，还使得生产活动能够与其他施工环节保持高度协调一致，从而提升了整体项目的执行效率。ERP系统在生产计划和调度中具有重要作用，它不仅优化了生产流程，还为企业节约了成本，提高了市场竞争力。

进一步地,ERP系统在生产计划和调度中的应用,还体现在其对生产过程的持续优化上。通过对生产数据的深入分析,ERP系统能够帮助企业发现生产中的瓶颈和冗余环节,进而指导企业进行流程再造和工艺改进。这种基于数据的决策支持,使得生产计划更加科学合理,调度更加灵活高效。同时,ERP系统还能通过预测分析,帮助企业预见未来可能出现的市场需求和资源供应变化,从而提前作好生产规划和准备,减少因市场波动带来的风险。

4) 财务管理

在DfMA施工管理模式下,ERP系统的财务管理功能显得尤为关键。ERP系统为企业提供了一个全面、集成的财务管理平台,涵盖了成本核算、预算管理、采购和支付管理等多个方面。在预制构件的制造和装配过程中,成本的有效估算、控制和核算直接关系到项目的经济效益和财务健康。ERP系统通过其精确的数据处理和实时分析能力,能够帮助企业对成本进行细致的跟踪和管理,从而确保DfMA施工管理模式经济的合理性。

具体来说,ERP系统在成本核算方面,能够自动化地收集和整理来自设计、制造、采购等各个环节的成本数据,为项目管理者提供准确的成本信息。在预算管理方面,ERP系统支持企业根据项目目标和市场情况制定预算,并通过实时监控预算执行情况,及时调整预算分配,以防止成本超支。在采购和支付管理方面,ERP系统能够优化采购流程,通过集中采购和供应商管理,降低采购成本,同时确保支付活动的透明度和合规性。这些功能的综合运用,不仅提高了DfMA施工管理的财务效率,也为企业实现财务可持续性提供了有力保障。此外,ERP系统在DfMA财务管理中的应用,还体现在其对项目风险的防控上。通过系统的分析和预测功能,企业能够及时发现成本管理中的潜在风险,并采取相应的措施进行规避。例如,通过对比实际成本与预算的差异,企业可以迅速识别出成本控制的薄弱环节,并采取措施加以改进。同时,ERP系统还能为企业提供财务决策支持,通过历史数据的分析,帮助企业制定更加科学合理的财务策略,以支持DfMA施工管理的长期发展。

5) 人力资源管理

在DfMA施工管理中,人力资源的管理是确保项目成功的关键因素之一。ERP系统在人力资源管理方面的应用包括员工管理、培训与开发、劳动力分配等多个层面。由于DfMA项目对人员的专业技能和经验有着较高的要求,ERP系统的作用在于确保合适的人员被配置到适当的工作岗位上,从而支撑设计和制造过程的顺利进行。

ERP系统通过其高度集成的人力资源管理模块,能够帮助企业实现对员工信息的全面管理,包括基本资料、技能特长、工作经验等。这种信息的集中管理,使得企业在招聘和选拔过程中能够快速匹配项目需求与员工能力,确保每个DfMA项目都能得到最合适的人才支持。同时,ERP系统还能够对员工的培训与发展需求进行评估,制定个性化的培训计划,通过定期的培训和技能提升活动,增强员工的专业素养和团队的整体实力。此外,劳动力分配功能则能够根据项目进度和人力资源状况,合理调配人员,优化工作流程,提高生产效率。在DfMA项目的实施过程中,ERP系统的人力资源管理还体现在对团队绩效的跟踪和评估上。系统可以记录和分析员工的工作表现,为绩效管理和激励机制提供数据支持。这种基于数据的绩效管理,不仅能够激发员工的工作积极性,还能够为企业的人才发展战略提供决策依据。通过ERP系统，企业能够构建持续学习和发展的企业文化，不断提升团队的综合素质和能力，从而在激烈的市场竞争中保持优势。

6）项目管理

在DfMA项目的实施过程中，项目管理的作用至关重要，它关乎项目的成败和企业的效益。ERP系统的项目管理功能为企业提供了一套全面的解决方案，帮助管理层对项目进行整体规划、协调和监控。该功能涵盖了项目进度管理、风险管理和质量管理等多个方面，确保项目按照既定目标和时间表顺利推进。项目进度管理是项目管理中的核心环节，ERP系统通过建立项目的时间线，明确关键路径、里程碑和交付时间，从而实现对项目进度的实时跟踪和控制。系统可以自动更新项目状态，提醒管理人员关注即将到来的截止日期和关键任务。这种动态监控机制使得项目团队能够及时调整工作计划，优化资源分配，确保项目按计划进行。同时，ERP系统的风险管理功能能够帮助企业识别和评估项目实施过程中可能出现的风险点，通过预设的风险管理模型和工具，提前制定应对策略，减少风险对项目的影响。

质量管理同样是ERP系统项目管理功能的重要组成部分。系统可以集成质量管理流程，确保项目在设计和制造过程中的每一个环节都符合质量标准。通过ERP系统，企业能够实现对项目质量的持续监控，及时发现质量问题，并采取措施进行纠正。此外，ERP系统还能提供详尽的项目报告和分析，帮助管理层全面了解项目状况，做出更加科学的决策。

（2）ERP系统在DfMA施工管理中的应用

ERP系统在DfMA施工管理中的应用极大地提升了生产效率和设计灵活性，它通过集成管理流程为制造和装配环节带来了革命性的改变。

1）集成设计与施工

在传统的设计与施工模式中，设计团队和施工团队之间存在信息传递的障碍，容易导致误解和错误。而ERP系统通过提供一个统一的平台，实现设计与施工的无缝衔接。首先，设计团队可以在ERP系统中创建和共享BIM，将设计参数、构件尺寸和装配细节等信息直接传递给制造和施工团队，这样可以避免信息传递的错误和重复工作的发生。其次，施工团队可以将实际施工过程中的数据和反馈传递回设计团队，实现设计的持续优化和改进。通过这种集成设计与施工的方式，可以提高设计的准确性和施工的效率。

2）优化资源利用

ERP系统可以帮助企业有效地分配和利用物资、人力和设备资源，实现资源的优化利用。首先，通过实时监控和管理资源的需求和供应，ERP系统可以精确计划和调度资源的使用。在DfMA施工管理中，预制构件的制造和装配需要合理的物资供应和人力调度，ERP系统可以根据设计和制造计划，自动计算所需材料和人力的数量，并进行合理的分配和调度，避免资源的浪费和闲置。其次，ERP系统可以帮助企业管理设备的使用和维护。通过设备的监控和维护计划，ERP系统可以提高设备的利用率和寿命，减少停机时间和维修成本。

3）提高效率与降低成本

通过ERP系统的应用，DfMA的效率和成本控制可以得到显著提升。首先，ERP系统可以帮助企业制定精确的计划，减少浪费和重复工作。例如，通过MRP，ERP系统可以实现对材料的准确估算和采购，避免过度采购或缺货现象。此外，ERP 系统可以帮助监控生产进度和资源利用情况，及时调整和优化施工计划，减少项目延误和成本超支的风险。其次，通过精确的计划和控制，ERP 系统可以减少重复工作和不必要的调整，提高施工质量和效率。ERP 系统提供的工作指导和计划能够帮助施工人员准确进行装配、安装和调试，减少误差和重复工作。

## 2.6 DfMA 实施的层次

DfMA 的实施可以根据其集成度和标准化程度划分为不同级别，每一级别代表着制造与装配集成度的递增，反映了从传统施工向完全预制化、模块化施工的过渡（表 2-2）。

DfMA 实施的层次对比　　　　表 2-2

| 级别 | 特点 | 施工方式 | 设计/施工效率 | 优缺点 |
|---|---|---|---|---|
| 低级 DfMA | 部分预制化，标准化构件 | 部分现场施工，部分工厂预制 | 提高效率，降低成本 | 仍需现场加工，无法完全摆脱现场工作 |
| 中级 DfMA | 大部分预制，BIM 技术优化设计 | 主要工厂预制，部分现场施工 | 极大提高效率，降低成本，减少风险 | 需要高精度设计，前期投入较大 |
| 高级 DfMA | 几乎全部预制，高度标准化和模块化 | 现场快速装配 | 极大缩短工期，降低成本，提高质量 | 前期设计和制造投入大，需要高度集成化 |

（1）低级 DfMA

低级 DfMA 是 DfMA 实施的起步阶段，主要目标是通过引入标准化和部分预制化技术，简化现场施工过程，从而减少工程的复杂性并提高施工效率。在这一阶段，设计师和工程团队着重于标准化构件的设计和部分预制件的应用，以减少现场施工中的重复性工作，如定制部件的制造和现场加工，这一做法使得构件在设计和生产阶段就已具备标准尺寸和规格，从而确保在现场能够快速、准确地进行组装，显著提升了施工速度并减少了人工成本。通过应用标准化和预制化构件，低级 DfMA 降低了施工过程中的风险，减少了可能的设计错误和工艺偏差，提升了整体项目的可控性。

然而，低级 DfMA 在提升效率和降低成本的同时，仍然面临一定的局限性。尽管现场施工的复杂度已得到有效简化，但它依然保留了部分现场安装和调整工作。设计和施工团队在执行时仍需要应对一些现场工程的挑战和不确定性，例如现场条件的变化、构件的适配问题等。虽然低级 DfMA 能够显著减少现场工艺变动和调整，但它无法完全消除这些不确定因素。因此，尽管低级 DfMA 为设计和施工流程的优化提供了一个重要的起点，它仍然局限于解决基础的标准化和预制化问题，尚未实现全方位的流程创新和全面的施工效率提升。

（2）中级 DfMA

中级 DfMA 阶段的实施通过引入先进的技术和方法，在设计和施工过程中实现了更高水平的优化。特别是通过 BIM 技术，工程团队能够进行精确的三维建模与协同设计，从而确保各构件之间的无缝衔接和布局的优化。这一精确设计过程不仅有助于提高设计的准确性，还能够在项目初期识别潜在的冲突和问题，避免了施工阶段的频繁修改和调整，降低了成本和工期风险。在这一阶段,许多甚至所有构件都在工厂进行预制,确保了构件的质量和精度。这种工厂预制的做法显著减少了现场加工的需求,降低了现场施工的不确定性,并降低了出现错误的可能性。同时,由于构件在工厂内提前装配,施工进度得到了更好的控制,项目延期的风险也得以降低。

此外,中级 DfMA 阶段还注重提高制造的标准化和模块化程度,从而使各构件之间具备更高的互换性和通用性。标准化和模块化设计不仅能显著提升施工效率,还能为未来的维护和更新工作提供便利。通过在工厂中完成大部分的制造和装配,现场工作的重点更多转向了构件的精确装配与连接,而非传统的现场制造或加工。这种优化的施工方式使得工程项目能够在较短的时间内完成,同时提高了项目的可控性和质量一致性。因此,中级 DfMA 在设计和施工流程中起到了更加关键的作用,推动了建筑行业在精确度、效率和成本控制上的进步。

(3) 高级 DfMA

在此级别,DfMA 的应用达到了一个全新的高度,几乎所有的建筑构件和系统都在工厂完成预制,现场施工工作则主要集中在预制模块的快速装配。这一阶段的核心在于高度的标准化和模块化设计,所有构件都严格按照既定的制造标准进行生产,从而实现现场"即插即用"的施工模式。这种模式不仅显著缩短了施工周期,降低了项目成本,而且在提高施工质量方面也具有显著优势,成为 DfMA 应用的理想状态。通过这种精细化的生产和装配方式,建筑项目能够实现更高的可控性,确保了项目从设计到施工的每一环节都符合预定的质量标准和时间表。

在高级 DfMA 的实施过程中,预制构件的精度和质量控制是至关重要的。工厂环境下的生产条件为自动化和高精度制造设备的使用提供了保障,从而确保了构件的尺寸一致性和高质量。流水线作业的引入进一步提高了生产效率,确保了构件在出厂前通过严格的质量检验,符合设计规范和性能要求。标准化设计使得构件具有高度的互换性,而模块化设计则提供了灵活性,能够通过组合不同的模块来满足多样化的建筑功能和结构需求。这种设计方法不仅提升了构件的通用性,还为后期的维护、更新和替换提供了便利,从而显著延长了建筑的使用寿命,并增强了其可持续性和适应性。

# 第 3 章

# 基于 DfMA 的轨道交通机电系统设计革新

在当今快速发展的城市轨道交通建设中,传统的设计和施工方法已难以满足日益增长的效率和质量需求。因此,采用 DfMA 技术进行系统设计革新,成为提升轨道交通机电工程整体性能的关键手段。本章将系统探讨 DfMA 技术在轨道交通机电系统设计中的应用,通过详细分析装配设计和制造设计两大关键环节,揭示 DfMA 技术如何通过标准化、模块化和预制化,实现高效、安全、经济的轨道交通建设解决方案,从而推动整个行业的技术进步和创新。DfMA 技术按照"以终为始"的原则,即从最终产品的性能和需求出发,逆向进行设计和制造,确保设计和制造过程能够满足最终产品的要求。这种逻辑强调模块化设计和标准化生产的重要性,并通过信息化管理提高协同效率、过程控制和产品质量,最终实现高效、安全、经济的轨道交通建设,并促进可持续发展。

## 3.1 基于 DfMA 的轨道交通机电工程装配设计和制造设计技术

通过深入探讨基于 DfMA 的轨道交通机电工程装配设计和制造设计技术,我们可以了解如何通过优化设计、模块化制造、严格的质量控制和先进的数字化技术,实现高效、安全、可靠的机电系统制造。在接下来的部分中将详细探讨 DfMA 在轨道交通机电工程中的应用,旨在为轨道交通项目提供更为高效、可靠的解决方案。

### 3.1.1 施工组织设计

施工组织设计(Construction Organization Design)阶段借鉴了 DfMA 理念中设计优化的原则,要求设计者在规划施工流程时,充分考虑可施工性和各项组织要素的系统优化。这一阶段强调通过优化工序顺序与安排,最大程度地减少施工过程中的浪费和资源冲突,进一步提升施工效率与资源利用率。在这一过程中,设计者不仅要考虑施工的可行性,还要对施工的每一环节进行合理预见,确保工序之间的协调与平衡,避免因流程不当而造成的时间延误和成本增加。

#### 1. 施工组织设计的定义与目标

施工组织设计不仅仅是一个简单的作业安排,而是一个涵盖施工方法、资源配置、工期控制、安全管理和质量控制等多个方面的综合性设计方案。它旨在通过对各类施工活动的合理调度与优化安排,使得资源得到最大化利用,工作流程更加高效,从而达到项目的整体最优状态。

施工组织设计的核心目标是全面提升施工效率与质量，确保工程项目能够按时且高质量地完成。这涉及将施工过程细致化，将其分解为更小、更易于管理的任务单元，从而提升工作可管理性和执行效率。同时，通过优化任务顺序和时序，减少任务间等待时间和冲突，充分利用资源，避免浪费，进而提升施工效率。此外，施工组织设计需关注资源的合理配置与协调，包括人力、材料、设备和时间等，以确保资源量的准确估计与计划，避免资源过剩或不足，并通过合理安排资源调度与协调，避免冲突，提升资源利用效率。有效的信息流和沟通机制对于项目成功同样至关重要，施工组织设计应确保信息准确传递和及时反馈，促进合作与理解，提高协调性和一致性。同时，施工组织设计必须考虑安全与风险管理，识别评估安全隐患和风险，制定安全措施和应急预案，确保施工过程安全可控。时间和成本控制也是关键目标，通过合理的任务安排和资源配置，优化施工进度，避免延误和额外成本产生，同时对变更和风险进行监控和调整。最后，施工组织设计要确保质量保证与控制，通过任务分解和工序安排，确保施工质量可控和一致，制定质量控制措施和检查计划，监督施工过程，确保工程项目质量达标。

**2. 从 DfMA 到施工组织设计的转化**

通过将 DfMA 的设计理念与施工组织设计相结合，可以有效提升施工过程的可控性和效率，使预制化与标准化设计在施工阶段得以顺利实施。

（1）功能分析的转化

在施工组织设计中，功能分析是构建高效施工流程的基础。这一过程涉及对施工任务的功能需求进行深入理解，任务分解与工作包划分，以及确定关键路径和优化工序。

首先，理解施工任务的功能需求是施工组织设计的基础。施工任务可以是各种不同的工作，如基础施工、钢结构安装、管道布置等。通过深入了解每个施工任务的功能和要求，施工组织设计团队能够准确把握工作的目标和关键要素。然后，任务分解与工作包划分是将复杂的施工任务细化为可管理的工作单元的过程。通过将大任务分解为更小的子任务，可以更好地组织和管理施工流程。这样的细分有助于明确每个工作包的范围、工期和资源需求，为施工流程的协调和控制提供了基础。确定关键路径是施工组织设计中的重要步骤。关键路径是指在施工过程中具有最长持续时间的路径，决定了整个工程项目的最短完成时间。通过识别关键路径，施工组织设计团队能够优化工序顺序，确保关键任务按时完成，从而避免项目延误和额外成本的产生。优化工序是为了提高施工效率和资源利用率。通过分析和评估各个工序之间的依赖关系和优先级，施工组织设计团队可以确定最佳的工序，以最大程度地减少等待时间和资源浪费。通过合理安排工序，可以实现施工任务的高效执行和协调，提高整体施工效率。

（2）设计优化的转化

在施工组织设计中，设计优化是实现高效施工流程的关键因素。通过将 DfMA 的原则应用到施工组织设计中，可以优化施工流程和工艺设计，最小化不必要的操作和移动，并设计合理的施工设备和工具。

首先，优化施工流程和工艺设计是施工组织设计的核心任务。通过分析施工任务的要求和约束条件，施工组织设计团队可以识别并优化施工流程中的瓶颈和瓶颈工序。他们可以重新设计工艺流程，采用更高效的方法和技术，以提高施工效率和质量。例如，他们可以引入并行工作和模块化施工的概念,以减少施工时间和提高工作效率。其次,最小化不必要的操作和移动是设计优化的重要方面之一。通过减少工人和设备的不必要移动,可以降低施工过程中的时间浪费和资源消耗。施工组织设计团队可以通过优化工作区域的布局、合理规划材料和设备的存放位置,以及优化施工流程的顺序,来最小化工人和设备的移动。这样可以提高效率、降低错误率,并降低施工过程中的安全风险。此外,设计合理的施工设备和工具对于施工组织设计至关重要。通过选择和设计适合施工任务的设备和工具,可以提高施工效率和质量。施工组织设计团队需要考虑设备的功能、性能和适用性,并确保设备符合相关的安全标准和规范。施工组织设计团队可以利用先进的技术和自动化设备,例如:机器人自动打孔技术能够精确定位并快速完成孔位打孔,减少人工操作的误差和时间消耗,提升施工精度并缩短施工周期;垂直顶升机器人的应用在高层建筑或复杂施工场景中尤为重要,它能够自动进行部件的垂直运输和安装,大幅降低高空作业的风险,提高施工现场的安全性和施工效率(图 3-1)。此外,施工组织设计团队还可以利用其他先进技术,如无人机等,来提高施工的准确性和效率,确保各项任务的精确执行和施工质量。通过综合运用这些自动化技术,施工过程能够更智能化、规范化,进一步提升整体施工水平。

图 3-1 自动打孔机器人(左)和垂直顶升机器人(右)

(3)制造和装配考虑的转化

在施工组织设计中,将制造和装配考虑的引入是实现高效施工流程的关键因素之一。施工项目的成功实施不仅依赖于设计的合理性,还需要有效地管理资源、确保物料供应、制定合理的施工计划,并预防和解决施工过程中的问题。

有效的资源管理与物料供应是施工组织设计的核心要素之一。在施工项目中,合理管理和利用资源对于保证施工进度和质量至关重要。施工组织设计团队需要评估项目所需的人力、设备、材料和工具等资源,并制定相应的管理策略。同时,他们需要与供应商和供应链管理团队密切合作,确保物料的及时供应和适量存储,以避免施工过程中的停工和延误。

制定合理的施工计划是实现高效施工流程的关键步骤。施工组织设计团队需要充分考虑施工任务的复杂性、资源的可用性、环境因素和项目目标等,以制定详细而可行的施工计划。这包括确定工作的顺序和时间安排,分配任务和资源,制定里程碑和关键路径等。通过合理的施工计划,施工组织设计团队可以最大程度地提高资源利用率,减少等待时间,提高工作效率,并确保项目按时完成。

另外，预防和解决施工过程中的问题是施工组织设计的重要任务。在施工项目中，可能会出现各种问题和挑战，如设计变更、材料短缺、工序冲突等。施工组织设计团队需要预见潜在问题，并制定相应的解决方案。他们需要与设计团队、供应商和施工人员紧密合作，进行有效的沟通和协调，以确保问题能够及时解决，不影响施工进程和项目质量。

### 3. 基于DfMA视角施工组织设计的详细步骤

施工组织设计的详细步骤不仅关注施工资源的合理配置和工序衔接，还强调通过精细化管理来提升施工质量与效率，为DfMA理念的落地实施提供科学、可行的路径。

（1）设计可制造性与可装配性的早期介入

基于DfMA的施工组织设计首先要求在项目初期阶段就进行设计优化，确保设计方案符合可制造性和可装配性的要求。设计团队需与施工团队紧密协作，评估构件的复杂性、可拆卸性、预装配能力和运输便捷性。通过采用模块化、标准化的设计原则，减少现场加工和装配的难度，降低材料浪费并提高施工效率。例如，在轨道交通机电系统中，对于电气柜或控制面板的设计，可以提前考虑模块化单元，使得现场仅需进行简单的组合和调试，避免复杂的现场焊接或定制工作。

（2）施工资源的优化配置与调度

基于DfMA的施工组织设计强调资源的合理配置，尤其是在材料（如钢筋、预制板、机电设备等）管理上的精细化管理。施工前，项目团队应根据设计图纸与施工进度，准确预估各类材料、设备和人力的需求，并合理安排采购、运输和存储。通过采用先进的供应链管理工具，项目可以实现材料的精准配送与到场时间的准确预测，确保材料不积压、不短缺。例如，在轨道交通机电系统的施工中，材料如电缆、连接件、钢结构部件等需按照施工进度精确到达施工现场，并根据具体的装配顺序进行存放和管理，避免因材料堆积而造成施工干扰。

（3）施工工序的精细化排布

在基于DfMA的施工组织设计中，施工工序的排布必须遵循优化原则，确保每个工序与各类任务之间高效、无缝衔接。通过对各施工阶段的任务进行详细拆解，项目团队可以消除不必要的等待时间和重复劳动，避免工序之间的冲突。例如，机电设备的安装与配线可以在建筑结构完成的同时并行进行，从而节省时间并优化工期。为了达到这一目标，施工计划需依据模块化设计的特性进行调整，确保大型构件和模块在预制厂完成初步装配后，能够迅速、顺利地进入现场，降低现场装配的复杂性。

（4）施工进度与工期的智能化控制

基于DfMA的施工组织设计不仅要确保工期的合理安排，还需要通过智能化的进度管理系统来实时监控施工进度。数字化施工管理工具，如BIM系统、进度管理软件等，可以帮助施工团队实时跟踪项目的各项任务进展，及时发现进度滞后的任务并进行调整。在这种环境下，施工进度将与模块的预制进度紧密对接，确保每个预制模块能够准时交付到现场并进行装配，从而实现施工进度的精准控制和动态调整。

（5）质量控制与工艺优化

在基于DfMA的施工组织设计中，质量控制必须贯穿整个施工过程。通过提前在设计阶段进行可制造性和可装配性评估，施工团队能够预见并避免可能的质量问题，并根据实际情况制定严格的质量控制流程。从材料进场到工艺执行，再到最终的装配，每一个环节的质量都应通过标准化作业和预先制定的检查清单来进行控制。例如，机电系统中，电气柜的组件在制造阶段需按照标准化流程进行检查，确保所有部件的质量符合要求，并且在安装时便于后续维护。

（6）散料管理与精准调度

在施工过程中，散料的管理尤为重要。基于 DfMA 的施工组织设计，散料的精准调度和高效管理将大大提升施工效率。散料管理包括对所有原材料、设备、预制件的跟踪、交付与存储，确保其在适当的时间和地点使用。项目团队需在设计阶段就考虑散料的运输、堆放、存储条件以及现场使用要求，避免材料浪费和工期延误。例如，在机电安装过程中，电缆和配件的配送需根据施工进度安排，确保各类组件能够及时交付现场并进行快速装配。

（7）风险预判与应急管理

基于 DfMA 的施工组织设计需要对潜在风险进行全面识别与管理。在施工的不同阶段，可能会出现诸如天气突变、设备故障、材料延迟等风险因素，因此必须提前制定应急预案，并在实际施工中进行有效应对。通过对模块化设计与施工进度的精准把控，施工团队可以降低风险发生的概率，并在意外情况发生时，迅速调动资源应对。例如，当某个预制模块的交付延误时，可以通过调整施工顺序或调配备用模块来减少对整体进度的影响。

（8）信息化管理与协同作业

基于 DfMA 的施工组织设计还强调信息化管理在施工过程中的重要性。通过建立高效的协同平台，施工团队、设计团队、供应商和项目管理方可以实现信息共享与实时反馈，确保所有环节的信息流畅通无阻。例如，BIM 系统可以通过数字化模型实时更新施工现场的信息，并通过云平台实现不同部门间的数据共享，确保设计、制造、装配等各个阶段的协调作业。通过信息化管理，项目团队能够随时掌握材料、进度和工序的状态，优化资源调度并提升工作效率。

（9）模块化安装与高效装配

基于 DfMA 的施工组织设计，强调将预制模块在工厂完成最大程度的加工和装配工作，将现场施工工作量降至最低。通过模块化的设计和制造，每个模块都经过严格的质量控制，并且在运输到施工现场后，能够快速进行组装与调试。此过程不仅节省了大量的现场劳动和时间，也提高了装配精度和系统的可维护性。例如，轨道交通机电系统中的配电柜和控制系统，均可在工厂内完成高度预装配，现场仅需进行系统连接和简单调试。

通过以上步骤，基于 DfMA 的施工组织设计能够确保轨道交通机电工程在设计、制造、施工等环节的高效协同，从而优化施工周期，提升工程质量，并最大化资源的利用效率。在实际施工中，施工组织设计的科学性和前瞻性，将直接影响项目的成本控制、工期管理和质量保障。

## 3.1.2 装配方案设计

装配方案设计不仅涉及如何高效地将预制构件组装在一起，还要求在设计初期就考虑构件的制造工艺、运输、储存以及现场安装等多方面因素。接下来，我们将详细探讨如何通过科学的装配方案设计，实现施工过程的简化与优化。

**1. 装配流程设计的基本原则**

装配流程设计直接关系到整个项目的施工效率、成本控制以及最终质量。有效的装配流程设计需要遵循一系列基本原则，以确保流程的顺利进行和项目目标的实现。

(1) 系统性原则

装配流程设计不应孤立地看待，而应将其视为一个完整的系统工程，它涉及设计、制造、运输、装配等多个环节的相互作用。在设计的初始阶段，项目团队就必须采取全局视角，对整个装配流程进行综合规划和考虑。这意味着要详细分析各阶段的输入和输出，理顺它们之间的逻辑关系，并探讨如何通过设计优化来减少制造和装配的复杂度。系统性原则的核心在于追求整体最优，而不是仅仅关注单个环节或组件的性能。这种原则要求设计者在考虑装配流程时，要避免仅仅为了追求某一环节的效率而牺牲了整个系统的效能，确保每个部分的设计都能够为整体性能的提升作出贡献。

系统性原则在装配流程设计中的应用，还体现在对潜在风险的预判和规避上。设计团队需要考虑各种不确定性因素，如材料供应的稳定性、环境变化、人力资源的配置等，这些因素都可能对装配流程产生影响。因此，系统性原则要求设计者具备前瞻性思维，能够在设计阶段就预测并解决可能出现的问题，确保装配流程的连贯性和高效性。通过这种系统性的设计方法，不仅能够提升装配过程的效率，还能够提高产品的质量和可靠性，从而在激烈的市场竞争中占据优势。

(2) 前瞻性原则

在轨道交通项目的装配流程设计中，前瞻性原则扮演着至关重要的角色。它要求设计师与工程师具备长远的眼光，能够识别并预见项目在实施过程中可能遇到的各类问题和挑战。这种前瞻性的思考需要在设计阶段就着手进行，通过周密的规划和设计，提前布局，以减少或消除未来可能出现的风险。例如，面对材料供应的不确定性，设计师应当选择那些易于获取、具有多个供应商渠道的通用材料，这样即使某个供应环节出现问题，也能够迅速找到替代方案，确保装配流程不受影响。前瞻性原则还体现在装配工艺的选择上。设计师和工程师需要考虑未来可能的环境变化和技术进步，确保所采用的装配工艺不仅满足当前需求，还能够适应未来的发展。这意味着在设计阶段就要考虑工艺的扩展性、升级便捷性以及与其他技术的兼容性。通过这样的前瞻性设计，装配流程不仅能够在当前条件下高效运行，还能够随着外部环境的变化和技术的发展，保持其长期的适应性和灵活性。这种原则的应用，有助于提升轨道交通项目的整体竞争力，确保其在不断变化的市场环境中保持领先地位。

(3) 标准化与模块化原则

在 DfMA 策略中，标准化原则占据着核心地位。通过采用标准化的部件和组件，装配流程能够实现快速而精确的组装，大大提升了施工效率。标准化的部件具有互换性，这意味着在装配过程中可以减少对特定部件的依赖，简化库存管理，同时减少因部件差异导致的装配错误。这种标准化不仅提高了装配的可靠性，也为后续的维护和替换工作提供了便利。

模块化则是标准化的进一步延伸，它允许在工厂环境下对组件进行预装配。这种预装配的模块化组件可以在到达施工现场后快速安装，从而显著提高装配质量，并大幅缩短现场施工时间。模块化设计还提供了设计的灵活性和定制化可能性，使得不同项目可以根据具体需求进行快速调整和优化。标准化与模块化的结合，不仅确保了设计的灵活性和个性化，还实现了成本和时间的双重节约，这对于提高项目的整体效益和竞争力具有重要意义。

(4) 精益生产原则

精益生产原则是装配流程设计中的重要指导方针，其核心在于识别并消除过程中的所有浪费。这包括但不限于时间的浪费、材料的过度消耗以及劳动力的无效使用。在设计阶段，团队必须秉承精益思想，不断寻求减少浪费的方法。这意味着要细致分析装配流程中的每一个环节，找出可以精简和优化的步骤。通过实施持续改进的策略，设计团队可以不断通过技术创新和流程再造来提升装配效率，确保资源的最大化利用。例如，引入自动化装配线是精益生产原则在实践中的应用之一。自动化不仅能够显著减少对人力资源的依赖，降低因人工操作导致的错误率，还能够提高装配速度和一致性。此外，通过采用就地加工技术，可以减少材料在运输和存储过程中的浪费，从而降低成本。精益生产原则鼓励设计团队从整体上审视装配流程，通过细节的优化和系统的改进，实现生产过程的流畅性和高效性，最终达到提高产品质量、缩短交付周期和降低成本的目的。

(5) 安全与可持续性原则

在轨道交通项目的装配流程设计中，安全原则无疑是最为关键的。它要求设计团队在规划和实施装配流程时，始终将操作人员的人身安全和施工环境的安全放在首位。这意味着在设计阶段就要充分考虑到潜在的安全风险，并采取措施予以防范。例如，设计时要确保所有的操作平台稳定可靠，使用的工具和设备符合安全标准，以及制定详细的安全操作规程，以保障在装配过程中的每一位工作人员都能够在安全的环境中工作。

同时，可持续性原则也是装配流程设计不可或缺的一部分。在当今社会，环境保护和资源的可持续利用已经成为全球共识。因此，设计团队在装配流程中应当优先考虑使用环境友好型材料和技术，尽量减少对自然环境的负面影响。这包括选用可回收或可降解的材料，采用节能高效的装配方法，以及推广循环利用和废物减量策略。遵循可持续性原则不仅有助于保护环境，减少资源的消耗，还能够提升项目的公众形象，增强企业的社会责任感，从而为项目带来长远的社会和经济效益。通过这样的设计原则，轨道交通项目能够在确保安全的基础上，实现经济效益、社会福祉和环境保护的和谐共进。

(6) 协同合作原则

在城市轨道交通项目的装配流程设计中，协同合作原则显得尤为关键。由于这类项目往往涉及复杂的跨学科知识和技能，包括但不限于土木工程、机械设计、电子技术、信息技术等多个领域，因此，跨学科团队的紧密合作成为项目成功的关键因素。设计师、工程师、供应商以及施工团队等各方专业人员需要打破壁垒，建立起有效的沟通机制，共同参与装配流程的设计。这种协同合作能够确保设计方案在技术上的可行性，以及在实施过程中的高效性。

通过协同合作，各团队成员可以共享关键信息，协调各自的行动计划，从而减少因信息不对称导致的误解和冲突。此外，协同合作还能够有效避免重复工作，提高资源的利用效率。在项目执行过程中，定期的会议、工作坊和协同工作平台的使用，都有助于促进团队成员之间的交流，确保设计意图能够准确无误地传达至每一个执行环节。这种团队合作的精神和方式，不仅能够提升装配流程设计的质量，还能够加快项目进度，降低成本，最终实现项目目标的高效达成。

因此，这些装配流程设计的基本原则，包括系统性原则、前瞻性原则、标准化与模块化原则、精益生产原则、安全与可持续性原则以及协同合作原则，共同构成了一个全面的框架。这个框架不仅为装配流程的优化提供了明确的方向和方法,而且还确保了设计过程能够综合考虑项目的各个方面。通过这些原则的指导,设计团队能够在规划和实施装配流程时,充分考虑效率、成本、质量、安全以及环境影响等多重因素,从而实现装配流程的最优化。这种综合性的设计方法,为轨道交通项目的顺利实施奠定了坚实的基础。同时,这些原则还确保了项目具备应对未来挑战和变化的能力。在快速发展的城市交通领域,技术和市场的变化日新月异,只有不断适应和引领这些变化,项目才能保持其竞争力和前瞻性。通过遵循这些设计原则,轨道交通项目能够更加灵活地应对市场需求的变化,快速适应新技术的发展,并且在环境保护和资源利用方面展现出良好的社会责任感。这样的设计理念和实施策略,不仅能够提升项目的短期成效,还能够确保项目在长期内保持可持续的发展潜力,为城市交通的进步作出贡献。

### 2. 装配工具与设备的选择与应用

(1) 机械化与自动化装配工具

随着制造与装配技术的不断进步,机械化与自动化工具已逐渐成为装配现场的重要组成部分。这些工具不仅能够简化装配操作,还能有效提高施工过程的精确度和可控性。例如,自动化拧紧设备可对连接构件进行高精度力矩控制,确保紧固件的安装质量,避免人为操作带来的误差;快速定位夹具的使用使构件能够迅速对位和固定,大幅缩短装配时间,同时提升施工效率和精准度。这些工具的引入有效地减少了施工过程中的人为干预,有助于在大规模装配项目中实现标准化和高质量输出。

与此同时,自动化装配机械臂和智能机器人在装配施工中的应用日益广泛,特别是在复杂或重复性较高的装配任务中,它们表现出明显的优势。自动化机械臂能够实现高精度的装配操作,在有限的空间内完成复杂构件的就位和连接任务,降低了现场工人的劳动强度,并提高了作业的安全性。此外,智能机器人结合传感器和人工智能技术,具备实时反馈和动态调整功能,可根据装配现场的实际情况进行自适应操作,进一步提高装配的稳定性与一致性。这些自动化工具的推广不仅加速了装配施工向无人化、智能化方向迈进,还为装配质量提供了可靠保障,推动了 DfMA 理念在实际工程项目中的高效落地与深入应用。

(2) 高精度测量与定位设备

高精度测量与定位设备在 DfMA 装配过程中发挥着至关重要的作用,是确保装配精确性和一致性的核心技术手段。这类设备通过精密测量与实时监控,能够将设计意图准确转化为现场施工的实际操作,极大地降低装配偏差。例如,激光定位仪能够快速建立精确的参考线和基准点,确保装配构件能够按照设计图纸精准就位;全站仪则结合了测距、测角等功能,适用于大范围、高精度的空间定位,为装配过程提供精确的数据支持;三维扫描仪能够实现构件及现场环境的全方位扫描,通过三维模型与设计图纸的实时比对,及时发现并纠正装配误差。这些设备在大型工程项目中尤为关键,它们不仅提升了装配效率,还有效地提高了施工精度,确保装配质量满足设计标准。

在精密装配场景中,高精度测量与定位设备的应用可以极大地减少施工过程中的人为误差,并实现对装配过程的动态监控和数据反馈。实时监测系统与这些设备相结合,能够为装配过程提供精准的状态报告,使工程师及时了解装配的精度情况,并根据数据调整施工参数,确保装配精度达到最佳状态。此外,利用这些高精度设备,可以对构件在运输、起吊和安装过程中的位置进行连续监控，避免出现累积误差，从而提升整体装配质量与稳定性。通过这种技术的引入，装配过程逐步迈向智能化和可视化，进一步保障了DfMA理念在工程建设中的深度应用，推动装配施工水平迈上新台阶。

(3) 专用装配工装与夹具

针对不同类型的预制构件，设计定制化工装和夹具可以有效解决装配过程中的固定、定位和支撑问题，避免传统手工操作的误差与低效。例如，定制化的夹持工具能够精准匹配预制构件的形状与尺寸，快速实现稳定夹持，减少反复调整和校准的时间，确保构件在装配过程中的精准就位。特别是在大规模、批量化的装配工程中，这类专用装配工装能够显著提升装配效率，有效减少因构件错位或不稳定导致的返工。此外，可调节定位夹具通过灵活的设计，使其能够适应多种构件规格和现场装配条件，进一步增强装配过程的灵活性和适应性。

同时，为进一步提升装配稳定性和安全性，液压或气动夹具的应用日益普及。这类装配工具利用液压或气动系统提供高强度、稳定的夹持力，能够大幅简化装配操作过程，减少操作人员的劳动强度和人为误差。液压夹具凭借其强大的可控性与精确性，适用于需要高精度定位和高稳定性的复杂装配任务；而气动夹具则因其快速响应和操作简便的特点，更适合大批量、高频率的装配场景。这些先进夹具不仅提高了装配过程的自动化和可控性，还增强了装配的安全性，降低了施工过程中的风险。此外，通过结合传感器与自动控制系统，这些工装夹具还能实时反馈装配数据，确保装配过程的可视化与可控性。

(4) 吊装与搬运设备

大型构件通常具有重量大、尺寸复杂、精度要求高的特点，因此选择合适的吊装工具和搬运设备至关重要。常见的吊装设备包括塔式起重机、门式起重机、履带式起重机及真空吸盘等，这些设备能够满足不同类型和规格构件的起重与移动需求。塔式起重机适用于高空或大范围的构件吊装，门式起重机则在地面或厂区内的吊装场景中表现出极高的稳定性和承载能力。真空吸盘通过负压技术，能够安全、高效地搬运玻璃、钢板等平整构件，显著提高吊装过程的安全性和精确度。此外，针对现场施工环境，搬运车辆如轨道平车、轮式运输车等也被广泛应用。这些设备可实现构件的精准运输与定位，减少搬运过程中的碰撞、损耗与风险，有效提升整体装配效率与质量。

为进一步提高吊装与搬运的精度和安全性，智能吊装控制系统逐渐成为大型项目装配中的关键技术手段。通过结合传感器、物联网和动态监测系统，智能吊装控制系统能够对吊装过程进行实时监控和反馈，精确控制构件在起吊、移动、就位等环节的速度和位置。例如，系统可以通过自动校准功能，纠正吊装过程中出现的偏差，确保构件精准对接设计位置。此外，智能吊装控制系统能够动态感知构件重量、平衡状态和环境条件，并通过数据分析和预警功能，最大限度地降低吊装操作的安全风险。

综上，装配工具与设备的设计与选择是实现高效、精确、可控装配过程的核心要素，它不仅直接影响工程的施工进度和质量，还与成本控制、工人安全、作业效率等多个方面密切相关。通过对工具和设备的精心设计与合理选择，可以有效提升轨道交通机电工程项目的整体施工水平，确保项目在预定时间和预算内顺利完成。

**3. 装配质量控制的设计**

在轨道交通机电工程中，装配质量控制的设计通常需要从两个维度来进行规划：一是装配结构的设计优化，二是装配过程的设计控制。

(1) 装配结构的设计优化

设计阶段应充分考虑装配的可行性与工艺要求，确保各部件能够无障碍地进行组装。这一过程的优化可以通过减少连接件的数量、标准化零件形状和减少对高精度要求的依赖等措施来实现。例如，采用通用标准化的连接件和零件不仅能够降低生产过程的复杂性，还能有效缩短装配周期，提高整体生产效率。同时，设计时降低装配的精度要求，使得零件可以在一定的公差范围内互换，减少因微小误差带来的影响，提升装配过程的容错性，进一步加速生产进程。

此外，装配结构设计的另一个关键优化方向是模块化设计。模块化设计通过将复杂的系统或结构分解为若干独立、功能明确的子模块，实现标准化生产和装配。每个模块可以在工厂进行预装配，这不仅能显著减少现场安装的复杂性，还能提高装配的精确度与一致性。通过这种方式，模块之间的兼容性和互换性也得到了加强，减少了现场调整和修正的工作量。设计师还应通过考虑模块间的接口标准，使得在施工现场时，模块的拼接和连接更加便捷，进一步提升施工效率和降低发生人为错误的风险。在此基础上，结合适当的装配工具和工艺流程，模块化设计可以大幅度缩短项目周期，并降低因现场施工变数带来的成本波动。

(2) 装配过程的设计控制

在装配过程中，工艺流程的设计应确保每个装配工序的顺序清晰、操作方法规范，并明确工具和设备的要求。这种流程的优化不仅能够避免不必要的重复作业，还能减少潜在的工艺干扰，确保每一环节的顺利衔接。例如，对于机电设备等复杂部件的装配，需要特别设计专用的夹具或定位装置，确保各个组件能够精确配合，减少人为误差和偏差。这类设计不仅提高了装配精度，也减少了调整时间和人工操作的复杂性，从而提升了整体的装配效率和质量。通过设计合理的工艺流程，能够确保每个环节的有序执行，从而避免因操作顺序不当引发的质量问题。

质量控制是装配过程中的关键环节，必须贯穿每个重要步骤中。从紧固、对接、焊接等每一道工序，都应有明确的质量标准和检验要求。在这一过程中，针对各个环节设置质量控制点尤为重要，能够有效保障最终产品的质量符合设计规范。在设计过程中，应根据各工序的特点和风险，提前设置专门的质量检查点，确保操作人员可以实时监控每一阶段的工艺状态，并对潜在问题进行及时纠正。通过对装配过程中每个关键工序的严密监控，不仅能确保产品质量的一致性和可靠性，还能在早期阶段发现并解决问题，避免了后期返工或质量事故的发生。此外，质量控制还应与自动化检测设备相结合，例如引入视觉检测系统或在线传感器技术，使得质量控制过程更加精确和高效。

### 3.1.3 施工模块化设计

模块化设计是 DfMA 高级阶段的核心，它通过将建筑分解为可重复使用的模块，实现了标准化、通用性和互换性。接下来将详细阐述施工模块化设计的流程，包括需求分析、模块划分、接口设计等关键步骤，并探讨如何利用 BIM 技术进行协同设计和优化。

**1. 施工模块化的必要性**

施工模块化是一种将复杂的施工过程分解为多个标准化、可预制的模块，通过在工厂预制、现场装配的方式进行施工的技术方法。这一方法在轨道交通建设中具有显著的优势，主要体现在以下几方面。

（1）提高施工效率

模块化施工通过将大量工作移至工厂进行预制，最大限度地减少了现场施工的工作量。传统的施工方法往往依赖于现场定制化、逐步完成各个施工环节，例如钢筋绑扎、混凝土浇筑、构件安装等，而这些工作通常受到天气、环境和现场条件的影响，容易导致施工进度的延误。而模块化施工则可以在工厂中进行大量的标准化预制和组装，现场只需进行简单的装配和连接，从而减少了现场施工环境的影响，极大地提高了施工的整体效率。由于预制模块的精度和质量能够在工厂中更好地控制，现场安装过程相对简单、快速，施工周期大幅缩短。

其次，模块化施工能够通过标准化设计和模块化生产提高构件的重复使用性和兼容性，这也进一步加快了施工速度。通过对构件的标准化设计，不仅使得工厂内的生产过程更加高效，而且使得各个构件在不同项目之间具有更强的通用性和兼容性。在现场施工时，施工人员只需要依据标准化的设计进行模块的快速装配，减少了工程中因不确定性或设计变更而带来的时间损失。模块化的设计模式使得每个构件、每个系统都能精确配合，避免了传统施工中可能出现的错误调整或反复修改，进一步提高了施工的整体效率。

此外，模块化施工还通过减少现场的不确定性和复杂性，使得施工计划更具可预测性。现场施工常常受到多个因素的影响，包括天气、施工设备的状态、施工人员的熟练程度等，这些因素都可能导致施工计划的延误。而模块化施工通过精确的生产计划和工期控制，将大部分施工工作提前安排在工厂中进行，这样不仅减少了现场施工的不可控因素，还使得施工过程更加平稳、可控。这种高效的施工组织和工艺流程安排大大加快了施工进度，确保项目按期完成。

（2）提升施工质量

工厂化预制可以严格控制每一个生产环节，确保模块的质量达到设计要求。在工厂内进行生产时，可以利用现代化的生产设备和检测手段，对每个模块进行精细化制造和严格检测，确保每个模块的尺寸、性能和质量达到设计标准。相比之下，传统施工方法中，现场施工受制于施工环境和工人的技能水平，容易出现施工误差和质量问题。通过模块化施工，可以将这些质量控制环节前移至工厂内部，从而提高整体施工质量。影响施工质量的关键因素包括人员、机械设备、材料、施工方法和环境条件。在施工前，必须对这五个方面进行严格控制。具体来说，应制定详尽的施工方案，并对施工方法进行充分论证，同时在施工过程中持续优化和完善，以确保工程质量达到预期标准。图3-2展示了产品质量保证体系中的关键要素及其相互关系，为我们揭示了如何在施工过程中实现质量的严格控制。工厂化预制通过精细化制造和严格检测，确保了每个模块的质量达到设计要求，这与传统施工方法相比，大大减少了施工误差和质量问题的发生。

（3）降低施工成本

降低施工成本是建筑行业持续追求的目标，而模块化施工为此提供了一种有效的解决方案。尽管在初期，模块化施工可能需要较大的设备和模具投入，但从长远来看，这种施工方式通过批量化生产和标准化作业，能够显著降低整体施工成本。在工厂化预制的过程中，由于生产环境的可控性和生产流程的重复性，可以实现规模化效应，从而降低每个模

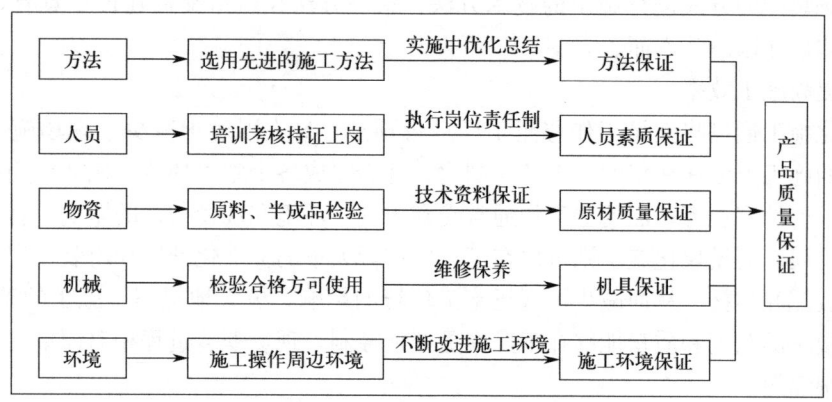

图 3-2 产品质量保证体系的构成与互动

块的单位生产成本。这种规模化的生产方式，不仅提高了材料利用率，还减少了能源消耗，进一步降低了成本。

另一方面，模块化施工在缩短现场施工时间的同时，也减少了现场施工人员的数量，降低了人工成本和管理成本。由于预制模块在出厂前已经完成了大部分的组装和调试工作，现场只需进行快速拼接和少量调整，大大降低了现场施工的复杂性和不确定性，从而降低了因返工和误工带来的额外成本。此外，模块化施工还有助于减少材料浪费，因为预制过程中可以精确计算和准备所需材料，避免了现场施工中常见的材料过剩或不足的问题。这些因素共同作用，使得模块化施工在成本控制方面展现出显著的优势，为建筑行业的成本优化提供了新的思路和方法。

（4）改善安全和环保

模块化施工在提升施工现场安全性和环保水平方面发挥了重要作用。传统的施工现场往往存在诸多安全隐患，如高处作业、重型机械操作等，而模块化施工将大部分工作转移至工厂环境进行，有效减少了现场施工人员的需求和施工时间。这一转变大幅降低了施工现场的安全风险，因为工厂内的作业条件更加稳定和安全，能够更好地控制和管理生产过程中的各种风险因素。此外，预制模块的标准化和一体化设计，减少了现场需要进行的高风险作业，如焊接、切割等，从而为施工人员提供了一个更加安全的作业环境。

在环保方面，模块化施工同样展现了其独特的优势。由于施工现场的焊接、切割等作业大量减少，相应的噪声和粉尘污染也得到了有效控制，这对于改善施工现场周围的环境质量具有重要意义。此外，模块化施工通过精确的材料计算和预制，显著减少了建筑垃圾产生和材料浪费，提高了资源的利用效率。这种高效、节约的施工方式，不仅减少了对环境的负面影响，还符合可持续发展的理念，为建筑行业的绿色转型提供了实践路径。通过模块化施工，我们能够实现经济效益和环境效益的双赢，推动建筑行业向着更加安全、环保的方向发展。

（5）提高施工的灵活性和适应性

模块化施工的灵活性和适应性是其显著特点之一，这一特性使得它能够很好地适应不断变化的项目需求和复杂的施工环境。在设计和施工过程中，模块化施工允许根据项目的具体要求，对模块进行定制化的设计和组合。这种灵活性体现在能够快速响应设计变更，以及根据现场条件调整施工方案。在轨道交通建设中，每个车站和线路都有其独特的设计规范和施工挑战，模块化施工通过提供多种模块选项和组合方式，能够轻松适应这些差异。这种设计上的灵活性不仅提高了施工效率，还确保了项目能够按照既定的标准和功能要求顺利完成。

在地铁车站的建设中，模块化施工的适应性表现得尤为突出。由于地铁车站的规模和功能需求各不相同，传统的施工方法往往难以满足这些多样化的需求。而模块化施工通过预制不同类型的模块，如结构模块、机电模块和装饰模块等，能够在现场进行快速组合和装配。这种施工方式不仅能够满足车站的个性化需求，还能够根据实际施工进度和现场条件进行实时调整，大大提高了施工的灵活性和效率。此外，模块化施工的适应性还体现在对突发情况的快速响应上，如设计变更或现场条件变化，模块化施工能够迅速调整模块设计方案，确保项目能够顺利进行。

**2. 模块化设计的标准化与前提条件**

为了确保模块化施工能够顺利进行并发挥最大效益，必须在设计阶段就确立清晰的标准化框架，并满足一系列前提条件。

(1) 模块化设计的标准化

在基于DfMA理念的轨道交通机电工程施工模块设计中，标准化设计是实现模块高效预制、装配和运维的核心。通过标准化模块设计，可以显著提升设计一致性、制造效率及现场装配精度，最终实现工程全生命周期效益的最大化。具体内容包括以下几个关键点。

1) 模块划分的功能性与标准化

模块划分应以轨道交通机电系统的功能需求为核心，结合项目的工程特点，将复杂的系统划分为独立、标准化的功能模块，例如，动力供配电模块、通风模块和弱电综合布线模块等。划分标准需确保模块内设备及管线具备完整的功能单元，同时为模块间的对接预留统一接口。通过功能性划分和标准化设计，可减少模块划分的随机性，提高装配的一致性。

2) 接口设计的统一与标准化

在施工模块设计中，接口是实现模块化装配的关键，需遵循统一的技术标准。接口设计应涵盖模块间的管线连接、电气接插件的接口类型、法兰尺寸、装配公差及力学性能要求。例如，在轨道交通供电系统模块中，应统一设计母排对接位置和快插式电气接头，确保装配效率和可靠性。同时，接口需兼顾现场安装条件，确保快速对接和维护便利。

3) 制造与装配公差的标准化

轨道交通机电模块的制造精度直接影响现场装配的质量，因此在施工模块设计中，需明确制造与装配公差的标准。例如，支架模块的制造需严格控制±1mm的尺寸公差，以确保装配对接的高精度。管道模块需设定接口轴线偏差不超过±0.5°的装配公差标准，以避免装配过程中接口错位或产生额外应力。

4) 支吊架系统的标准化设计

支吊架系统是轨道交通机电模块的重要组成部分，其设计需遵循标准化要求。模块化设计需明确支吊架的承载力、尺寸及材料规格。例如，在轨道交通通风模块设计中，需统一设计支吊架的跨距和安装方式，确保能够适配不同管线模块的重量和尺寸。此外，支吊架系统应结合模块化工艺，采用工厂预制支架，提高装配效率。

5）材料与工艺的标准化

轨道交通机电模块的材料和工艺选择需符合统一标准，以便于规模化生产和后期维护。例如，电缆桥架模块可统一采用高强度镀锌钢材，管道模块可选用耐腐蚀性良好的不锈钢或复合材料，确保模块在不同环境下的性能稳定。工艺上应优先采用焊接自动化、模块总装等高效工艺，减少现场作业环节的复杂度。

6）信息模型的标准化

模块化设计需依托 BIM 技术实现信息管理标准化。在 BIM 模型中，应制定统一的数据格式和模块编码规则，将模块的功能、接口参数、重量及装配顺序等信息完整记录在模型中。通过 BIM 模型的标准化，可实现从设计到施工的全流程协同，并为后续的数字化运维提供数据支持。

7）装配流程的标准化

模块的装配流程是施工阶段的核心，应在设计中提前规划并形成标准化方案。例如，轨道交通机电模块的装配流程可细化为模块进场吊装、接口对接、紧固连接及系统测试四大步骤，并在施工图中明确具体要求。每个步骤需结合工艺标准和作业时间，确保装配过程具有可操作性和可复制性。

（2）模块化实施的前提条件

在分析了模块化设计的标准化要求后，接下来需要重点关注模块化实施的前提条件。这些前提条件为确保模块化施工的顺利推进和项目的整体成功提供了必要的基础与保障。

1）模块化设计阶段的基础数据与模型完整性

模块化设计的首要前提是具备精准、完整的设计基础数据和 BIM 模型。轨道交通机电工程具有复杂的多专业交叉特点，设计阶段需确保所有系统（如电力、通风、消防、弱电等）之间的协调性和空间布置合理性。在模块化设计实施之前，需基于 BIM 模型完成系统的优化，明确管线布置、设备位置、安装空间和接口对接要求，确保模型无冲突或遗漏。此外，模型中需包含详细的制造公差、连接节点和装配顺序等数据，为模块化实施奠定信息基础。

2）预制模块的接口设计与功能集成

模块化实施需要满足模块接口设计的统一性和功能集成性。模块化设计阶段需提前规划设备、管线、支架及其他部件的对接接口，并进行标准化定义。例如，电气模块的电缆接头、通风模块的法兰连接以及管道模块的快插接头等，均需在设计阶段明确接口的形状、尺寸、公差范围及材料要求。此外，为提升模块化的工程效益，每个模块应尽可能实现功能集成，即将相关设备和管线集中于一个功能单元中，减少模块间的多次对接。这一条件不仅有助于工厂预制和装配效率的提升，还能降低现场施工难度。

3）现场作业条件的适配性

模块化施工的成功实施高度依赖于现场作业条件的适配性。这包括作业面规划的合理性，现场需为模块的运输、吊装和拼装预留充足空间，尤其是在隧道或站厅等狭小环境中，必须提前设计好模块吊装的作业路径及吊点，以避免空间不足造成的装配困难。同时，施工现场还需为模块及其附属材料，如螺栓、密封件等，设置专门的材料堆放区域，确保物资的分类存放和易于取用，从而减少现场杂乱带来的安装延误。此外，对于需要现场拼接的大型模块，必须规划出合理的待拼装区域，保证有充足的操作空间并满足安全要求，以确保拼装作业的顺利进行。

4) 支吊架系统的预留设计

轨道交通机电模块的安装依赖支吊架系统的可靠性，因此在模块化实施前，需确保支吊架系统的设计与施工满足实际需求。支吊架的预留设计需明确其承载能力、安装方式及布置位置。例如，管道模块需在 BIM 设计阶段提前规划支吊架的间距和高度；对于大跨度的设备模块，还需考虑支架的抗震性能及长时间使用后的稳定性。此外，支吊架系统应具备一定的可调节性，以适应现场条件的偏差或设计变更需求。

5) 制造与运输条件的协同匹配

模块化设计的实施需同步考虑制造和运输条件的限制性。工厂制造需具备模块化生产线、自动化加工设备及专业化装配工艺，以确保模块质量和加工精度。同时，需根据运输条件确定模块的最大尺寸和重量，避免因模块过大或过重导致运输困难。例如，在轨道交通站点的模块化吊装中，需评估运输车辆和起重设备的规格，合理划分模块规模。此外，运输过程还需考虑模块的固定方式和保护措施，避免因振动或冲击导致模块损坏。

模块化设计的实施前提条件，贯穿从设计到施工的全生命周期，涉及基础数据的准确性、接口设计的统一性、现场条件的适配性、支吊架系统的合理性以及制造运输的协同性。这些条件相互关联，共同决定了模块化设计的实施效果。

3. 模块设计流程

基于 DfMA 理念，模块设计流程不仅关注系统功能的实现，更强调设计的可制造性、可装配性和可维护性。模块设计流程如图 3-3 所示。

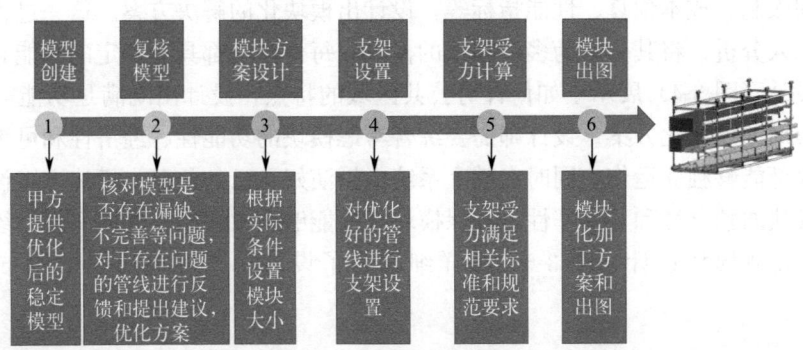

图 3-3 模块设计流程图

(1) 模型创建

在模块设计的初始阶段，设计师的首要任务是创建一个初始的模型或设计原型。这一步骤是整个设计流程的基石，旨在通过三维模型或二维图纸的形式，直观地展示产品的整体结构和布局。三维模型通过立体的视角，能够更加准确地反映模块的几何形态和空间关系，而二维图纸则侧重于展示模块的平面布局和尺寸信息。设计师在这一阶段会根据项目需求和功能要求，利用专业的 CAD 软件，对模块的外形、结构、接口等进行初步设计和模拟。通过不断的迭代和优化，设计师可以确保模型在满足功能性的同时，也能够适应后续的制造和装配过程。

模型创建不仅仅是一个简单的图形绘制过程，它还涉及对模块功能、性能、成本和可制造性等多方面的综合考虑。设计师需要与工程师、制造人员以及项目管理者紧密合作，确保模型的设计既符合工程实际，又能够在成本和时间上具有竞争力。此外，模型创建还包括了对模块可能遇到的环境因素、使用条件以及维护需求的预测和分析，这些都是确保模块设计成功的关键因素。通过精确的模型创建，设计师为后续的设计验证、仿真测试和制造装配奠定了坚实的基础。

（2）复核模型

在模型创建完成后，紧接着进入复核模型的阶段，这是确保设计质量的关键步骤。设计师和工程师团队需要对模型进行全面的详细检查，以验证其是否满足所有既定的技术要求、尺寸标准以及功能需求。复核过程涵盖了对模型几何形状的精确度、结构强度的可靠性、材料选择的适宜性等多个方面的深入审查。这种审查不仅是对模型外观的简单核对，更是对设计内在逻辑和物理性能的深入探究。通过专业的仿真分析和计算，复核过程能够揭示设计中可能存在的缺陷和不足，从而为设计的优化提供依据。

复核模型的目的是确保设计方案的准确性和可行性，防止设计缺陷影响后续的制造和施工阶段，造成不必要的成本和时间浪费。在这一过程中，团队可能会发现设计中的潜在问题，如接口不匹配、材料不兼容、结构设计不合理等。通过及时发现问题，设计师可以迅速进行调整和修正，确保模型在经过复核后，能够达到预定的设计目标和工程标准。此外，复核模型的过程也是一个知识积累和经验学习的过程，它有助于提升团队的设计能力和问题解决能力，为未来的设计工作打下坚实的基础。

（3）模块方案设计

模块方案设计是模块设计流程中的核心环节，它要求设计师根据项目的实际需求和条件，如空间限制、成本预算、性能指标等，设计出模块化的解决方案。这一过程涉及对整个系统的深入分析，将其分解为多个独立的模块，每个模块都具有特定的功能和任务。公共区模块设计（图3-4）展示了如何针对公共区域的特点，设计出既满足功能需求又具有良好空间布局的模块化方案。设计师需要综合考虑模块的功能性、经济性和可维护性，确保每个模块都能够独立运作，同时在整个系统中扮演好自己的角色。模块方案设计的关键在于平衡模块的独立性和互操作性，确保模块之间能够高效协同，共同实现系统的整体目标。设备区走廊模块设计（图3-5）则详细展示了设备区走廊模块的结构布局和功能划分。

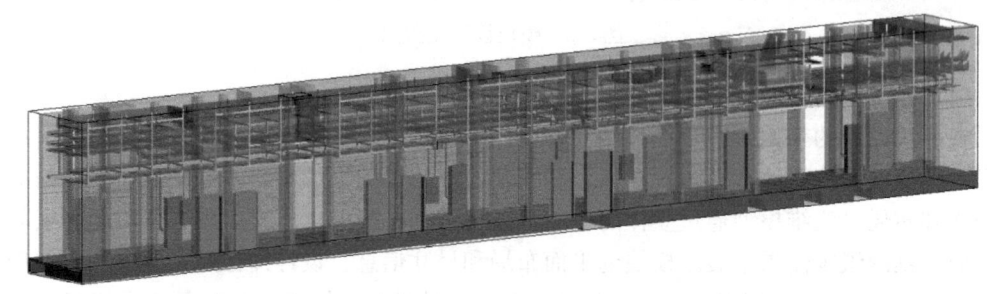

图3-4　公共区模块设计

在模块方案设计的过程中，设计师需要充分考虑模块之间的接口设计、信息交换机制以及可能的扩展性。模块的独立性意味着每个模块都能够单独制造、测试和替换，而互操作性则确保了模块在集成时能够无缝对接，实现功能的最大化。此外，设计师还需考虑模块的通用性和标准化，以便在多个项目或不同环境下实现模块的重复利用，降低长期成本。通过精心设计的模块方案，不仅能够提高生产效率，减少现场安装时间，还能够提升系统的整体性能和可靠性，为项目的成功奠定坚实的基础。

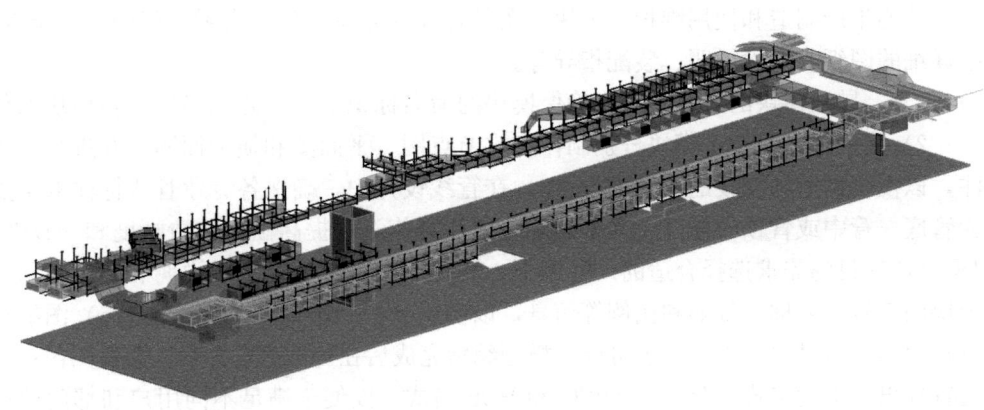

图 3-5　设备区走廊模块设计

（4）支架设置

在模块设计方案得到确认之后，接下来的步骤是进行支架或其他支撑结构的设计与设置。这一环节对于确保整个系统的稳定性和安全性至关重要，是模块设计中不可或缺的一环。支架的设置需要遵循相关行业规范，其中支架间距必须满足最大支架间距的要求，以保证结构在长期使用中的稳固性。在具体实施过程中，可能会遇到支架位置与管道附件、配件或支管位置冲突的情况，此时设计师需要根据实际情况进行微调，巧妙地避开这些障碍，确保支架的合理布局。

在设置支架时，设计师需要综合考虑多种因素，包括支架的高度、所支撑管道的数量和重量，以选择合适的立杆和横担型号。支架的选材和尺寸必须能够承受预期的载荷，同时还要考虑到可能的环境影响因素，如温度变化、振动和腐蚀等。通过精确的计算和设计，支架设置不仅能够保障系统的稳定运行，还能在发生意外情况时提供必要的保护，防止或减轻潜在的损害。此外，支架的设置还应考虑未来的维护和检修便捷性，确保整个系统的长期可靠性和安全性。

（5）支架受力计算

在模块设计流程中，对支架和其他支撑结构进行受力计算是至关重要的一个步骤。这一计算旨在分析支架在承受预期载荷和应力时的性能，确保它们能够满足设计要求和安全标准。受力计算可能涉及复杂的工程力学原理和先进的分析技术，如有限元分析（FEA），这是一种通过模拟实际工作条件来评估结构强度和稳定性的方法。通过精确的受力计算，设计师能够预判支架在各种负载下的行为，从而为支架的设计和选材提供科学依据。

支架受力计算的准确性直接关系到支架设置是否合理，以及系统在长期运行中的稳定性。在这一过程中，设计师需要考虑包括静态载荷、动态载荷、温度变化、振动和冲击等多种因素对支架性能的影响。通过对支架的受力情况进行详细分析，设计师可以及时发现潜在的设计缺陷，并对支架的尺寸、材料和布局进行调整，以优化其承载能力和耐久性。这样的计算不仅有助于确保支架在实际应用中的安全性，还能够为项目节省成本，避免因支架失效导致的结构破坏和停工损失。

（6）模块出图

模块设计的最后一步是将所有的设计和计算结果转化为详细的工程图纸和技术文档，以便于后续的生产制造和使用维护。模块出图是将设计方案转化为实际生产的关键步骤，它包括详细的图纸、技术说明、装配指导等。

1）首先，导出模块的总平面图，确保模块的命名标识统一，并准确标注各模块的位置信息；2）接下来，为每个模块分别制作三维节点图、平面图和横剖面图，并进行详细的标注，以便于制造和安装的顺利进行；3）在管线设计中，确保各专业管线标注的基点统一为管底、管中或管顶的标高，并采用统一的注释族，以提高图形的清晰度和一致性；4）根据具体项目的需求选择合适的尺寸图框，并在图框中提供详细的说明和图例，同时包含模块的编号、名称、日期和比例等信息，以便于项目的准确实施和维护；5）图纸目录可以在模型编辑过程中创建，也可以在模型编辑完成后在外部编辑并载入高清图像；6）统一设置导出图纸的格式，分别为 DWG 和 PDF 格式，以便于满足不同用户和部门的使用需求。模块出库前需要粘贴对应标签码到模块上，模块编码规则见表 3-1。

模块编码规则表　　　　　　　　　　　　　表 3-1

| DfMA 综合模块编码规则 | | | |
|---|---|---|---|
| 所属楼层 | 模块缩写 | 楼层缩写 | 模块编号 |
| 站厅层 | MK | －ZTA | －01 |
| 设备层 | MK | －SB | －01 |
| 站台层 | MK | －ZTB | －01 |

例：MK-ZTA-01

| DfMA 单专业模块编码规则 | | | |
|---|---|---|---|
| 所属楼层 | 模块缩写 | 楼层缩写 | 模块编号 |
| 站厅层 | MK-D | －ZTA | －01 |
| 设备层 | MK-D | －SB | －01 |
| 站台层 | MK-D | －ZTB | －01 |

例：MK-D-ZTA-01

通过以上六个步骤，可以实现基于 DfMA 的轨道交通机电工程制造设计技术中的模块设计流程。这个流程涉及从模型创建到模块出图的各个环节，每个环节都至关重要，直接影响最终产品的制造、安装、协作及资源配置效率。

**4. 单层模块与多层模块设计方法**

施工模块设计是轨道交通机电系统设计的重要组成部分，它关系到系统的安装、维护以及未来的升级。在传统的轨道交通机电系统设计中，施工模块往往是根据单个组件的功能来设计的，这导致了复杂的装配过程和过高的制造成本。然而，通过应用 DfMA 工法，施工模块的设计可以实现根本性的变革。

(1) 单层模块设计

单层模块设计作为轨道交通机电系统施工模块设计的重要分支,其核心在于将复杂的系统分解为一系列独立且标准化的组件。在 DfMA 工法的框架下,设计师们专注于系统的功能需求,精心设计出可互换、可复用的模块化组件。这些组件的设计充分考虑了通用性和兼容性,使得它们能够在不同的系统或项目中实现共享,从而有效减少了零部件的种类和数量。单层模块设计的应用,不仅优化了供应链管理,降低了库存成本,而且在制造过程中,由于组件的标准化,生产效率得到了显著提升,制造成本得以降低。

此外,单层模块设计的优势在装配过程中尤为明显。通过采用标准化的连接件和接口,现场装配工作变得更加简便快捷。这种设计方法减少了现场的复杂装配流程,降低了技术门槛,同时提高了装配的准确性和效率。例如,在轨道交通机电系统中,标准化的电气接口和机械连接件使得模块之间的对接变得简单,大大缩短了现场装配时间,并提升了整体装配质量。这种设计理念的实施,不仅加快了施工进度,还提高了系统的可靠性和可维护性,为轨道交通机电系统的长期稳定运行提供了坚实保障。

(2) 多层模块设计

多层模块设计是施工模块化设计的另一种高级形式,它侧重于模块的多层次堆叠和组合,旨在构建出功能齐全、结构复杂的机电系统。在 DfMA 理念的指导下,设计师们精心规划模块之间的兼容性和接口的标准化,确保不同层级的模块能够无缝对接,高效地组装成一个整体。这种设计方法不仅提高了系统的集成度,还通过模块的预制化,大大降低了现场施工的复杂性和不确定性,从而提升了施工效率和工程质量。

在多层模块设计的实践中,设计师们还特别关注模块的运输和安装问题。为了确保模块能够顺利地运输到施工现场并快速安装,设计师会对模块的尺寸和重量进行优化。这包括对模块进行合理的分割,以适应现有的物流运输条件,同时考虑施工现场的吊装能力和作业空间。通过这种优化,多层模块设计不仅实现了模块化施工的高效性,还降低了运输和安装过程中的风险和成本。此外,这种设计方式还为未来的系统升级和维护提供了便利,因为模块化的设计使得单个模块的更换变得更加简单和快捷,从而延长了整个系统的使用寿命。

**5. 预制化与模块化施工的协同效应**

部品部件模块设计是轨道交通机电系统设计中不可或缺的一环,它专注于系统中每个独立部件的精细化设计。在 DfMA 工法的指导下,设计师们致力于优化这些部件的可制造性和可装配性,以确保它们能够在工厂中高效生产,并在现场轻松组装。这种设计方法强调在受控的制造环境下完成大部分工作,从而降低现场施工的复杂性和不确定性,提高整个建筑过程的效率和质量。通过部品部件模块设计,建筑行业正在逐步实现从传统施工模式向预制化、模块化方向的转变。

预制技术的应用,特别是预制机械电气和管道(Mechanical、Electrical、Plumbing,MEP)模块,已经成为建筑行业的一项革命性技术(图 3-6)。这种技术充分利用了 DfMA 概念,将 MEP 中的各种组件和设备集成到一个个独立的模块中,这些模块在工厂内完成组装和测试,然后运送到施工现场进行快速安装。这种预制化的做法大大减少了现场施工所需的人力资源和时间,使得工地管理更加安全、高效,同时也减轻了对周围环境的影响。预制 MEP 模块的设计和实施，不仅提高了建筑生产力，还通过减少现场错误和返工，提升了项目的整体质量和客户满意度。这种模块化设计的推广，为建筑行业的可持续发展和技术创新开辟了新的路径。

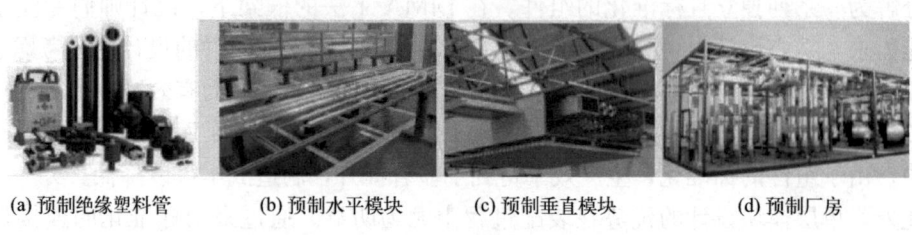

(a) 预制绝缘塑料管　　(b) 预制水平模块　　(c) 预制垂直模块　　(d) 预制厂房

图 3-6　预制组件示例

（1）预制 MEP 模块的好处

预制 MEP 模块的应用在建筑工程领域带来了多方面的益处。首先，这种方法显著提高了生产力。由于 MEP 模块在工厂预制，施工现场可以同时进行其他活动，从而加快了施工速度。根据项目的复杂性，现场安装预制的 MEP 模块可以节省高达 60% 的劳动力，使得整个建设过程更为高效。其次，预制 MEP 模块有助于提升工作场所的安全性。由于大部分工作在工厂内完成，建筑工地的工作环境更为安全，减少了在高处作业的时间，进一步降低了事故发生的风险。此外，预制模块的应用还有助于减少对环境的影响。将更多活动转移出施工现场，可以有效降低灰尘、噪声等污染，最小化对周围环境的不良影响。同时，由于整改工作较少，建筑垃圾的产生也相应减少，更加符合绿色建筑的理念。最后，预制 MEP 模块提高了质量控制水平。在工厂环境下，可以实现更高的质量标准，同时通过更好的物流协调，更有效地规划工作顺序，确保施工过程中的每一步都符合设计要求。

（2）预制 MEP 模块/系统的类型及其应用

预制 MEP 模块/系统是轨道交通机电工程中的重要组成部分。常见的预制 MEP 模块包括以下类型。

1）预制管道模块：预制管道模块涵盖了供水、排水、暖通空调等系统的管道部分，这些模块在工厂内经过精确的切割、焊接和全面检测，确保了安装的精确性和管道系统的稳定性。例如，在供水系统中，预制管道模块可以将主干管道、分支管道、阀门、水泵等组件集成于一体，形成一个完整的供水单元。这样的模块化设计不仅减少了现场管道连接的工作量，还降低了泄漏和故障的风险，提高了系统的整体性能。

2）预制电气模块：预制电气模块包括配电柜、电缆桥架、控制柜等电气设备，这些模块在工厂内完成预制，确保了电气系统的安全性和可靠性。电气模块的标准化设计使得现场布线更加规范和简洁，安装过程更加便捷。在轨道交通工程中，预制电气模块的应用能够大大缩短电气系统的安装周期，减少现场调试时间，从而加快整个项目的进度。

3）预制空调和通风模块：预制空调和通风模块集成了空调机组、风管、风口等组件，这些模块能够为轨道交通场所提供稳定的温度和空气质量，显著提升乘客的舒适度。在地铁车站等封闭空间，预制空调和通风模块可以作为一个整体进行安装，如将空调机组与通风管道预先组装好，现场只需进行快速对接，大大减少了安装时间和施工难度。

4）预制消防模块：预制消防模块包括消防泵、消防水管、喷淋头等设备，这些模块的预制化设计旨在快速响应火灾紧急情况，提高消防系统的安全性能。消防模块的标准化设计确保了各组件之间的兼容性和可靠性，使得在紧急情况下能够迅速投入使用，为生命财产安全提供有力保障。

5）预制综合管廊模块：预制综合管廊模块将电缆、电线、管道等多种机电管线集成在一个模块中，这种设计极大提高了空间利用率和管线的布置效率。在轨道交通工程中，综合管廊模块可以作为一个整体的管道网络系统进行安装，降低了现场施工的复杂性并减轻了交叉作业的干扰，提高了整个机电系统的可靠性和维护便捷性。

## 3.1.4 施工图设计

施工图设计（Construction Drawing Design）是工程设计过程中的一个重要环节，它将概念设计转化为具体的、可实施的工程图纸。在施工图设计阶段，秉承设计初始即考虑制造和装配效率的理念，这与DfMA的核心思想不谋而合。设计者应预先考虑构件施工的可行性与装配的便捷性，以防施工过程中出现问题。通过优化构件的几何形状、尺寸及材料选择，可以减少施工过程中的加工与调整需求，从而提升施工的效率。合理地安排施工顺序，确保施工图中的构件能够按最优路径进行施工与装配，这不仅能缩短施工周期、降低成本，还能提高工程的整体质量。

### 1. 施工图设计的定义和目标

施工图设计的概念可以追溯到古代建筑和工程实践中。当时，设计师们通过绘制详细的图纸，将建筑理念转化为可操作的指导方案。这些图纸不仅包含了建筑的结构和形式，还详细说明了施工过程中所需的材料和技术。在我国，施工图设计具有悠久的历史，古代建筑如故宫、赵州桥等，其设计和建造过程，无不体现了施工图设计理念的应用。

施工图设计的首要目标是确保结构的承载能力。在概念设计的基础上，施工图设计通过详细的图纸和说明，确定结构的各个组成部分、尺寸和连接方式，确保建筑物或工程的结构能够承受预期的荷载和达到力学要求。这包括考虑材料的强度、稳定性和耐久性等因素，以确保结构的安全性和可靠性。另一个重要目标是确保结构的耐久性。施工图设计考虑了结构在长期使用和环境作用下的耐久性要求。通过选择适当的材料，进行防水、防腐和抗震设计等措施，施工图设计能够确保结构在使用寿命内保持其设计功能和性能，减少维修和更换的需求，延长结构的使用寿命。此外，施工图设计还承担着指导施工过程的重要任务。通过详细描述和图纸，施工图设计将设计意图转化为施工人员可以理解和执行的具体指导。它提供了准确的尺寸、布置和安装要求，以及施工顺序和方法，使施工人员能够按照设计要求进行施工，确保工程质量和进度。

### 2. 从DfMA到施工图设计的转化

从DfMA到施工图设计的转化是一个复杂而严谨的过程，其中涉及许多工程原理和设计方法。在这个过程中，DfMA的原则起着至关重要的作用。DfMA作为一种设计优化方法，旨在提高产品的可制造性和可装配性，从而降低生产成本，提高生产效率。在施工图设计中，DfMA的原则可以帮助设计师更好地理解工程结构的特点和施工过程的需求，进一步优化设计方案，提高施工质量。因此，从DfMA到施工图设计的转化是实现工程目标的关键步骤。

（1）功能分析的转化

功能分析是指对工程结构的使用要求和性能指标进行深入研究，以明确设计的目标和需求。通过功能分析，设计师可以更好地理解工程的功能需求，从而为施工图设计提供明确的指导。

理解施工图设计的最终功能是确保工程成功的关键。设计师需要深入研究工程的使用要求，包括空间布局、功能分区、使用便利性等方面，以确保施工图设计能够满足这些需求。这需要设计师与建筑师、工程师、使用方等相关方密切合作，进行深入的沟通和讨论，以确保设计方案能够充分满足使用要求。

施工图设计的第一步是理解和细化最终功能需求。这包括对建筑物或工程的预期用途、功能要求和性能指标进行全面的分析。通过与利益相关者合作，设计师可以确定用户的基本需求，并将其转化为明确的技术要求。例如，在设计一座桥梁时，需要考虑承载能力、通行安全性、抗震性能等方面的功能要求。

接下来，将 DfMA 中的功能分析方法应用于施工图设计。功能分析将功能要求与设计特性联系起来，帮助设计师深入了解如何将概念设计转化为具体的工程图纸。通过将功能要求细分为更具体的设计要素，设计师可以确定适当的结构组件、材料和工艺，以实现所需的功能目标。例如，在设计一座建筑物时，功能分析可以将空间需求、结构要求和使用要求细化为具体的平面布局、结构形式和材料选择。

在进行功能分析的同时，还需要考虑施工的可行性和效率。施工图设计应该注重实际施工的可操作性和经济性，避免设计上的过度复杂和减少不必要的施工难度。通过将 DfMA 中考虑的制造和组装纳入施工图设计的过程中，可以优化施工过程，提高施工效率，并确保设计的可实施性。

（2）设计优化的转化

将 DfMA 中的设计优化原则应用于施工图设计是提高工程项目效率和质量的关键步骤。通过简化结构设计、优化零件形状和材料选择，可以减少不必要的复杂性，提高施工效率，并确保设计的可实施性。

首先，简化结构设计是设计优化的一个关键方面。在施工图设计过程中，设计师应该寻求简化结构的方法，减少不必要的复杂设计。通过优化结构的布局和组成部分，可以降低施工难度和成本，并提高工程项目的可行性。例如，在设计一座桥梁时，可以通过设计合理的结构布局和荷载传递路径，减少结构部件的数量和复杂性，从而简化施工过程。

其次，优化零件形状是另一个关键的设计优化原则。通过合理设计零件的形状，可以提高制造和装配的效率。在施工图设计中，通过优化零件的形状，可以减少施工过程中材料的浪费，降低制造成本，并简化施工过程。例如，在设计一个机械装置时，可以通过优化零件的几何形状和结构连接方式，减少加工和装配的步骤，提高生产效率。

最后，材料选择也是设计优化的重要方面。在施工图设计中，选用适当的材料可以提高结构的性能和耐久性。通过选择材料的强度、耐久性和可加工性等特性，设计师可以确保结构在使用寿命内满足设计要求，并降低维护和更换的需求。例如，在设计一座建筑物时，可以选择具有良好抗风、抗震性能的材料，从而提高结构的安全性和耐久性。

（3）制造和装配考虑的转化

在施工图设计中考虑制造和装配需求的重要性不可忽视。将制造和装配需求纳入设计过程中，可以指导施工人员高效、准确地完成施工，并最大程度地提高工程项目的质量和施工效率。

首先，优化装配顺序是制造和装配考虑的一个关键方面。在施工图设计中，设计师应该合理规划和优化结构组件的装配顺序，以确保施工过程的顺利进行。通过合理安排装配顺序，可以避免组件之间的冲突和干扰，减少装配中的误差和重复工作，并提高装配的效率。例如，在设计一个机械设备时，可以按照模块化的原则，先进行关键部件的装配，然后逐步添加次要部件，最终完成整个装配过程。

其次，工艺流程也是制造和装配考虑的重要方面。在施工图设计中，设计师应与制造和施工团队密切合作，了解并考虑实际工艺流程的要求。通过优化工艺流程，可以减少制造和装配中的工序和时间，提高生产效率，并确保施工的准确性和质量。例如，在设计一座工业设施时，可以优化材料的供应链，合理安排生产线上的工序，以最大程度地减少工艺流程中的等待时间和资源浪费。

此外，使用可重复的装配方法也是制造和装配考虑的重要策略之一。在施工图设计中，设计师应尽量采用标准化的组件和装配方法，以提高装配的一致性和可重复性。通过使用可重复的装配方法，可以减少装配过程中的变化和降低不确定性，减少错误和调整，并提高施工的效率和质量。例如，在设计一座建筑物时，可以采用标准化的墙板和连接方式，以简化施工过程，并提高装配的准确性和一致性。

**3. 基于 DfMA 视角施工图设计的详细步骤**

从施工图设计的角度来看，将概念设计转化为具体的施工图纸需要遵循一系列详细的步骤。这些步骤不仅包括对工程结构的功能分析和设计优化，还涉及施工图的详细绘制和技术说明。在这个过程中，设计者需要运用专业的知识和技能，确保施工图设计的准确性和可行性。

（1）明确设计输入与需求分析

施工图设计的第一步是系统地提取初步设计阶段的核心信息，并确保其与 DfMA 原则保持一致。这需要全面收集和解析包括功能需求、空间布局、性能要求等在内的设计输入，同时明确模块化设计的具体需求。设计团队需特别关注构件的可制造性和可装配性，确保设计的每个模块均能在制造工厂高效生产，并在施工现场快速装配。此外，必须结合工程项目的实际条件，如工艺标准、施工场地限制、设备运输路径和施工进度计划，确保设计方案能够在现实条件约束下顺利实施。

在此基础上，设计团队需整合这些信息，构建施工图设计的功能框架。该框架不仅是施工图的逻辑起点，更是模块化设计与施工流程之间的桥梁。通过明确输入信息的完整性和一致性，设计团队能够减少信息偏差对后续设计环节的影响，同时为施工图的多次迭代和优化奠定基础。这一步骤的精确执行，将直接决定施工图能否兼顾高效制造、便捷装配和后期维护的综合需求。

（2）模块化与标准化设计

结合 DfMA 的模块化与标准化原则，对设计对象进行细化与分解，将系统划分为高度可装配的标准化模块。通过对模块结构的分析与优化，明确每个模块的边界条件及其功能定位。特别是在模块接口和连接形式设计中，团队需重点考虑接口的通用性与兼容性，以确保不同模块之间能无缝对接并快速装配。节点形式的设计需要综合考虑力学性能、装配效率以及施工现场的实际需求，并在图纸中详细标注模块间的连接逻辑，为施工提供明确指引。

此外，施工图中还需细化模块的制造公差、装配基准与定位方式，以确保模块在不同制造批次和装配环节中的互换性与一致性。制造公差设计需与装配精度要求紧密结合，避免因尺寸偏差引起的装配问题。模块的装配基准则通过清晰的标注与符号在图纸中体现，为施工现场的快速定位和精准安装奠定基础。

（3）制造与装配可行性验证

在施工图设计中，需通过DfMA的可制造性与可装配性分析，验证设计是否满足工厂加工和现场装配的实际需求。设计团队利用数字化建模和仿真技术（如BIM建模和有限元分析），对构件的制造工艺路径进行系统评估，重点检查制造过程中的潜在问题，如材料选用、加工精度、工序安排等。此阶段的目标是确保施工图设计不仅在技术层面可行，还能高效适应实际生产条件，从而降低制造复杂度和成本。

施工图需体现构件的装配顺序、关键连接部位及其施工工艺要求。通过模拟装配过程，设计团队能够提前识别装配中的潜在冲突或效率低下问题，如构件干涉、操作空间不足或工具限制。针对这些问题，可通过调整构件设计、优化接口或调整装配路径来解决，确保施工图在现场装配环节的实际可操作性。此外，装配可行性验证还需评估现场条件（如起重设备的使用和施工场地的限制），确保施工图设计在理论与实践之间实现无缝衔接。

（4）细化构件节点与连接设计

根据轨道交通机电系统的特性，对施工图中的关键节点和连接件进行精细化设计。重点包括焊接、螺栓连接及插接式连接的细节表达，明确每个节点的受力、材料及表面处理要求。例如，焊接节点需明确焊缝长度、焊接工艺及验收标准，而螺栓连接则需标注螺栓等级、紧固扭矩及防松措施。

此外，施工图中还需特别强调节点设计的装配便利性和后续维护可达性。设计团队需在节点细节中预留充足的装配空间，确保施工人员能够方便操作工具或设备。同时，针对后续维护需求，设计图纸需明确连接件的可拆卸性及检修路径，降低运行维护阶段的时间成本和技术风险。例如，在插接式连接的设计中，可通过添加快速拆装装置或模块化插拔结构，提升系统的可维护性。

（5）工艺与流程说明

施工图设计中需详细阐明模块制造与装配流程的具体要求，以实现设计与实际生产的无缝对接。基于DfMA原则，设计团队需明确生产工艺的每个步骤，例如材料准备、加工工艺、组装方式及质量检验等。这些信息应体现在施工图的工艺说明中，包括工装模具的选择与适配性设计、制造过程中可能的误差控制以及优化措施。例如，对焊接模块，施工图需明确焊接设备的型号、焊材规格及焊接顺序；对加工件，则需说明加工中心的参数设定及切削策略。

此外，施工图需明确现场装配的顺序与关键注意事项，以指导装配团队高效完成工作。装配流程说明应涵盖从模块运输、堆放到最终对接的完整过程，并结合现场实际条件优化装配步骤。例如，施工图可提供推荐的吊装路径及关键位置的参考数据，同时对易混淆的模块明确标识编码规则，防止装配错误。为了确保装配过程顺畅，施工图还需提示潜在的风险点，并提出预防性解决方案。

（6）校核与多阶段迭代

完成施工图后，需组织设计、制造、装配和质量管理团队进行交叉校核，验证图纸的准确性和可执行性。此步骤需结合 DfMA 的反馈机制，在多次迭代中优化设计细节，减少制造与装配环节的误差和返工。

每一次的反馈都能够促使设计细节的完善，从而确保施工图在实际应用中更具可操作性和精度。在此过程中，利用数字化工具如 BIM 和仿真软件，设计团队可进行虚拟装配和动态分析，进一步优化设计方案。例如，通过虚拟装配模拟，可以检查构件之间的接口、连接方式以及装配顺序，确保每个环节都能顺利衔接。同时，施工图中的各项工艺、节点和连接方式会根据反馈逐步调整，以减少生产过程中的质量问题和不必要的返工。经过多次迭代和不断的优化，施工图最终将为整个工程提供精准的技术支持，有效降低项目风险，确保工程按时、按质完成。

（7）数字化图纸输出与数据管理

施工图完成后，下一步是将其转化为适用于制造和装配的数字化文件格式。常见的文件包括 CAD 图纸、BIM 模型、PDF 等，这些文件能够与项目的数字化管理系统（如 BIM、ERP 系统、MES）无缝对接。通过这种数字化转换，施工图不仅可以直接应用于制造和装配，还能通过项目管理系统实现全过程的监控与追踪。数字化文件的输出确保了各阶段工作团队能够即时获取和使用最新的设计数据，极大地提升了协同效率和工作准确性。此外，数字化图纸支持远程查看与修改，使得项目管理者能够及时掌握项目进度，做出快速反应。

为了确保施工图在整个项目生命周期中的可追溯性和可更新性，必须对每个版本的施工图进行严格的归档管理。每当设计发生变更时，系统会自动记录版本信息，并确保旧版本与新版本之间的清晰区分。这种版本控制机制确保了设计变更的可追溯性，避免了因信息混乱或遗漏而导致的施工错误。与此同时，数字化施工图不仅对制造和装配环节至关重要，也为后续的运营和维护提供了精准的技术依据。施工图中的结构、材料和连接细节可以被精确地传递给运维团队，支持设备的维护、故障诊断以及零部件更换等工作，提高设施的全生命周期管理效率。

通过以上步骤，基于 DfMA 的施工图设计能够实现从设计构思到制造、装配和后期维护的无缝衔接。

## 3.2 预制构件设计与制造技术

通过科学的设计理论、先进的制造技术以及严格的质量控制体系，预制构件能够实现高度标准化、精准化和模块化，为现场装配提供有力保障。本节将从预制构件的设计理论基础出发，深入探讨制造过程中的公差控制与接口设计。

### 3.2.1 预制构件设计的理论基础

预制构件设计的理论基础是多学科交叉的结果，涵盖了从材料选择到结构分析，再到制造过程的全面考量。这种综合方法不仅能够确保构件在技术上的可行性和经济上的效益，而且也促进了建设项目的可持续发展。

预制构件设计首先需考虑的是材料的选择。材料科学提供了选择合适材料的理论基础，包括材料的力学性能、耐久性、环境适应性及成本效益等。例如，在城市轨道交通项目中，钢筋混凝土和预应力混凝土因其高强度和良好的耐久性，常被用于制作预制构件。同时，材料的环境影响评估也是设计过程的一个重要部分，旨在选择对环境影响最小的材料，支持可持续发展的建设实践。其次，结构力学理论指导预制构件的设计，以确保其在实际使用中能够承受预期的荷载和环境条件。这包括计算构件在各种负荷条件下的应力和变形，以及评估可能的疲劳寿命和断裂风险。预制构件设计还需要考虑构件连接的结构稳定性和整体结构的动力学特性，确保整个结构系统在地震、风等作用下的安全性。制造工艺学是预制构件设计中的核心内容，它关注如何将设计理念转化为可制造的产品。这涉及构件的成型方法、固化和硬化过程以及后处理等。例如，使用高性能混凝土需要特定的固化环境和时间控制，以达到设计的强度和耐久性要求。此外，加工精度也是预制构件质量控制的重要方面，需要精确的模具设计和制造工艺来保证。在预制构件的设计和制造过程中，可持续发展原则扮演着重要角色。这包括优化设计以减少材料的使用，选择可回收或可再生材料，以及采用节能和减少碳排放的制造技术。例如，通过改进混凝土配合比，使用工业废弃物如飞灰或矿渣作为部分替代材料，不仅可以减少工程材料的环境影响，同时也提高了材料的使用性能和经济效益。

### 3.2.2 预制构件的公差控制与接口设计

公差，即允许的尺寸偏差范围，是保证组件能够正确配合、顺利安装及维持良好运行状态的基础。在轨道交通系统中，如轨道板、信号设备箱等关键构件的公差控制尤为严格，因为这些构件的任何微小偏差都可能导致安全风险或系统故障。例如，轨道板的长度、宽度和厚度必须控制在极小的公差范围内，以确保铺设精度和轨道的平稳。此外，预制构件在高温、低温等不同环境条件下的尺寸稳定性也需严格考核，以适应各种气候变化对轨道交通系统的影响。

接口设计则涉及构件之间的连接方式，它决定了安装的便捷性、维护的简易性及最终的系统稳定性。优良的接口设计应当实现模块化和标准化，使得各个构件能够像积木一样快速拼装和拆卸，大大提高施工效率和降低维护成本。在接口设计过程中，一方面要考虑机械连接的强度和密封性，确保连接处不会因振动或外力而松动；另一方面也需要考虑电气连接的安全性和可靠性，特别是在信号传输和供电系统中，接口的电气特性必须满足严格的安全标准。此外，接口的设计还应考虑未来的可扩展性和兼容性，以便于未来系统的升级改造。例如，可以预留接口或采用可编程的逻辑控制器，以适应未来技术的发展。

## 3.3 DfMA 运输和吊装方案

合理的运输与吊装方案能够有效保障构件在物流和现场作业过程中的质量安全，减少损耗，提升施工效率。

### 3.3.1 DfMA 运输方案

运输方案是确保模块化设计顺利实施的重要环节。运输方案的制定需考虑模块的尺寸、重量、运输距离以及运输时间等因素，以确保模块能够安全、高效地到达施工现场。

(1) 运输方式

运输方式直接影响运输成本、运输时间和运输风险。根据模块的尺寸、重量、运输距离以及运输时间等因素，选择合适的运输方式，如道路运输、铁路运输、水路运输等。

1) 道路运输：道路运输是一种常见的运输方式，适用于短距离运输和小型模块。在选择道路运输时，需要考虑道路状况、交通情况以及是否需要特殊许可证等因素。

2) 铁路运输：铁路运输通常适用于中长距离的运输，可以快速、稳定地将模块运送到目的地。在选择铁路运输时，需考虑铁路线路的覆盖范围、运输时刻表以及装卸设备的配备情况。

3) 水路运输：对于超大型、超重型的模块，水路运输是一种常见选择。通过水路运输模块可以有效降低运输成本，但需要考虑水路航道情况、季节因素以及装卸设备的适配性。

4) 空运：对于远距离、急需的模块运输，空运是一种快速有效的选择。但空运成本高昂，且对模块尺寸和重量有严格限制，因此需要在紧急情况下使用。

5) 专用运输设备：针对特殊形状或重量的模块，可能需要定制专用的运输设备，如吊装车辆、运输架等。这些设备能够提供更精准的运输支持，确保模块安全到达目的地。

在选择运输方式时，必须综合考虑模块特性、运输距离、时效性要求以及运输成本等多方面因素，以确保选择的运输方式最符合实际需要并能够保证模块的安全，高效运输到达目的地。

(2) 运输安全措施及注意事项

1) 在运输前必须对运输道路进行全面勘查，包括路面的平整度、承载能力以及交通信号设施的状况，确保安全。

2) 提前组织人员进行现场整理和平整，确保起重机和汽车进场运输路径填平夯实，并在起重机支点处清理浮土并垫好枕木，以保障运输过程中设备的安全稳定。

3) 装车前必须对运输和起重车辆进行全面检查，确认车辆状况良好。同时，确认天气情况，避免在恶劣天气下进行运输。

4) 按照事先规划的行车路线进行设备运输，并确保运输速度符合要求。在运输和卸车过程中，应格外注意避免设备碰撞。

5) 确保运输通道畅通无阻，如有砌墙等障碍物，应在设备运输完成后再进行施工。

6) 起重设备时确保受力均匀平稳，避免因不均匀受力导致的设备损坏或安全事故。

7) 通道内应保持充足的光源，确保施工过程中的能见度，保障作业安全。

8) 吊装孔垂直方向不应有人员作业，防止发生重物坠落事故。

9) 掌握准确的运输时间，提前作好设备运输的前期准备工作。技术部门应将技术方案移交给施工部门，施工部门在技术方案的基础上继续细化，制定更为详细的施工方案。

10) 对施工人员进行技术交底和安全培训，确保他们熟悉具体的施工方案。准备车辆及各种机具，并进行严格检验，确保其技术状况良好。对于实施公路及水路运输的车辆、机具及人员，应提前到位，确保运输工作的顺利进行。

## 3.3.2 DfMA 吊装方案

在 DfMA 吊装方案中，首要考虑的是模块的设计特性。模块的形状和尺寸直接影响着吊装的难度和安全性。合理设计模块的外形,避免过于复杂的结构和尖锐的边角,有利于提高吊装的稳定性和安全性。此外,模块的重量也是关键的考量因素,需要确保起重设备和吊装点能够承受模块的重量,同时避免超出设备的承载能力。

确定吊装点的布置是吊装方案设计中的关键步骤。吊装点的设置应考虑模块的重心位置、结构强度和稳定性,以确保吊装过程中模块不会出现倾斜或不稳定的情况。合理设置吊装点还能够减小吊装过程中对模块的影响,避免损坏或变形。

选择适当的起重设备也是 DfMA 吊装方案设计的重要环节。根据模块的重量和形状,可以选择合适的起重设备,如塔式起重机、履带式起重机、梁式起重机等。起重设备的选用要符合模块的特性和工程现场的条件,确保吊装过程安全可靠。此外,起重设备的操作人员也必须经过专业培训,熟悉吊装操作流程和安全规范,以确保吊装过程的顺利进行。

在 DfMA 吊装方案设计中,还需考虑吊装过程中可能遇到的突发情况和风险因素。制定完善的应急预案和安全措施,确保吊装过程中能够及时、有效地处理意外情况,保障吊装作业的安全进行。同时,吊装方案的设计应考虑施工现场的实际情况和环境因素,如地形、气候、工作空间等,以提前规划吊装路线和作业流程,确保吊装过程高效顺畅。

## 3.4 施工技术与管理创新

在 DfMA 理念驱动下,施工技术与管理模式正逐步迈向高效、智能和集约化的发展阶段。施工技术的创新不仅体现在对传统工艺的升级与优化,还包括对新兴技术的融合应用,而管理创新则强调精细化管理与全过程协同。

### 3.4.1 施工技术的创新与发展

在 DfMA 理念指导下,模块化集成建筑(Modular Integrated Construction,即 MiC)和预制装配技术逐步成为施工技术创新的核心。通过将构件在工厂内标准化预制,再运输至现场进行装配,大大提高了施工效率与精度。例如,在轨道交通项目中,预制管廊、支架和设备模块实现了批量生产与快速安装,有效缩短了工期,减少了资源浪费。此外,预制装配技术的应用确保了构件质量的稳定性,同时也提升了施工现场的安全性与环境友好性。

模块化集成建筑,亦称为组装合成式建造工法,近年来崭露头角,其独特的"先装后嵌"施工理念,将建筑结构、机电安装及装修等专业领域融为一体。此技术将建筑分解为多个独立单元,将耗时较长的工序前置至工厂完成,进而实现现场快速组装,显著缩短建设周期,提升经济效益。

MiC 技术秉承"五化合一"的核心理念,即标准化、规模化、信息化、智能化与绿色化,致力于推动建筑业的转型升级,迈向高质量发展新阶段。与此同时,DfMA 在产品设计初期便充分考虑了制造与装配的实际可行性,着重于产品的量化分析,以识别装配过程中的潜在问题,并评估零部件的制造工艺与成本。在设计过程中,力求简化产品结构,以提升生产效率。

此外,MiC 构件均配备了高效的信息化管理模块编码,包括多功能模块编码、单层模块编码及散件组件包装编码,确保从设计、下单、生产、出仓、运输、进仓、安装、调试至验收的每一个环节都能通过数据收集、整理、统计与分析,实现决策对整个建筑生命周期链条的全面渗透。这一方法不仅有效降低了整体成本,还显著提升了建筑产品的质量与性能。

　　MiC技术的核心在于将建筑分解为若干个标准化的模块单元,这些模块在工厂内进行预制生产,包括结构构件、围护系统、机电系统和装饰装修等部分。每个模块都经过严格的质量控制和检测,确保其性能符合设计要求。然后,将这些预制的模块运输到施工现场,通过精确的定位和连接,快速地组合成一个完整的建筑物。MiC技术的优势主要体现在以下几个方面。第一,MiC提高了建筑的品质,模块是在受控的环境下生产的,因此可以保证材料的质量和施工精度,从而减少了现场施工中的误差和不一致性;此外,MiC还可以实现对建筑性能的全面优化,如热工性能、声学性能和耐久性等,以满足更高的居住和工作环境要求。第二,MiC加快了施工进度,传统的现浇混凝土施工需要大量的模板支撑和等待混凝土固化,而MiC则可以在短时间内完成多个模块的生产和安装,大大缩短了工期。这种快速的施工方式对于急需使用的项目来说尤为重要,如临时医院、学校和其他公共设施的建设。第三,MiC增加了科技含量,MiC不仅仅是简单的模块组装,而是融合了现代信息技术和智能控制系统。例如,通过BIM技术可以实现从设计到施工的全过程数字化管理;利用物联网技术可以对建筑物的运行状态进行实时监控和调整。这些高科技的应用不仅提升了建筑的功能性和舒适性,也为未来的智慧城市建设奠定了基础。第四,MiC促进了建筑集成,MiC鼓励不同专业之间的协同合作,使得建筑设计、结构工程、机电设备安装和室内外装修等工作可以同步进行。这不仅提高了工作效率,还增强了各专业之间的协调性和整体性,有助于打造出更加和谐统一的建筑空间。

　　通过将预制组件在工厂生产后运送至现场,实现了快速、高效的建筑装配。这种技术不仅提高了建筑施工效率,减少了浪费,同时兼顾建筑质量和设计灵活性。在工厂内完成大部分工作后,施工现场的人工需求大大降低。这不仅减少了现场施工活动,也降低了管理难度和安全风险。由于现场作业量减少,事故发生的可能性也随之降低。此外,工厂化的生产方式有助于控制污染排放,对环境的影响较小(图3-7)。

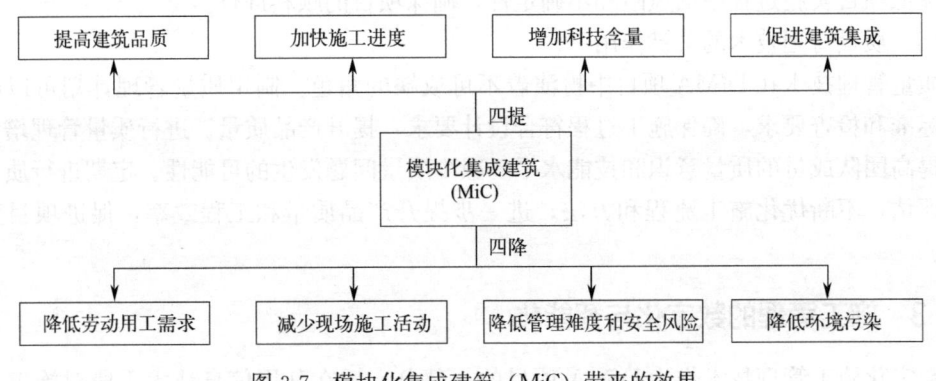

图3-7　模块化集成建筑(MiC)带来的效果

## 3.4.2　管理技术在DfMA项目中的应用

　　在管理技术的各个方面,尤其是在项目规划、组织协调、控制和质量管理等环节,精确的管理技术应用对于确保 DfMA 项目的成功至关重要。每一项技术的有效实施不仅能提升项目的整体效率，还能在减少成本、控制时间和确保质量等多个维度上发挥积极作用。

（1）项目规划技术的重要性

在城市轨道交通设计和建设中，项目规划技术的精准运用至关重要。通过采用 PERT/CPM 网络图技术，工程团队能够系统地规划项目的时间节点和资源分配，确保施工进度的合理性和资源的有效利用。这种技术不仅有助于项目经理和团队准确评估任务完成时间，还能够识别关键路径，确保项目按计划进行。结合项目管理软件如 Microsoft Project 和 Primavera，团队能够制定详细的项目计划并实时跟踪进度，以便及时调整和优化项目执行过程。通过设定明确的里程碑计划，项目得以分解为关键节点，有助于团队更好地管理和评估整个项目的进展情况，从而确保项目按时交付。

（2）项目组织与协调技术的优化

在城市轨道交通工程中，项目组织与协调技术的高效运用对项目成功实施至关重要。建立高效的团队沟通机制是其中的关键一环。通过定期会议、沟通平台等方式，工程团队能够保持信息畅通，及时协调解决问题，提高团队的整体协作效率。清晰的项目执行计划和明确的责任分工有助于团队高效协作，确保项目按照计划有序推进。此外，设立专门的项目管理办公室（PMO）能够有效协调项目资源和进度，确保各项任务有序推进，提高整体项目执行效率。

（3）项目控制技术的有效应用

项目控制技术在 DfMA 项目中扮演着关键角色。引入挣值管理（Earned Value Management，EVM）技术能够通过对比计划成本和实际成本、计划进度和实际进度，评估项目的绩效情况，及时发现偏差并采取相应措施。这种方法有助于团队掌握项目的实际状况，及时调整计划，确保项目进度和成本控制在可接受范围内。采用敏捷项目管理方法能够将项目分解为多个迭代周期，实现快速响应需求变化、持续交付价值的管理方式，提高项目的灵活性和适应性。同时，使用风险管理工具和技术进行风险识别、评估和应对，有助于降低项目实施过程中的风险和不确定性，确保项目的顺利进行。

（4）质量管理技术的关键作用

质量管理技术在 DfMA 项目中扮演着不可或缺的角色。制定质量管理计划可以明确质量标准和检查要求，确保施工过程符合设计要求，提升产品质量。进行质量管理培训有助于提高团队成员的质量意识和技能水平，减少质量问题发生的可能性。定期进行质量审核和评估，不断优化施工流程和方法，进一步提升产品质量和工程效率，促进项目整体成功。

### 3.4.3 施工管理的数字化与智能化

数字化施工管理技术作为 DfMA 项目的一部分，旨在利用信息技术手段对施工过程进行全面、实时的监控和管理。其中，BIM 技术是一项核心技术，通过建立数字化的三维模型，实现对施工全过程的可视化管理。BIM 技术不仅能够帮助规划施工流程、优化资源配置，还可以在设计阶段发现潜在问题，减少施工过程中的变更和纠正成本。此外，结合实时定位系统（RTLS）和物联网技术，施工现场可以实现实时监控、定位施工人员和设备,提高施工效率和安全性。数字化施工管理技术的应用不仅提升了施工管理的效率和精度,还为城市轨道交通项目的可持续发展提供了强有力的支持。

智能化施工管理技术是数字化施工管理的延伸和升级,通过引入人工智能、大数据分析等先进技术,实现施工管理的智能化决策和优化。人工智能技术在施工管理中的应用涵盖了施工进度预测、资源优化、质量控制等多个方面。利用机器学习算法对历史数据进行分析,可以预测施工进度和成本,并提供相应的优化建议。智能化施工管理还包括自动化施工监测系统、无人机监测技术等,实现施工现场的自动化监控和数据采集。这些技术的应用不仅提高了施工管理的智能化水平,还为城市轨道交通项目的高效实施和持续改进奠定了坚实的技术基础。

在数字化与智能化施工管理技术的应用过程中,信息安全和数据隐私保护是需要重点关注的问题。建立健全的信息安全管理体系,包括数据加密、权限控制、漏洞管理等措施,对于保障施工管理数据的安全至关重要。同时,应加强对施工管理人员的信息安全意识培训,提高他们对信息安全风险的识别和防范能力。另外,合理规划数据采集和使用流程,明确数据使用范围和目的,确保数据采集和应用符合法律法规和相关标准,保护用户和企业的数据隐私权益。

### 3.4.4 DfMA模块加工技术

#### 1. 加工设备配置计划

加工设备配置计划需要综合考虑项目规模、加工工艺流程、设备性能、维护保养、人力资源和成本控制等因素。首先,根据项目需求和加工工艺流程,选择合适的加工设备类型,例如数控机床、加工中心、焊接设备、组装设备等。其次,根据项目规模、工程量和加工需求,确定每种设备的数量,并进行合理的设备组合,确保加工流程的顺畅和高效。再次,根据加工工艺要求,对设备的规格参数进行设置和调整,例如切削速度、进给速度、刀具类型等,以确保最佳的加工效果和效率。此外,还需要进行设备布局规划,确保设备之间距离合理、操作方便,并留出足够的运输和存放空间。最后,对操作人员和维护人员进行设备操作和维护培训,确保人员技能满足加工需求,并制定设备维护保养计划,定期进行设备检查、维护和保养,确保设备的正常运行和延长设备使用寿命。

为了进一步优化加工设备配置计划,可以采取以下措施。首先,采用先进的加工设备,例如数控机床、加工中心、机器人等,以提高加工效率和产品质量。其次,优化加工工艺流程,例如采用多工序复合加工设备,实现一次装夹完成多个加工步骤,减少换刀和装夹时间。再次,建立柔性制造系统,实现设备的快速切换和灵活配置,以提高生产效率和适应不同产品的加工需求。例如,可以采用可编程控制器(PLC)控制设备,实现设备的自动化控制和程序切换。最后,建立信息化管理系统,实现设备的实时监控、故障诊断和维护管理,以提高设备运行效率和降低维护成本。例如,可以采用设备管理系统(EMS)对设备进行监控和管理,实现设备的故障预警、维护提醒和数据分析。

#### 2. 设备管理制度

DfMA模块加工技术依赖于先进、高效的加工设备,而设备管理制度则是确保设备正常运行、延长使用寿命、提高生产效率的关键。科学合理的设备管理制度,能够保障DfMA模块加工的顺利进行,并为DfMA技术的推广应用提供有力支撑。设备管理制度应涵盖以下几个方面。

(1) 设备投入管理

1) 设备来源：明确设备来源，包括自购、租赁、借用等，并进行相应的登记和管理。自购设备需进行招标、采购、验收等流程，确保设备质量和性能满足项目需求；租赁设备需与租赁公司签订合同，明确租赁期限、费用、维修责任等条款；借用设备需与借用方签订借用协议，明确借用期限、归还时间、损坏赔偿等条款。

2) 设备配置：根据项目规模、工程量、加工工艺流程、模块类型等因素，进行设备配置，确保设备类型、数量和规格满足加工需求。例如，大型模块可能需要大型数控机床进行加工，而小型模块则可以使用小型加工中心或数控铣床等设备加工。同时，还需要考虑设备的兼容性、可扩展性和升级潜力，以适应未来项目发展的需要。

3) 设备进场：制定设备进场计划，包括设备运输、安装、调试等环节，并确保设备完好无损。设备运输需选择合适的运输方式，确保设备安全到达施工现场；设备安装需按照设备说明书和规范进行，确保设备安装牢固、稳定；设备调试需对设备进行测试和调整，确保设备运行正常。

4) 设备验收：对进场的设备进行验收，检查设备性能、功能和完好程度，确保符合项目要求。验收内容包括设备外观检查、功能测试、性能测试等，确保设备各项指标符合设计要求和规范标准。验收合格后，方可进行设备使用。

(2) 设备使用管理

1) 操作规程：制定完善的设备安全操作规程，明确设备操作流程、操作规范、注意事项等，并定期对操作人员进行培训，确保操作人员熟练掌握设备操作技能，具备相应的安全意识和应急处理能力。操作规程的制定需结合设备类型、功能特点、操作环境等因素，并进行定期更新和完善。

2) 操作记录：建立设备操作记录制度，记录设备使用时间、加工内容、操作人员、设备状态等信息，以便于设备管理和故障排查。操作记录可以采用纸质记录、电子记录或信息化管理系统等方式进行，确保记录的完整性和准确性。

3) 设备维护保养：制定设备维护保养计划，定期进行设备检查、清洁、润滑、紧固等维护保养工作，确保设备的正常运行和延长使用寿命。维护保养计划应根据设备类型、使用频率、工作环境等因素进行制定，并进行定期更新和完善。

4) 设备维修：建立设备维修制度，对故障设备进行及时维修，并确保维修质量。维修制度应明确故障报修流程、维修责任、维修记录等内容，并配备专业的维修人员，确保故障设备能够得到及时有效的处理。

5) 设备报废：建立设备报废制度，对老旧、损坏或无法修复的设备进行报废处理。设备报废需经过评估、审批等程序，并按照相关法律法规进行处理，确保设备报废的合法性和环保性。

(3) 设备调度管理

1) 调度原则：基于项目进度计划、加工任务需求、设备性能特点等因素，制定合理的设备调度原则，例如优先保证关键设备、合理调配闲置设备、避免设备闲置等，以确保设备得到高效、合理的利用，并满足项目进度要求。

2) 调度流程：制定清晰的设备调度流程，明确设备调度权限、责任分工、调度申请、调度审批、调度执行、调度反馈等环节，确保设备调度过程高效、有序进行。调度流程应体现科学性、合理性、透明性，并易于操作和执行。

3）调度记录：建立完善的设备调度记录制度，记录设备调度时间、调度人员、调度去向、调度原因、调度结果等信息，以便于设备管理和跟踪，并为设备调度优化提供数据支持。调度记录可以采用纸质记录、电子记录或信息化管理系统等方式进行，确保记录的完整性和准确性。

（4）设备安全管理

1）安全培训：定期对操作人员进行安全培训，提高安全意识，普及安全知识，并加强安全操作技能的培训，确保操作人员能够熟练掌握设备操作技能，具备相应的安全意识和应急处理能力，预防安全事故的发生。

2）安全检查：定期进行设备安全检查，包括设备本身的安全性能检查、设备附件的安全检查、设备运行环境的安全检查等，及时发现设备安全隐患，并采取有效措施进行整改，确保设备安全运行。

3）应急预案：制定完善的设备安全事故应急预案，明确事故发生时的应急处理流程、人员分工、应急处置措施等，并定期进行演练，确保事故发生时能够及时有效地进行处理，最大限度地减少事故损失。应急预案的制定需结合设备类型、潜在风险、应急资源等因素，并进行定期更新和完善。

### 3. 物料进场验收

物料进场验收是确保物料质量符合项目要求、避免不合格物料进入加工的关键环节。科学合理的物料进场验收制度，能够有效控制物料质量，保障 DfMA 模块加工的质量和效率，并为 DfMA 技术的推广应用提供有力支撑。一旦材料抵达施工现场，物资采购部门会与专业工程师、质量工程师以及其他相关部门工程师共同展开检查验收工作。这一流程严格按照进场验收相关要求进行，以确保进场材料的质量完全符合标准和规范。模块相关加工生产部门负责物资的统一采购、供应和管理，并根据项目质量管理体系相关程序，对所需采购的物资进行严格的质量检验和控制。他们严格执行材料采购及进场验收程序，保证进场物料质量的可靠性和合格性。物料进场验收的具体实施步骤如下（图3-8）。

（1）物资运抵现场

当物料运输到达施工现场时，首先由物资采购部门对物料进行初步的检查。这一步骤主要包括对物料的外观、包装、标识等进行检查，确保物料符合运输要求，无破损、污染等情况。

（2）物资采购部检查

在物资采购部门的检查中，如果发现物料存在问题，如规格不符、质量问题等，则应立即将不合格的物料退回供应商，并要求重新发货。如果物料合格，则进入下一步。

（3）专业工程师检查

在专业工程师的检查中，对物料的规格、尺寸、性能等技术指标进行详细检验。这一步骤需要使用专业的检测设备和工具，以确保检验结果的准确性和可靠性。如果发现物料存在问题，如性能指标不符合要求等，则应将不合格的物料隔离堆放，并通知供应商进行处理。如果物料合格，则进入下一步。

（4）质量工程师检查

在质量工程师的检查中，对物料的整体质量进行综合评估。这一步骤需要考虑物料的性能指标、外观质量、包装标识等因素。如果发现物料存在问题，如性能指标不符合要求等，则应重复前一步的检查，直到物料合格。如果物料合格，则可以进入现场使用。

此外，在物资采购部检查和质量工程师检查阶段，还可以通过进场材料检测和进行验证复试的方法检查。进场材料检测是对物料的某些性能指标进行现场快速检测，以快速判断物料的质量。验证复试是对物料的某些性能指标进行再次检测，以确认其质量符合要求。

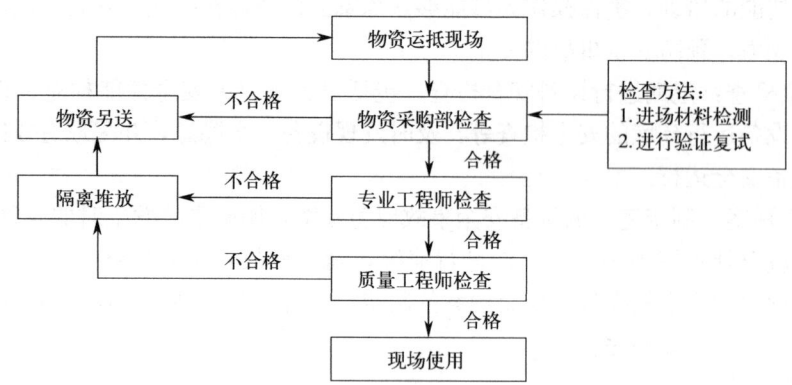

图 3-8 物料进场验收的程序及检查方法

在整个物料进场验收过程中，应严格按照项目质量管理体系的相关程序和规范进行操作，确保验收过程规范、公正、透明。同时，应建立完善的记录管理制度，记录物料验收的时间、验收人员、检验结果、判定结果等信息，以便于物料管理和跟踪。不合格物料的处理应按照项目质量管理体系的相关程序进行，例如退货、换货、报废等。

4. 模块加工工艺

模块加工工艺是 DfMA 模块加工技术的核心，它涉及从原材料到成品模块的整个制造过程。一个科学、合理的模块加工工艺不仅能够提高生产效率，保证产品质量，还能够降低生产成本，提升企业的市场竞争力。以下是模块加工工艺的详细介绍，加工流程如图 3-9 所示。

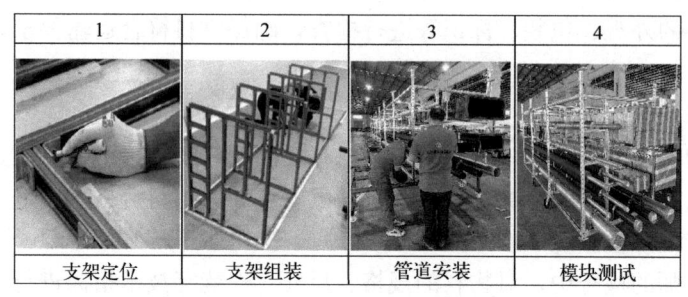

图 3-9 加工流程

(1) 生产技术准备

生产技术负责人应组织车间组装品控员、生产组长熟悉加工图，进行技术交底，确保所有参与人员对加工工艺流程和质量标准有清晰的了解。根据图纸及工序卡片要求，自制支架底座木质模具，选定组装顺序。

(2) 支架框架组装

支架框架的组装顺序为先装竖向支架立杆，再装横向横担。支架组装完毕后，安装各专业管线，顺序由上而下、由重至轻安装。这一步骤要求操作人员严格按照既定的组装顺序和工艺要求进行作业，确保支架框架和管线的稳定性和安全性。

(3) 操作台面维护

为防止物料表面划伤，操作台面应保持清洁，采用软质台面。这一措施可以有效保护物料表面，减少因操作不当造成的损伤，保证产品质量。

(4) 组装过程质量控制

组装完成后进行三检，首先自检，然后互检，品控员最后检定。这一流程可以及时发现和纠正组装过程中的质量问题，确保模块的质量和性能符合要求。

(5) 螺栓紧固控制

组装过程中，螺栓紧固的扭矩要满足相关要求，杜绝紧固扭矩不够的情况。螺栓紧固是保证模块稳定性和安全性的关键环节，必须严格按照规定的扭矩进行操作。

(6) 管段清洁度检查

对于预制好的管段进行清洁度检查，管内不得有焊渣、油渍、石子等杂物，如有杂物，应用擦洗或压缩空气吹扫的办法来进行清除。这一步骤可以确保管道的清洁度，避免因杂物引起的管道堵塞和故障。

(7) 性能测试

模块在出厂前需要进行性能测试，合格后达到品控标准方准予出厂。所有管线在测试后及包装前均需要进行吹灰工序，模块中所有接口处均进行密封。所有测试满足相关规范要求。对模块中有压力且有接驳口的管道使用空气压缩机进行气体压力试漏（图3-10），通风管道使用卤素灯进行漏光测试（图3-11），所有管道检测合格后进行包装。这一步骤可以确保模块的性能和安全性，满足项目的质量要求。

图3-10　空气压缩机

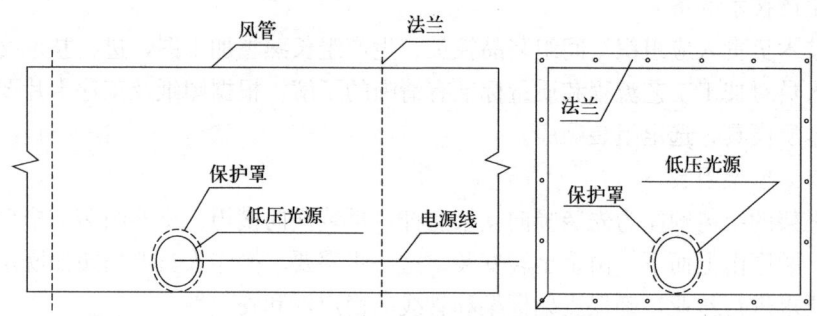

图 3-11　通风管道漏光测试

（8）成品模块管理

模块测试完后转入成品库，做好批次记录，按照加工图编码对应贴好标签。模块附加模块合格证、图纸、作业指导书、模块信息卡。这一步骤可以方便模块的管理和追溯，确保每个模块都符合规定的质量标准。

# 第4章

# 基于 DfMA 的轨道交通机电系统设计案例分析

为了全面理解基于 DfMA 的轨道交通机电系统设计案例，本章将首先从设计的技术要点出发，详细分析不同模块的设计方法与实施策略，包括单层模块、多层模块及部品部件模块的设计，预制设备模块的设计以及关键部件的装配与优化。接下来，将从制造和安装的角度，进一步讨论如何在模块化生产和组装过程中运用 DfMA 理念，确保整个系统的高效制造和精确安装。通过这些技术要点的分析，旨在为轨道交通机电工程提供一条从设计到实施的完整优化路径。

## 4.1 基于 DfMA 的轨道交通机电工程设计技术要点

在基于 DfMA 的轨道交通机电工程设计中，技术要点的把握是确保设计优化、制造高效和组装顺畅的基础。各项设计环节的精确处理，对于实现系统整体的性能提升至关重要。接下来，我们将逐一探讨在不同模块设计及实施过程中，如何通过优化设计方法、改进模块结构和精确计算等手段，解决实际工程中遇到的技术难题。从单层模块到复杂的部品部件设计，再到如何处理公差和接口问题，深入分析每一项技术要点的具体应用，并展示如何通过系统化的设计流程，实现设计与制造的高度协同与优化。

### 4.1.1 单层模块、多层模块及部品部件模块设计

通过对不同类型模块的设计分析，探讨如何在轨道交通机电工程中实现结构优化、功能集成和模块化生产。每种模块类型的设计不仅影响系统的整体性能，还直接关系到制造与组装的效率。

#### 1. 单层模块设计

单层模块主要适用于单一专业的管道系统（如风管、水管、桥架、线槽等），或者用于多专业管道布置受限的场景。当安装条件不允许采用多层模块时，可以将其上下层拆分为多个单层模块，以便于连接和安装。这种设计方式不仅提高了模块化系统的灵活性，也有助于简化现场安装过程，确保施工效率和安装精度。

在设计单层模块时，需要充分考虑运输条件和原材料的标准尺寸。通常情况下，单层模块的标准长度为 6～6.5m，宽度不超过 2.8m，高度不超过 2.6m。这样可以确保模块在运输过程中的顺畅，同时也符合建筑物现场安装的要求。单层模块的结构设计简洁，适

用于各种受限的安装条件,其灵活性使得它在复杂的机电系统布置中起到至关重要的作用。单层模块的详细设计见图 4-1～图 4-5。

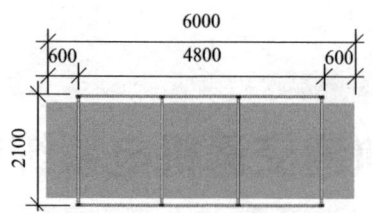

图 4-1　单层模块样式 1（标准单专业模块平面图）

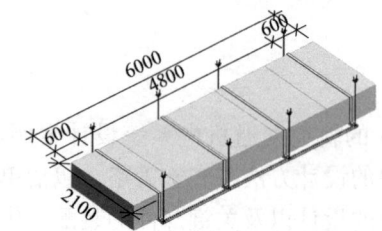

图 4-2　单层模块样式 1（标准单专业模块三维图）

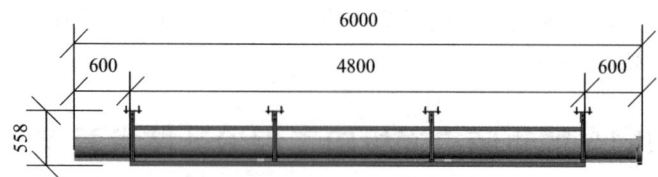

图 4-3　单层模块样式 2（标准模块立面尺寸图）

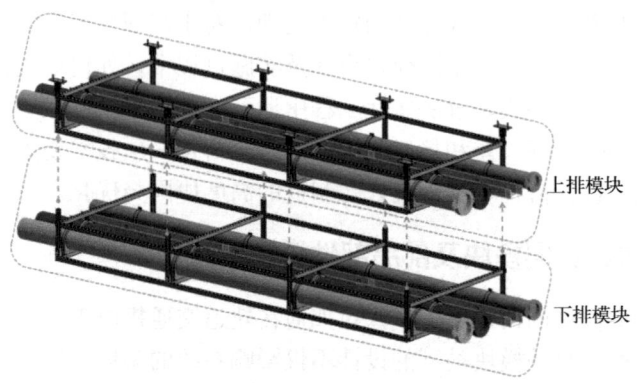

图 4-4　单层模块样式 2（三维效果图）

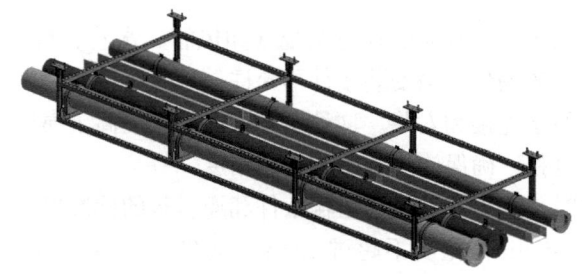

图 4-5　多层模块拆分为多个单层模块

## 2. 多层模块设计

多层模块设计是将机电系统中多个专业的管线进行集成与优化，是复杂建筑机电系统中重要的设计手段。多层模块通常应用于综合走廊和公共区域的综合管线布置，通过整合不同专业的管道、管件和阀门，形成一个高度集成的单元模块。这种设计不仅能够将原本分散的安装工序集中到异地工厂进行预制加工，还可以大幅提升批量生产的效率，降低材料损耗，并确保模块化生产的标准化程度。

通过将不同专业的管道系统（如给水排水、消防、通风和电气系统）整合至一个模块，多层模块能够实现现场的积木式拼装，避免传统现场施工中专业交叉施工带来的混乱。多层模块的这种拼装方式，能够有效减少现场安装的复杂度，确保在有限的空间内高效完成施工任务，从而显著缩短施工周期、降低人工成本并提高整体生产效率。

在进行多层模块设计时，必须充分考虑运输条件以及施工现场的空间限制。通常情况下，标准的模块设计规格为：长度不超过 6m，宽度不超过 2.8m，高度不超过 2.6m。这些尺寸标准是根据常规运输条件和建筑内部空间的安装需求设定的。如果在特定项目中，模块的宽度或高度超出了标准要求，则可以将多层模块拆分为多个单层模块进行运输和安装（图 4-5），以保证运输的便捷性以及现场安装的可操作性。此外，模块的支架系统设计也是关键。支架系统需要选用成品综合支架，其立杆和横担的规格根据实际负荷情况进行选型，确保支架结构的稳定性和承重能力。模块设计中通常要求两端的管口距支架保持 600mm 的距离，这一设计细节便于后续模块与其他系统的顺利连接，并确保施工过程中的灵活性和便捷性。标准多层模块如图 4-6 和图 4-7 所示。

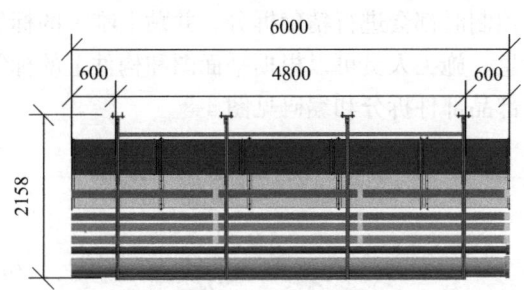

图 4-6　标准多层模块立面尺寸图

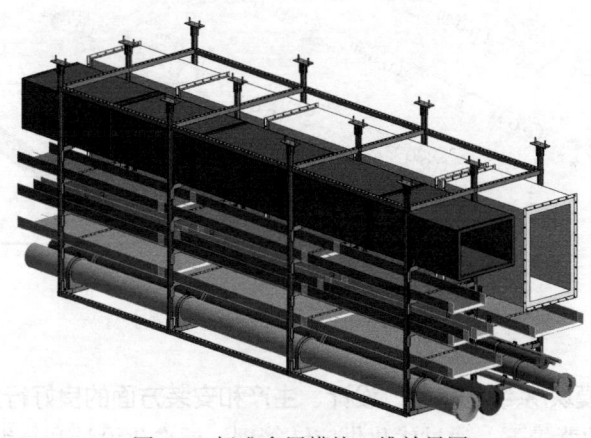

图 4-7　标准多层模块三维效果图

### 3. 部品部件模块设计

部品部件模块是多层模块、单层模块的补充设计方案，主要应用于施工现场条件受限，无法使用大型模块运输或安装的场景。该模块设计通过预制散件的形式，提供灵活的现场装配方式，尤其适用于施工空间狭小或不具备大规模模块安装条件的项目。积木式部品部件模块的优势在于其对现场场地要求较低，能够快速安装，减少材料堆积，并且通过全工厂预制实现现场"零加工"和"零动火"操作，确保施工过程的安全性和高效性。

部品部件模块的制作规格需根据现场实际测量的运输路径和安装空间进行合理设计。在场地受限或运输条件不允许的情况下，这些预制模块可以代替大型模块，通过更加灵活的散件组装方式完成系统的安装。由于这些模块采用积木式的设计，可以通过简单的装配方式快速安装，极大地提高了现场施工的灵活性和响应速度。这一设计方案特别适用于机电工程中所有涉及管道、线缆、风管和电气设施的项目。无论是电气、给水排水、通风系统，还是消防和供暖系统，部品部件模块都能够通过预制化的生产方式实现标准化和高效化安装。它的应用范围广泛，且能够在施工现场条件变化的情况下灵活调整，确保工期和质量的稳步推进。

部品部件模块的规格设计需根据施工现场的实际情况进行测量和调整。运输路径、安装空间等因素将直接影响模块的设计尺寸和散件划分方式。由于部品部件模块能够灵活调整，现场施工人员可以根据需要对其进行局部拆分和组装，以适应不同的施工环境。在模块的制作过程中，管道的拆分和编码是关键环节。为了确保施工过程中准确、高效地进行模块装配，每个管道在预制时都会进行精确拆分，并贴上唯一的标签码。预制完成后，这些标签码会对应安装信息，施工人员可以根据平面图和构件上的标签码，快速找到每个模块的位置并进行安装。部品部件拆分和编码见图4-8。

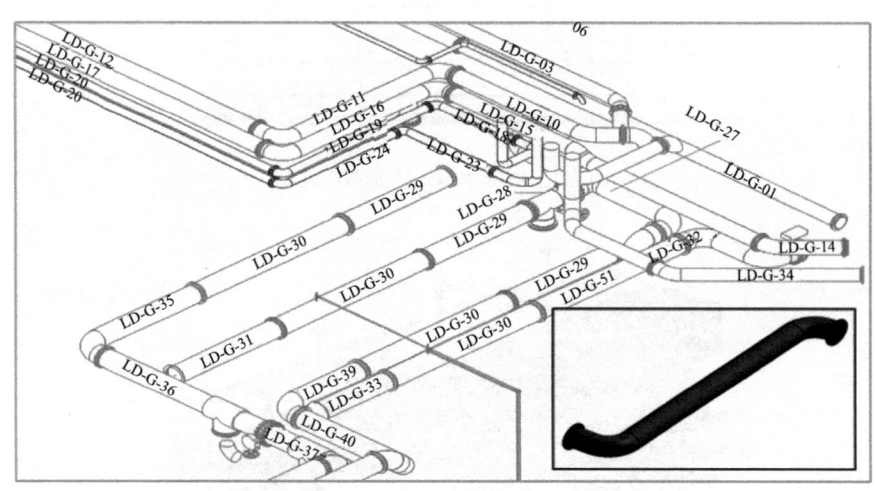

图4-8 部品部件拆分和编码（空调水管）

### 4. 预制MEP模块/系统的采购、设计、生产和安装方面的良好行业实践

在模块化设计的背景下，通过优化供应链管理、标准化设计和精细化生产，不仅能够

缩短工期,还能降低成本。接下来,我们将详细分析在这些领域中的成功案例和应用经验,揭示如何通过高效的模块化设计与施工管理,推动整个项目的顺利实施。

(1) 良好的行业惯例——采购

1) 承包商和 MEP 专家的早期参与

在项目的设计阶段,尽早聘请 MEP 专家和主承包商是很重要的。通过将他们的输入纳入设计中,可以实现一个更有效的技术解决方案。由于协调问题而引起的设计冲突和结构安全问题可以被消除。MEP 系统的设计也将更加全面,并考虑这些系统的维护、更换和升级的便利性和可实现性。

设计和建造 (D&B) 和设计开发和建造 (DDB) 采购模式有助于主承包商和 MEP 专家在设计阶段的早期参与。这显著提高了预制 MEP 设计的可建造性和可施工性,从而提高施工生产力。

①设计和建造 (D&B)

D&B 是一种采购方法,其中设计和施工完全由主承包商承担。根据客户提供的设计简要,主承包商将聘请顾问和 MEP 专家进行全面设计、开发和构建开发,包括预制 MEP 系统的设计和安装。

②设计开发和构建 (DDB)

DDB 类似于 D&B,只是客户聘请自己的顾问首先开发概念设计。基于这一设计理念,主承包商将与他自己的顾问和 MEP 专家合作,开发完整的设计和建设项目,包括设计和安装预制 MEP 模块化组件、单元化机电系统及标准化接口构件。

2) 招标要求和规范

采用预制 MEP 模块的要求不能是事后考虑的,需要从项目简介开始,预先纳入招标文件。在项目中采用 MEP 模块的早期决定有助于提高设计的连续性,并最大限度地提高生产力。

当在一个项目中采用预制的 MEP 模块时,项目的里程碑就会有所不同。因此,采用预制 MEP 模块的项目的合同规定应考虑以下因素。

①允许有足够的时间来考虑设计选项:在规划过程中,重要的是要分配足够的时间来考虑预制 MEP 模块的一系列设计方案,并避免仓促地确定设计方案。例如,建筑服务的详细设计可能会预先确定施工顺序或限制预装配的范围。在多层建筑结构中,采用垂直立管系统可能比传统现场安装方式中为每一层单独配置小型组件更为高效和经济。然而,现场的限制条件可能会妨碍这种垂直立管系统的应用。鉴于不同的设计方案需要施工价值链各方的共同参与,客户应当在施工启动前预留充足的时间,使用 BIM 软件进行设计,并与顾问、承包商、MEP 专家以及预制 MEP 模块的生产商进行密切合作。

②所有项目相关方是否认可建筑设备综合图 (CSD):在预制完成后,只允许进行微小的更改。任何设计更改或重新路由都会导致项目中断,包括施工进度的延误、成本的增加、资源的重新分配以及对已安装系统可能的拆除和重新安装。这些中断可能会对项目的整体进度、预算和协调造成显著影响。因此,尽早确认 MEP 服务的设计是很重要的。由于所有模块都是基于 BIM 协调模型制造的,因此施工图的审批过程至关重要,并且必须确保其严谨性和准确性。CSD 需要获得所有项目相关方的认可,包括顾问、建筑商和相

关的 MEP 专家，并按照预先商定的时间表进行。建议客户要求主承包商和 MEP 专家提供更详细的 BIM 图纸，以促进 MEP 系统的场外预制。

③在 MEP 模块的大规模生产之前，批准材料和模型：与现浇工程材料需要按顺序到达现场不同，前期材料规划对于预制的 MEP 模块至关重要，因为所有材料都需要同时进行预制。需要顾问尽早批准使用的材料，以便模块的预制可以如期进行。在开发中使用的最典型的预制 MEP 模块的模型也应该在工厂大规模生产模块之前生产，供顾问批准。

④确保工人在工厂得到培训，模块缺陷得到纠正：部署在工厂的工人的技能对确保现场模块的顺利安装起着关键作用。为了避免潜在的争议，投标可以包括要求 MEP 专业承包商为工厂内的工人提供培训，并纠正在现场安装的模块中发现的缺陷。为了尽量减少工艺不良而造成的模块缺陷，顾问应聘请工程师代表检查在工厂进行的工作。工程师的代表必须是来自预制方的独立方，以避免利益冲突。

⑤加强在现场和工厂内的协调工作：客户可以指定聘请 CRS（Contractors Registration System，承包商注册系统）工作组下的公司作为一级分包商，以协调预制的 MEP 工程的安装。该公司应在协调和安装预制 MEP 模块方面有相关的跟踪记录。此外，投标应指定一个专门的公司或人员来领导和指导现场和工厂各行业之间的协调。首席协调员最好是能够妥善协调现场所有行业的物流和活动的建设者。

⑥采用一种不同的付款认证方法：对于不同的工作顺序，承包商的定价方法将会改变，顾问的付款证明方法和数量清单，以及一次性合同的工程进度也必须进行相应的调整。例如，如果 MEP 专业承包商也是 MEP 模块的预制人，那么 MEP 专业承包商可以在现场安装这些模块之前，索要在工厂完成的模块的部分合同金额。

(2) 良好的行业规范——设计

1) 主要注意事项

①模块运输标准

根据工程项目需求和所采用材料的标准规格，确定每个模块的长度。在国际工程项目中，模块长度一般选用 6m 或 12m，这是因为管道材料通常提供这两种长度。对于 MEP 模块，若其尺寸超出以下规定的限制，必须遵守具体运输规则，并需警察护送。

a. 高度限制：总高度（包括装载在运输车辆上的高度）不得超过 4.5m。

b. 宽度限制：不得超过 3.4m，以确保在标准交通道路上的畅通无阻。

c. 重量限制：总重不得超过 80t，以符合道路承重和安全标准。

所有尺寸超出规定模块的运输需申请特别运输许可，并严格遵守最新政策与指导方针，以确保运输过程中的安全与合规性。

②起重和搬运

在处理大型 MEP 模块时，通常需要部署塔式起重机进行提升作业。在拥挤或空间受限的环境中，例如狭窄的走廊或紧凑的建筑现场，吊装和定位这些大型模块需进行精细的规划和执行。此过程中，必须综合考虑各种因素，包括但不限于起重路径的选择、起重设备的能力与安全性能以及周围结构的承载能力。此外，操作团队需严格遵守安全规范，确保所有操作符合当地安全法规和工程标准，从而保障作业人员及设备的安全。如图 4-9 所示为垂直立管模块的提升。

③确保获取详细且经过确认的设计方案

在商业项目中，特别是在零售空间，由于租赁变更的可能性，设计变动或细节缺失往往是不可避免的。因此，项目顾问需在项目初期就识别并标记出这些可能变更的区域。针对MEP模块，设计师应在设计阶段就纳入额外的灵活性措施，以防止后续需要进行返工。例如，在特定功能尚未最终确定之前开始制造模块的情况下，设计师应在典型走廊中的水平天花板模块预留足够空间，以便未来根据实际需要，在现场增加潜在的额外服务。这种预见性的设计方法不仅节省成本，还提高了项目的适应性和施工效率，确保能够应对租赁空间中常见的功能性变化。

④设计考虑维护便捷性

MEP模块的设计应全面考虑建筑的整个生命周期，特别是模块的可维护性。在设计阶段，应详细规划MEP系统以便于未来的维护和检修。这包括与设施管理团队合作，提前考虑如阀门的位置、可达性及未来可能的增加和变更需求。例如，应统一将阀门放置

图 4-9　垂直立管模块的提升

在容易触及的固定位置，确保在所有模块中都能轻松进行操作和维护。此外，设计顾问需确保在设计中明确包括进入模块的通道。在设计时，可考虑在主要服务通道与隔墙之间预留通道空间，以便在走廊附近的房间中方便地安装和维护服务设施。模块的结构也应优化以方便维修和部件更换，例如在MEP服务核心区域划设一个最小宽度为600mm的"红色区域"，以便维护人员可以轻松进入天花板模块两侧进行检修。如果条件允许，还可以在模块中心设置猫梯以方便上下移动。保证"红色区域"每侧的服务空间宽度足够，至少为一臂之长，确保从该区域的任一侧都可进入，这样设计不仅增强了可维护性，也提高了安全性和施工效率。

⑤材料损耗

在工程设计中，通过优化服务布局设计可以显著减少材料损耗，从而达到资源高效利用的目标。合理规划服务路由不仅有助于材料的节约，还可以降低工程总成本，提升系统运行效率。图4-10展示了一个模块内部的服务布局示意图，该布局允许工作人员方便地访问各个服务组件。这种设计考虑了设备的接口工作，以及未来的维护、维修和更换需求，从而确保了长期的可维护性和可操作性。通过提供清晰的访问通道和充足的操作空间，设计支持了有效的维护管理，减少了因不当维护引起的额外材料损耗和相关成本。

2）对不同模块类型的要求

预制机电设备（MEP）模块通常可分为三类：水平天花板模块、垂直立管模块和工厂模块。每种模块类型都有其独特的设计和功能要求，以适应其在建筑中的特定应用。为确保各类型模块的效能和安全性，设计和安装应遵循以下专业原则。

①水平天花板模块的要求

水平天花板模块设计的目标是整合尽可能多的MEP服务，以优化空间使用并简化安

图 4-10 模块内部服务布局

装过程。这种集成设计方法不仅可以提高建筑内部的功能性和施工效率，还能够减少施工过程中的复杂性和成本，从而提升整个建筑项目的整体性能和可持续性。以下是可以集成到水平天花板模块中的典型 MEP 服务。

a. 洒水系统：用于防火安全，确保符合相关防火规范。该系统的设计应考虑喷头的均匀分布和系统的快速响应能力，以最大限度地提高灭火效率。同时，洒水系统的安装应避免对其他 MEP 服务的影响，确保在紧急情况下能够独立运作。

b. 冷冻水供回水管：用于建筑的供冷系统，优化管道布局以减少热损失。这些管道的安装应考虑保温材料的运用，以及管道走向对整体空间利用的影响。此外，应采用高效节能的管道材料和保温措施，以降低长期的能源消耗。

c. 冷凝水排水管：用于空调系统，确保高效排除冷凝水。设计时，应考虑排水坡度和排水管的尺寸，以防止水汽积聚和管道堵塞。同时，排水系统的设计应便于定期清洁和维护，以保持其长期有效性。

d. 卫生排水系统：设计应便于接入和维护，减少潜在堵塞。系统应包括适当的存水弯和清洁出口，以确保排水畅通无阻。此外，排水系统的设计还应考虑到噪声和振动控制，以提高建筑的使用舒适度。

e. 管道系统：包括供水和排水管道，设计时考虑易于检修和替换。管道的材料和布局应满足长期使用的耐久性和可靠性要求。同时，应采用模块化设计，以便在需要时快速更换管道部件。

f. 城市天然气管道：考虑安全阀和紧急切断系统的集成。这些安全措施对于防止气体泄漏和确保用户安全至关重要。设计时应确保管道系统的密封性和监测系统的灵敏度，以实现实时监控和快速响应。

g. 医用气体系统（如适用）：符合医疗卫生标准和安全要求。在设计时，应特别注意气体的纯度和系统的稳定性，以满足医院等特殊场所的需求。此外，系统应具备故障报警和紧急备份功能，以保障患者的安全。

h. 电气和超低压电缆系统：包括带有线槽、托架或电缆梯的布局，通常在现场安装模块后进行电缆的抽出，以减少连接点和维护难度。这种设计有助于提高电缆管理的效率和安全性。同时，应考虑电缆的散热和电磁兼容性问题，以保障电力系统的稳定运行。

i. 空调/机械通风管道系统：设计应支持有效的空气流动，减少能耗。通风管道的布局应考虑到空气流通的最佳路径，以及系统的能效表现。此外，应采用智能控制系统，根据室内外环境变化自动调节通风量，以实现节能和舒适度的平衡。

j. 照明装置：灯具的布局应考虑均匀照明和能效。选择合适的灯具和控制系统，可以在提供充足照明的同时，实现能源的节约和环境的舒适。照明系统还应具备调光和场景控制功能，以适应不同的使用需求和环境变化。

②垂直立管模块的要求

垂直立管模块主要包括用于多种建筑服务的立管管道系统，这些系统在建筑的多个楼层中提供自来水、废水和其他管道服务。这些模块通常在工厂预装至地面水平并设计以能够有效地连接跨越多个楼层的服务。此外，立管模块通常在隔水管竖井砌块墙安装之前单独安装，这种方法提供了更大的灵活性。为了实现模块的顺利降放和安装，可以采用从建筑顶层通过预定开口将立管模块降低到隔水管井中的方法。这要求模块在设计时必须包含吊耳和支链，这些组件不仅需要支持模块的全部重量，还要确保在吊装过程中的稳定性和安全（图4-11）。

图4-11 垂直立管模块

③工厂模块要求

预制的MEP工厂模块完全预组装了控制面板，仪器安装在滑板上，用于管道连接、阀门电缆终端电源以及建筑自动化系统和火灾报警系统的接口。带有控制面板的预组装和预接线设备包括：

 a. 用于增压和输送的水泵组，包括油气罐；

 b. 消防软管卷筒泵组（含油气罐）；

 c. 真空泵组；

 d. 空压机（包括储气罐）；

 e. 冷却塔；

 f. 冷却装置；

 g. 冷冻水和冷凝水泵；

 h. 空调机组；

 i. 空气处理装置（AHU）；

 j. 风机盘管（FCU）。

两个或多个模块通过现场灵活的连接组合方式，可在机房完成整体安装。在制造阶段，所有必需的阀门、管道连接、控制面板和内部接线均可在工厂预先安装（图 4-12）。这种方法确保了系统组件的集成和质量控制，同时简化了现场安装流程。当 MEP 模块交付到现场后，承包商的主要任务是执行管道连接和电源接入。随后，系统即可进行测试和调试。与传统的现场安装方法相比，预制 MEP 模块的使用大幅缩短了现场工作时间，减少了阀门、管道和控制面板的现场组装需求。此外，这种预制方法提高了现场作业的整洁性，有效减少了材料浪费，并提升了安装过程的整体效率。工厂预制冷凝模块和泵模块如图 4-13 和图 4-14 所示。

图 4-12 装配式工厂模块在工厂装配和排列

（3）良好的行业实践——制造

1）采用良好的管理实践以提升生产效率

为确保高效且标准化的生产流程，制造每个 MEP 模块前，必须准备详尽的制造图纸。完成生产后，应在每个模块上附加制造图纸和相应的服务标签，这不仅为现场安装提供指导，也作为行业内的质量参考。此外，引入射频识别条形码系统可有效跟踪每个模块的状态，从而简化现场管理和安装过程。生产和人力资源计划也是提高工厂生产效率的关

第 4 章　基于 DfMA 的轨道交通机电系统设计案例分析

图 4-13　预制冷凝模块

图 4-14　预制泵模块

键。采用自动化技术和机械化设备，例如机器人焊接设备和数控管材切割机，可以显著提升生产效率并减少对人工的依赖。这些技术不仅加速生产过程，还有助于提高制造精度和减少人为错误，确保制造出的模块在质量和性能上都能满足严格的工业标准（图 4-15）。

2）确保质量控制

质量控制是 MEP 生产过程中的关键环节。制定一个详细的检验测试计划（ITP）是至关重要的，该计划应由预制商制定，并由 MEP 行业的专家及顾问审核和认可，以确保其适应性和充分性，满足项目的具体要求。

图 4-15 MEP 模块工厂的生产

对于各个服务和支持系统的测试与检查，如模块的钢架结构，必须严格遵循相关的技术规范和实践标准进行。这包括但不限于材料的合规性检查、管道系统的压力测试、管道系统的气密性测试以及冷凝水排水管的性能验证。此外，所有模块在离开工厂前应进行工厂验收测试（FAT），由工程师代表进行现场测试，以确认每个模块是否符合预定的性能标准。若发现任何模块未能达到性能要求，必须在交付前进行必要的整改。在进入大规模生产之前，建议制造并测试一个初始模块，以供合格专业人员（QP）进行彻底检查和批准。这一步骤不仅有助于确保产品质量，还能在生产早期发现潜在的设计或制造问题，从而降低后期的风险和成本。

3）在交付到现场前，正确对齐 MEP 模块

为了确保 MEP 模块在现场的安装顺利进行，非常关键的一步是在模块离开工厂前进行严格的对齐检查。在生产过程中，应使用精确的模板或专用夹具来排列每个模块，这些工具有助于验证模块间的对接精度和整体对齐情况。

这种对齐检查不仅涉及模块的物理尺寸和位置的核对，还包括预先配置的接口（如管道接口、电缆预留口等）是否符合设计标准。正确的对齐确保了模块间的无缝连接，减少了现场安装时需要进行的调整和修改，从而优化了整体安装效率和减少了潜在的构造问题。

4）保护 MEP 模块免受天气因素的影响

确保预制 MEP 模块在运输和存储过程中免受天气因素影响是至关重要的，特别是对

于敏感的电气组件和金属结构而言，适当的保护措施可以防止腐蚀和避免其他天气相关的损害。为此，所有模块在离开工厂前可以采用收缩包装、覆盖防水布、持续遮蔽存储等保护措施。

5) 方便运输和安装的设计

为了简化预制 MEP 模块的运输和搬运过程，可考虑在模块设计初期引入便于移动的解决方案。例如，模块可以预装可拆卸脚轮，这些脚轮在模块到达安装地点后可以轻松拆除；此外，使用托盘千斤顶和叉车等搬运设备，可以在工厂和现场轻松地操纵和提升模块，从而提高搬运效率和安全性（图 4-16）。

图 4-16　托盘千斤顶（左）和叉车（右）

在工程设计和执行阶段，预制件制造商和建筑者应进行紧密合作，以确保 MEP 模块能够顺利集成进工程项目的具体环境中。例如，在有限的空间中安装模块时，可以考虑将部分建筑结构，如隔墙，预先与 MEP 模块集成，以减少现场安装所需的时间和劳动力（图 4-17）。这种集成方法不仅优化了安装过程，也有助于提高整体结构的稳定性和性能。

图 4-17　与隔墙集成的水平天花板模块

6) 模块的交付情况参考检查清单

为确保预制 MEP 模块交付到现场时符合所有规定的标准和质量要求，必须使用详细的检查清单进行系统性的验证。此检查清单将涵盖所有关键的检验项目，从物理完整性到功能测试，确保每个模块都处于最佳状态，以减少现场安装的工期延误现象的产生和成本。检查清单应包括但不限于结构完整性、组件完整性、表面处理、功能测试和保护措施等方面。

（4）良好的行业规范——安装

1）采用准时制（JIT）概念

采用准时制（JIT）供货策略，根据施工顺序精准交付，有效减少工厂拥堵并避免对现场模块的损害，是确保项目顺利进行的关键。此外，利用BIM技术模拟实际的现场安装过程，可以预先识别潜在的接入路径问题，从而提前进行必要的调整。项目的顺利执行依赖于现场与工厂之间的密切协调，这种协调确保了模块按时供应，极大地减少了因模块缺失可能导致的项目停机时间。

2）提前制定物流计划

在预制模块的施工过程中，制定周密的物流计划至关重要，以确保所有组件平稳、安全地运输和安装。该计划应详细说明现场起重、安装及存储（如适用）的具体方法，并进行全面的风险评估。这需要建造商提供关键的物流信息，包括起重机的承载能力、每层建筑中模块着陆接入平台的可用性、模块从起始点到安装位置的具体运输路线以及可能影响运输和安装的其他物流约束条件。此外，对于体积庞大或重量超大的模块，如大型泵橇等，其交付和安装计划应事先作好充分的安排。这包括评估运输路径的可行性、确定特殊设备的需求以及预演可能的安装挑战，确保所有操作都在安全和可控的条件中进行。

3）对交付到现场的模块进行目视检查

在模块被移动到其预定安装位置之前，应由负责的工程师或其授权代表进行这一检查。这一检查的主要目的是确认模块在运输过程中未受到任何损害，确保不存在任何结构性或表面性的缺陷，如裂缝、变形、腐蚀或其他潜在影响模块性能和安全的问题。目视检查还应包括检查所有预安装的组件和装置是否能牢固安全地安装，并确保所有连接点未松动。这一过程不仅帮助识别在运输中可能出现的问题，还有助于确保后续模块安装的顺利进行，从而降低安装错误或延误的风险，确保项目按计划推进。此项检查应详细记录，并作为项目文档的一部分，以备未来参考和质量追溯。

4）标记并设置模块的位置

依照BIM图纸的指导，应使用高精度的激光标记设备在指定的平板拱顶或支撑柱上精确地标注模块上的支撑杆位置。这种技术确保了安装过程中模块的准确对齐，以及模块框架孔和支撑杆之间的正确连接。激光标记设备用于各种工业应用，包括精确地标记部件位置、刻录信息到材料上或用于制造过程中的质量控制。这些设备通常使用不同类型的激光源，如光纤激光、$CO_2$激光或Nd激光，来适应不同材料和需求（图4-18）。激光标记不仅提高了安装的精确性，还显著减少了因位置误差导致的重复工作和潜在的结构问题。确保每个模块都根据设计规范精确放置，有助于实现整体结构的稳定性和持久性，同时也优化了工程时间表和预算控制。此外，通过使用BIM图纸和激光标记设备的结合，施工团队能够更有效地预测和解决可能的安装挑战，确保项目按照高标准顺利完成。

5）安装和连接模块和电源

为确保MEP模块的正确安装与电源连接，安装工作应由充分了解模块连接细节的技术人员执行。这些工人应接受专门的MEP模块安装培训，以精通各种技术和操作标准。

第 4 章 基于 DfMA 的轨道交通机电系统设计案例分析

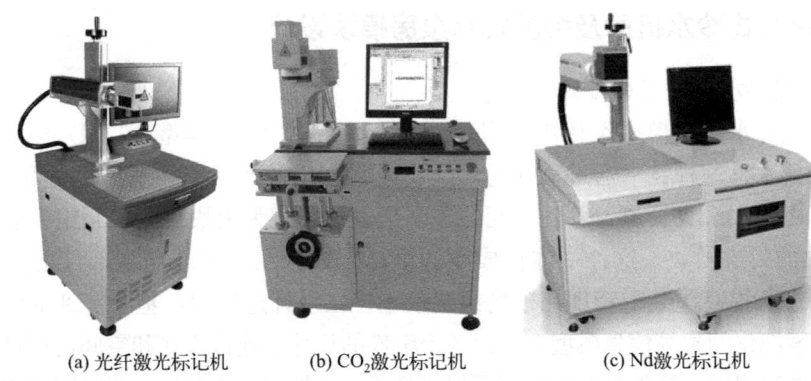

(a) 光纤激光标记机　　(b) $CO_2$ 激光标记机　　(c) Nd 激光标记机

图 4-18　激光标记设备

培训内容应包括模块的机械和电气接口细节、正确的安装程序、安全操作规程以及紧急响应措施。安装团队还需熟悉模块的设计和功能，以确保所有的连接都按照设计要求进行，并符合现行的建筑和电气行业标准。通过这种专业化的安装过程，可以最大限度地减少安装错误，确保系统的长期运行效率和安全性。此外，建议安装过程中进行持续的质量检查和测试，以验证安装的正确性并确保系统整体性能符合预期。如图 4-19 所示为 MEP 模块安装工作现场。

图 4-19　MEP 模块安装工作现场

6）测试和调试

为确保 MEP 系统的性能符合设计规范及操作要求，必须制定详细的测试和调试计划。该计划应包括所有必要的步骤和程序，并由具备相应资格的专业人员或其授权代表负责监督实施。此外，对于管道系统，应进行全系统的压力试验和气密性试验以确保其在实际运行条件下的稳定性和安全性。调试过程中，可按不同区域分阶段进行，这有助于系统地检查和优化每个区域的性能。当建筑的结构封闭完成后，应进行全系统调试，这是检验系统整体功能与协调性的关键步骤。在此阶段，所有系统组件应整合并测试，以确保在实际操作中能够达到预期的工作效率和安全标准。

### 4.1.2 装配式冷水机房及装配式水泵房模块设计

**1. 装配式冷水机房模块设计**

在装配式冷水机房模块设计中，采用了基于高精度BIM模型（LOD400）的DfMA模块化设计技术。这种技术通过精准的三维建模，综合考虑施工场地的运输和安装条件，将冷水机房内的水泵、管道、管件、阀门等多个设备集成为模块化的水泵组，通常设计为2~3组水泵的集成模块。这种一体化成型的设计方式旨在减少现场零部件的数量，优化设备布局，显著提高了装配精度和现场组装效率。在设计过程中，基于LOD400的BIM模型提供了高度细化的建筑信息模型，使得各个组件的尺寸、连接方式和空间占用都能够在设计阶段得到精确规划。这种高精度模型不仅提高了预制加工的准确性，还能够提前模拟模块的安装过程，确保设备在运输和现场安装时的顺利进行。装配式水泵模块设计通过标准化的预制和工厂化生产，减少了现场施工中的组装复杂性，并有效降低了人工成本和出错率。模块化水泵组的集成设计进一步提高了施工效率，减少了施工工期，同时确保了整体系统的稳定性和可靠性。通过模块化设计，现场的组装工作主要集中在模块的拼接与连接上，简化了管道系统的安装步骤，并减少了现场的交叉施工和人为干预。该装配式冷水机房模块设计方案不仅符合现代建筑的高效施工需求，还显著提升了机电系统的标准化和可操作性，确保了模块组装在狭小或复杂施工环境下的顺利实施。单个水泵模块设计见图4-20。

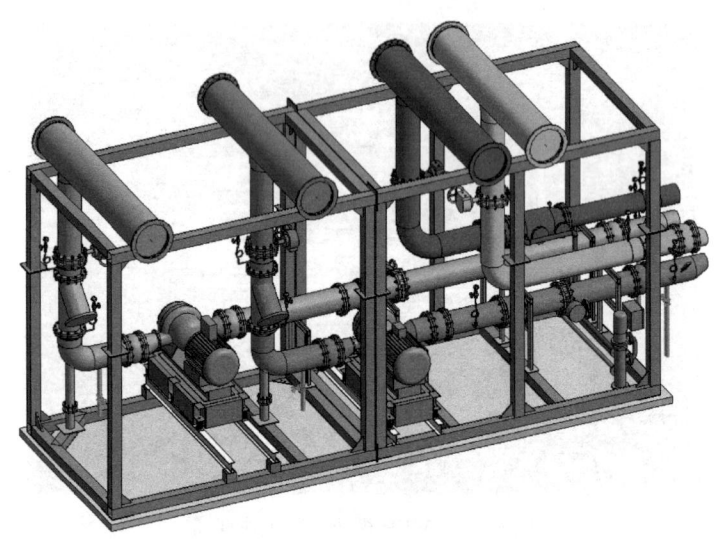

图4-20 单个水泵模块设计

**2. 装配式水泵房模块设计**

装配式水泵房模块设计是基于BIM技术，通过一体化设计和工厂预制的方式，将泵房内的阀门、管道、管件以及小型设备集成为标准化的模块化系统。在设计阶段，BIM技术被用于创建高精度的三维模型，确保每个阀门、管道和管件的尺寸、位置和连接方式都精确匹配。通过这一数字化工具，设计团队能够在虚拟环境中提前优化设备布局，避免潜在的空间冲突问题，确保各组件能够顺利集成到模块中。完成一体化设计后，泵房内的各模块在工厂内进行标准化预制。工厂预制的优势在于能够在受控环境下进行高精度制造，减少了现场组装过程中的误差和复杂性。预制模块包括阀门、管道、管件和其他小型设备，这些模块被设计为便于运输和快速安装的标准单元。当模块运抵施工现场后，施工人员只需将这些预制的模块与主设备和支管进行连接即可，大幅减少了传统现场施工中需要进行的管道切割、焊接、组装等工序，降低了安装难度和现场出错率。装配式水泵房模块的设计图如图 4-21 所示。

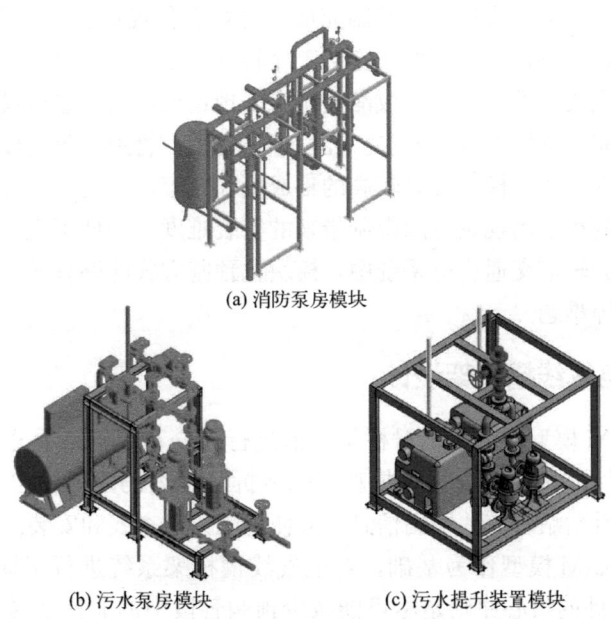

(a) 消防泵房模块

(b) 污水泵房模块　　(c) 污水提升装置模块

图 4-21　装配式水泵房模块

## 4.1.3　暖通设备预制模组设计

### 1. 装配式风机模组设计

装配式风机模组设计通过一体化集成，将风机、高温软接头、天圆地方接头及与之相连的一段风管和风阀设计为一个完整的模块。设计过程中，模块的支架选择至关重要。支架规格需根据风机模组的实际负荷进行合理选型，确保其能够承受风机、管道及附属设备的重量，同时具备足够的抗震性能。风机模组的一体化设计使得该模块能够在工厂内完成预制，从而减少现场施工的复杂性。在工厂预制过程中，所有部件都根据统一标准进行组装和调试，确保产品的质量一致性。这种预制方式不仅缩短了现场安装时间，还显著提高了施工效率，减少了传统现场加工、调试过程中常见的问题。此外，风机模组的抗震性能在设计中也得到了特别

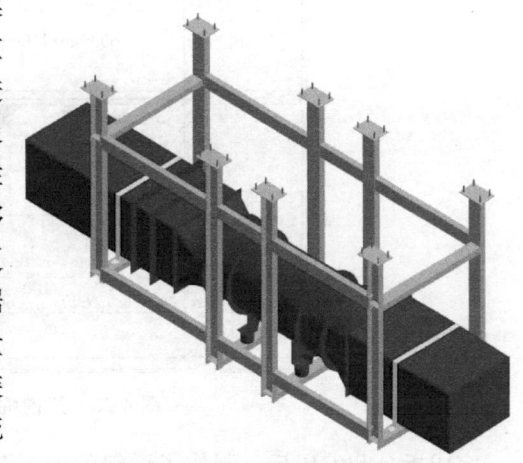

图 4-22　装配式风机模组设计

考虑。通过模块化设计，可以使得风机和其他相关设备的连接更加牢固，进一步提高了系统的抗震等级，确保其在恶劣条件下的稳定性和可靠性。装配式风机模组设计如图4-22所示。

**2. 组合风柜管道阀门组模块设计**

组合风柜管道阀门组模块设计是基于一体化设计理念，将风柜的管道、阀门以及相关管件集成为标准化模块，并通过工厂预制完成，旨在简化现场施工流程，提升安装效率。通过这种模块化设计，将传统的分散式安装工序转移到工厂内完成，确保各部件在标准化条件下精确组装。完成后的模块作为成品运至施工现场后，只需进行模块与主设备及支管的快速连接，即可完成整体系统的安装。在设计过程中，管道、阀门以及相关管件的排列与布局经过精密规划，确保模块具有较高的集成度和兼容性。这一设计不仅优化了风柜系统的管道配置，还减小了因现场空间限制带来的安装难度，降低了交叉施工的复杂性。尤其在管道配置复杂的轨道交通机电系统中，模块化预制方式能够有效解决现场作业空间狭窄、管道布置密集等难题。

## 4.1.4 装配式电气线槽桥架设计

基于稳定的BIM模型，分系统对桥架线槽进行拆分和编码。拆分的原则为尽可能减少预制管段的异形件，从而减少材料损耗。完成拆分和编码之后输出加工图册和预制清单，工厂制作好之后粘贴对应的编码信息，方便施工人员查找和安装。

再利用稳定的BIM模型作为基础，对电气线槽桥架系统进行了详细的拆分和编码，如图4-23所示。设计的核心原则是尽可能减少预制管段中的非标准件，以此来降低材料浪费并优化资源使用。图4-23展示了桥架的细节尺寸和排布，其中桥架分布均匀，每段宽600mm，高150mm，确保了设计的一致性和模块化的可行性。

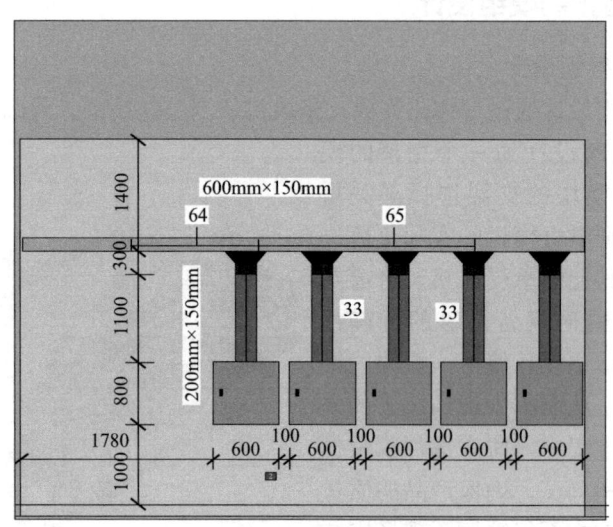

图4-23 线槽桥架拆分和编码

完成拆分和编码后，制作了详细的加工图册和预制清单。为保证施工的便利性和效率，所有桥架组件均在工厂进行预制加工，并在每个组件上标注了相应的编码信息，这有助于施工人员在现场快速准确地识别和安装各个部件。此外，整个桥架的预制流程通过减少现场加工需求，显著缩短了施工周期，提高了工程效率。图 4-23 不仅详细地说明了每个部件的尺寸和位置，还为施工团队提供了清晰的视觉参考，确保每一步施工的精准执行。通过这种方法，旨在提升整个项目的结构施工效率和质量管理水平。

### 4.1.5 综合支架散件组装模块设计

本节介绍了基于高精度（LOD400）的 BIM 模型进行综合支架散件的模块设计过程。如图 4-24 所示为三维视图展示了预设计的支架布局，如图 4-25 所示详细列出了每套支架的组成部件和工程量清单，确保设计的精确实施。在设计阶段，所有的支架系统均进行归类和编码，确保每个组件都可以被精确追踪和管理。这种方法不仅优化了资源配置，还大大提高了施工的效率和质量。综合支架的工程量清单详细列出了每套支架的具体组成和数量，包括所需的型号、尺寸及材料规格，使得制作和装配过程更为系统化。

图 4-24　预设计支架布局

在装配式工厂，每套支架的组件均按照清单要求进行精确切割和包装。这种预制化的生产方式不仅减少了现场施工的复杂性，也极大地缩短了项目的整体施工周期。通过精确的工厂加工，确保每个支架部件都能符合设计规范，从而在现场快速、高效地组装。

### 4.1.6 解决预制构件公差与接口技术

在 MEP-DfMA 模块装配方案中，针对模块安装时可能出现的结构不平整、预制构件之间的精度问题，研发了新的成品支架。这些支架可使模块调节 50～100mm 的偏差，有效规避结构偏差、预制构件组装精度不准、钻孔遇到钢筋等问题。同时，方案还预留了后加工模块，用于消除系统上的累计偏差。

如图 4-26 所示，该成品支架采用模块化设计，可在现场根据实际情况进行快速调整，从而确保整体结构的精确对接和稳固安装。在 DfMA 设计过程中，特别预留了 1～2 个后加工模块以消除安装的累计误差。这些后加工模块在其他模块安装完成后，根据现场测量数据进行精确加工，从而确保整个系统的精确安装。

支架

| 序号 | 专业 | 安装位置 | 支架图纸编号 | 支架组成明细 | 单位 | 数量 | 同规格支架套数 |
|---|---|---|---|---|---|---|---|
| 1 | 风管、水管 | 站厅层A1-B9轴 | F3ZJ-03 | 槽钢 YC-2.5mm×41mm×41mm 6m HDG | 米 | 1.15 | 2 |
|  |  |  |  | 槽钢 YC-2.5mm×41mm×41mm 6m HDG | 米 | 1.2 |  |
|  |  |  |  | 槽钢 YC-2.75mm×41mm×62mm 6m HDG | 米 | 0.8 |  |
|  |  |  |  | 槽钢 YC-2.5mm×41mm×41mm 6m HDG | 米 | 0.8 |  |
|  |  |  |  | 槽钢 YC-2.5mm×41mm×41mm 6m HDG | 米 | 0.8 |  |
|  |  |  |  | 槽钢 YC-2.5mm×41mm×41mm 6m HDG | 米 | 0.8 |  |
|  |  |  |  | P形标准管束 YCPA-RC165.1 HDG | 个 | 1 |  |
|  |  |  |  | P形标准管束 YCPA-RC33.4 HDG | 个 | 2 |  |
|  |  |  |  | 管束扣垫 YCA-M8-B | 个 | 6 |  |
|  |  |  |  | 90°角连接件 YCW-2 | 个 | 6 |  |
|  |  |  |  | 槽钢底座 YCP-21-72 HDG | 个 | 2 |  |
| 2 | 风管、水管 | 站厅层A1-B9轴 | F3ZJ-04 | 槽钢 YC-2.5mm×41mm×41mm 6m HDG | 米 | 1.1 | 4 |
|  |  |  |  | 槽钢 YC-2.5mm×41mm×41mm 6m HDG | 米 | 1.1 |  |
|  |  |  |  | 槽钢 YC-2.75mm×41mm×62mm 7m HDG | 米 | 1.2 |  |
|  |  |  |  | 槽钢 YC-2.5mm×41mm×41mm 6m HDG | 米 | 1.2 |  |
|  |  |  |  | 槽钢 YC-2.5mm×41mm×41mm 6m HDG | 米 | 1.2 |  |
|  |  |  |  | 槽钢 YC-2.5mm×41mm×41mm 6m HDG | 米 | 1.2 |  |
|  |  |  |  | P形标准管束 YCPA-RC165.2 HDG | 个 | 2 |  |
|  |  |  |  | P形标准管束 YCPA-RC33.5 HDG | 个 | 2 |  |
|  |  |  |  | 管束扣垫 YCA-M9-B | 个 | 6 |  |
|  |  |  |  | 90°角连接件 YCW-3 | 个 | 6 |  |
|  |  |  |  | 槽钢底座 YCP-21-73 HDG | 个 | 2 |  |

图 4-25 支架清单和编码

### 4.1.7 操作空间预留方案

在轨道交通车站的项目设计中，有效的操作空间预留是确保系统整体功能和效率的关键。综合管线优化的目标效果应达到：路径流畅、便于安装、减少变更、提高效率、满足工艺、易于检修维护、节约空间、整齐美观，同时满足相关规范标准和要求。在设计中，必须考虑到车站内部空间狭小、系统众多、专业分化明显及管道密集的特点，这些因素常常限制了额外空间的预留，从而对施工和后期运营维护带来不利影响。

为了应对这一挑战，建议重点关注操作空间的预留问题，并考虑采用合并桥架、线槽以及调整非消防风管安装路径的策略。这样的合并优化不仅有助于减少所需空间，还能简化安装过程，降低成本并增加维护时的可访问性。此外，通过精确测量和调整，确保所有管线和设备安装后符合相关规范和标准，进一步保障了系统的安全性和可靠性。如图 4-27 和图 4-28 所示为轨道交通车站中的管线和线槽合并优化方案。这种合并策略旨在最大化空间

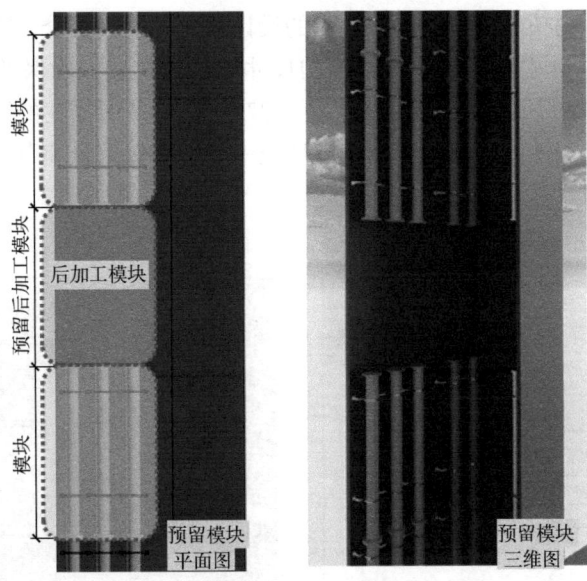

图 4-26 后加工模块

效率,确保安装与维护的便捷性,同时也符合美观和系统整合的需求。

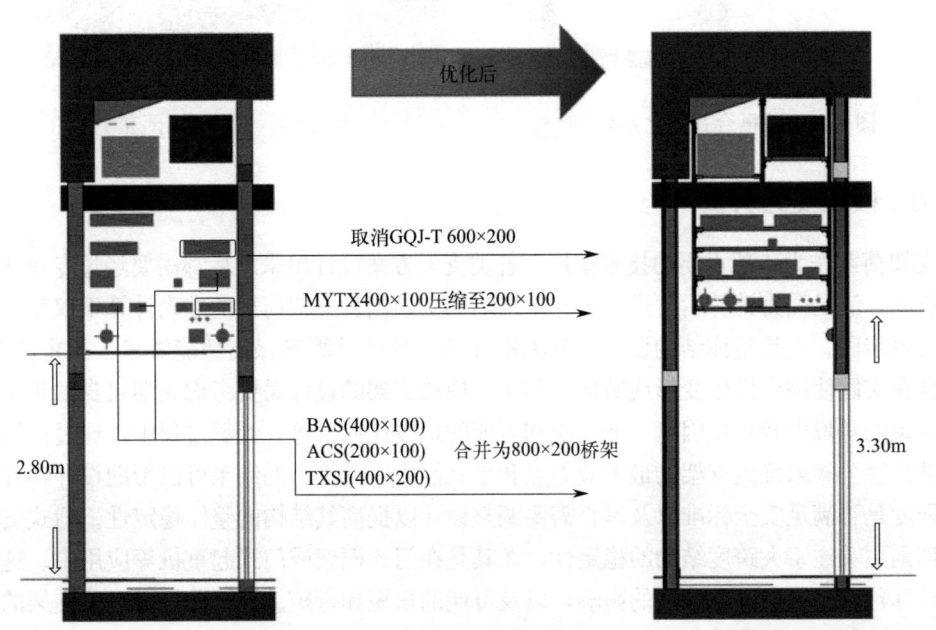

图 4-27 管线合并优化方案

其中,图 4-27 详细描绘了如何在车站的垂直和水平管线布局中实现合并。在图 4-27 中,不同类型的管线,如电缆、通风管和其他服务设施,通过精心设计的桥架和线槽系统进行有序布置。通过调整各管线的路由,使得它们在结构上彼此靠近但又保持必要的隔离,以满足安全和功能要求。这种布局优化不仅提升了空间使用效率,还简化了管线的安装过程,减少了材料使用并降低了施工成本。图 4-28 则更具体地展示了线槽内部的节点合并细节。在此图中,可以看到多个线槽在特定的节点处合并,这种设计允许在有限的空间内同时容纳多条不同功能的线路。合并点的设计兼顾了电气安全、维护的便捷以及未来系统的扩展性。图 4-28 中也标注了各线槽的尺寸和具体位置，确保了设计的精确性和实施的规范性。如图 4-29 所示为实际应用了图 4-27 和图 4-28 所描述的线槽和管线合并优化方案的三维效果图和实体图，展示了在实际环境中如何有效整合和布置电缆槽及其他服务设施以提升空间利用效率和维护便利性。

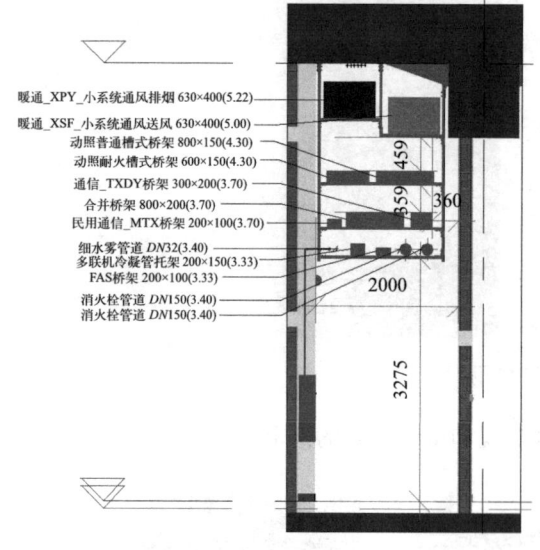

图 4-28　线槽合并优化方案　　　　图 4-29　三维效果图和实体图

## 4.1.8　模块受力计算

支架荷载作为一项重要的技术指标，各类支架方案设计出来之后都需要经过专业计算和支架选型，满足受力计算后才进行下一步出图加工预制。支架荷载的准确计算不仅是支架设计的必要步骤，也是整体结构设计中的关键环节。这些计算确保支架能够承受预定的荷载，而不会在实际使用中发生变形或破坏。其中，模块支架的设计需要考虑支架自身的重量、所承载设备的重量以及环境因素（如风压和可能的地震作用）等。计算过程中，通过使用软件或标准计算公式来确定支架的最大应力点和承载能力。计算出的结果可以帮助设计师评估结构的强度是否满足安全标准以及是否需要调整设计以提高其结构的整体稳定性。门式支架受力计算则更关注于大跨度结构的稳定性，尤其是在门式框架或门式起重机等应用中。这种类型的计算包括了横向和纵向力的影响，以及可能的扭矩和弯矩。计算分析会涵盖支架的整体和局部稳定性，确保设计可以抵抗各种可能的荷载情况，包括静荷载和动荷载。

在进行这些复杂的受力计算时，通常需要使用高级工程软件，如有限元分析工具，这些工具能提供精确的数据以支持设计决策。计算的结果将直接影响支架的材料选择、尺寸设计、连接件的规格以及最终的加工制造工艺。正确的受力分析和计算保证了支架系统在安装后能够安全稳定地运行，且能满足长期使用中的可靠性要求。最终，支架的设计和计算完成后，相关的详细图纸和加工预制文件将被制作出来，以供施工团队使用。这个过程确保了每一步从理论计算到实际应用的准确性和高效性，是现代工程设计中不可或缺的一环。通过这些细致的计算和设计，工程团队能够在保证结构安全的同时，优化材料使用和成本效率，提升整体项目的质量和性能。

### 4.1.9 图纸制作

加工图纸制作时各项工艺信息需要齐全，需要有视图详细参数，各预制构件的图纸还需要有该预制构件工程量。

图纸包含了多个视角的视图，如正视图、侧视图和俯视图，以便于全面理解模块的三维结构。此外，图纸还应标注关键尺寸和公差要求，以确保制造的精确性。通过这些详尽的视图和参数，施工人员可以准确地了解模块的组装方式和安装位置。图纸中的符号和注释有助于识别不同的设备和管线类型，而颜色编码则增强了视觉上的区分度。此外，图纸还包括了必要的工程量和材料清单，这对于成本估算和采购计划至关重要。在制作这类图纸时，必须确保所有的信息都是完整且准确的，从尺寸到材料规格，再到组装细节，每一项都需详尽无遗。这些图纸通常由专业的工程师使用高级 CAD 软件制作，以确保高精度和图纸间的一致性。通过这种方式，施工团队可以清晰地理解设计意图，有效地执行每一个建造步骤，确保最终结构的稳固性和功能性。

## 4.2 基于 DfMA 的轨道交通机电工程模块化制造技术要点

模块化制造不仅能够提高生产效率，还能确保各个组件的质量和精度，减少现场施工的复杂性。接下来，我们将详细讨论在实际制造过程中，如何运用 DfMA 理念来指导模块的设计、生产和组装，确保每一环节都能与整体设计目标相契合，从而实现高效、低成本的工程实施。

### 4.2.1 单层模块、多层模块及部品部件模块的制造

在轨道交通机电工程中，模块化制造技术涵盖了从单层模块到多层模块，以及部品部件模块的全方位生产。以下将分别阐述这些模块的具体制造方法和技术要求。

#### 4.2.1.1 单层模块和多层模块的制造

单层模块制造通常涉及简单的结构布局，主要用于生产较小或较简单的建筑和工程组件。这类模块一般包括单一层次的结构元素，如预制的房间或设备支架。系统安装也比较直接，通常只涉及基本的电气和管道系统。多层模块的制造过程是一个复杂而精细的工程，涉及从初步设计到最终出库的一系列步骤。该过程的主要目的是确保各模块按照严格的工业标准进行制造，以满足高效和安全的轨道交通需求。多层模块的加工流程包括：模块支架定位→模块支架组装→各系统管道安装→安装万向轮→模块测试→模块成品保护→模块出库。加工过程严格按照设计图纸、标准和规范执行（图 4-30）。

（1）模块支架定位

这是模块化制造的初步且关键的步骤，其目的是在制造场地内根据设计图纸和规范精确地定位模块支架。这一阶段的成功执行是确保模块正确组装的基础。采用高精度的测量设备，如激光测距仪或电子水平仪，进行支架位置的精确定位，确保后续步骤的准确性和模块的对接无误。

（2）模块支架组装

在精确定位后，接下来是模块支架的组装。这一步骤要求使用高强度的连接件和先进

图 4-30　多层模块加工

的焊接技术。每一个连接点都需要经过严格检验，确保支架的稳固性和耐久性，以承受日常使用和特定环境因素（如振动和温差）带来的影响。

（3）各系统管道安装

支架组装完成后，根据设计要求开始安装水、电、通风等系统的管道。此阶段必须严格遵守技术规范，确保所有管道系统不仅符合安全标准，还要考虑未来的维护和检修的便利性。同时，应用密封技术和防腐处理保证管道系统的长期稳定性和安全性。

（4）安装万向轮

为使模块在工厂内部移动方便，在模块底部安装万向轮。选择适当的万向轮型号，确保它们具有足够的承载能力和适应性，可以在不同的地面条件下移动，且不影响结构的完整性。模块就位后再把万向轮拆除。万向轮安装及模块装车见图 4-31。

图 4-31　万向轮安装及模块装车

（5）模块测试

所有系统安装完毕后，进行综合测试，这包括电气安全测试、管道压力测试和系统功能测试。这些测试确保每个模块在离开工厂前都能满足所有操作和安全规范。测试结果需要记录并审核，以便于出现问题时能追溯和纠正。

（6）模块成品保护

测试合格后，进行必要的表面处理和包装，以防止在储存和运输过程中产生的损害。这些保护措施可能包括涂层、缠绕防护膜或使用防振材料等，确保模块在运达安装现场前保持完好无损。

（7）模块出库

最后，经过所有制造和测试流程的模块正式出库，准备运送到安装现场。出库过程中应进行彻底的检查，确保所有模块配件齐全，并有合理的物流和运输计划，以防止在运输过程中产生任何形式的损坏。

#### 4.2.1.2 部品部件模块制造

部品部件模块制造是一些单专业散件预制，模块的开料应使用数控设备、机械设备，保证预制构件的精准度，减少材料损耗。

（1）部品部件模块——装配式风管加工步骤

风管自动排版→数控开料→组装→粘贴标签码→成品检测→出库，如图4-32～图4-34所示。

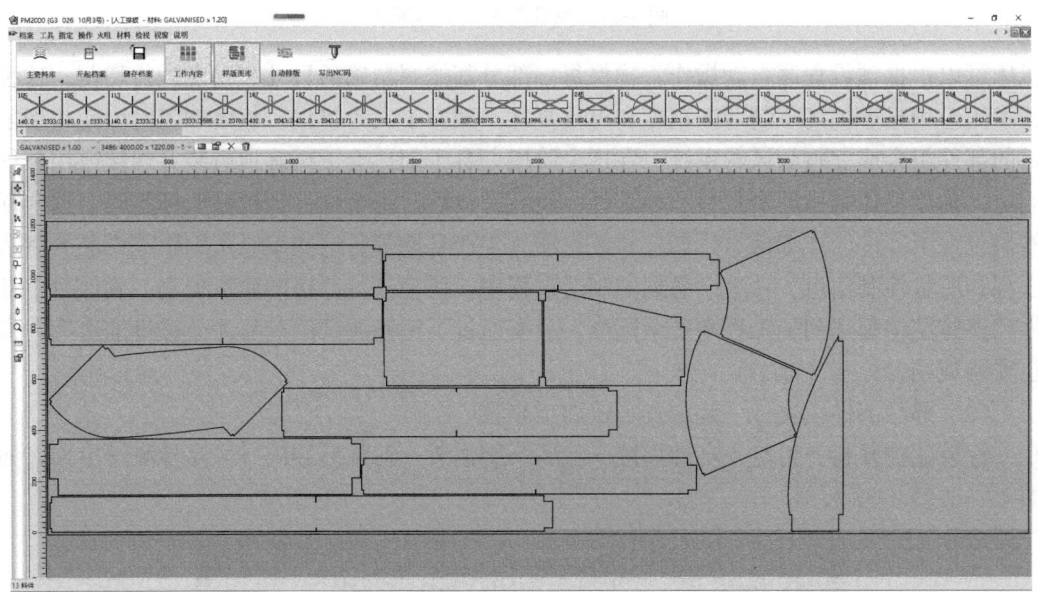

图 4-32　风管自动排版

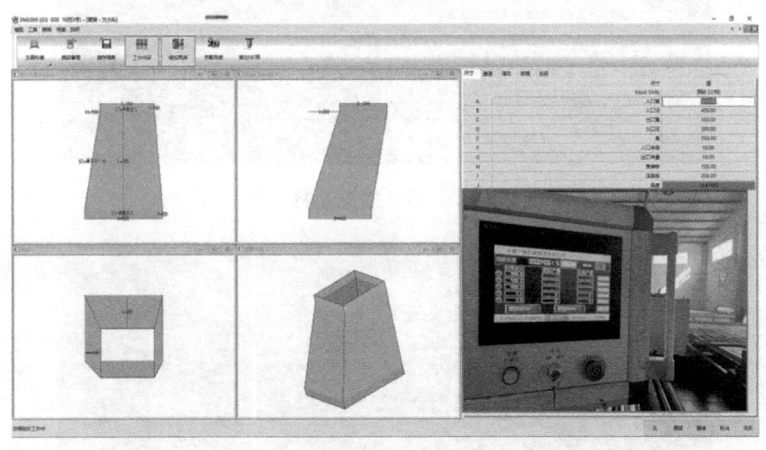

图 4-33　风管数控开料

其中，自动排版是制造过程的第一步，涉及使用专门的软件工具来优化风管部件的布局。自动排版软件可以根据风管的尺寸和形状要求，智能地安排每一片材料的切割图案，以最小化材料剩余。这不仅加快了生产速度，还降低了成本。数控开料是风管制造中的关键技术环节。在这一步骤中，根据自动排版后的设计，使用数控机床精准切割材料。数控

图 4-34 风管组装加工与编码

机床可以根据预设程序自动操作,确保每一部分都按照精确的尺寸和角度进行切割。这种技术的应用显著提高了制造的精度和可重复性,减少了人为错误。组装加工阶段是将切割好的部件组合成完整的风管系统。在这个阶段,各个部件会被精确地组装并焊接或用螺栓固定,确保整体结构的密封性和稳定性。组装完成后,每个部件会被贴上标签码,这些标签码包含了部件的详细信息,如尺寸、材质、生产日期等。这些编码帮助跟踪产品的制造过程和质量控制信息。在这一系列的制造过程中,还会进行严格的质量检测,确保每个部件和整体结构都达到了工程和安全标准。只有通过了这些测试的产品才会被批准出库,发往安装现场。

(2)部品部件模块——装配式管道加工步骤

管道数控开料→组对→自动焊接→除锈→刷油漆→粘贴标签码→成品检测→出库,如图 4-35~图 4-37 所示。

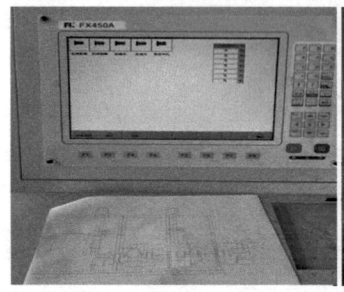

图 4-35 数控开料

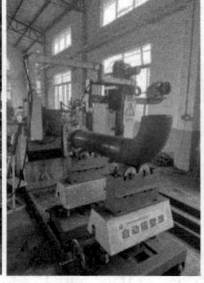

图 4-36 管道组对和管道自动焊接

管道数控开料是管道制造过程中的起始阶段,采用高精度的数控机械来进行管材的切割。通过预设的计算机程序,数控机床能够以极高的精确度按照设计参数切割管材,确保

图 4-37　管道粘贴标签码和出库

切口平整而且端面垂直于管轴线。此阶段的精确度是关键，误差范围控制在外径的 1.0%，最大不超过 2mm，这对于后续的装配和焊接工作至关重要。焊接完成后，管道表面的清洁和除锈是必不可少的步骤，以保证油漆和防腐处理的附着力。使用机械打磨或化学处理的方法除去焊缝和管体上的氧化物和杂质。对清洁的管道进行油漆或其他防腐涂层的涂刷，以防止未来的腐蚀和提高管道的耐久性。涂层的选择应根据管道的使用环境和介质类型来决定，确保长期的防护效果。

## 4.2.2　装配式冷水机房模块及装配式水泵房模块制造

装配式冷水机房模块的制造过程是一系列精细且系统化的工序组合，旨在确保最终产品的质量、功能性和耐久性。加工流程为：管道数控切割→管道组对→管道自动焊接→管道除锈→管道防腐→模块框架制作（此工序可在组对过程同步进行）→模块组装→管道测试→管道粘贴标签→成品包装→出库。加工流程见图 4-38～图 4-40。

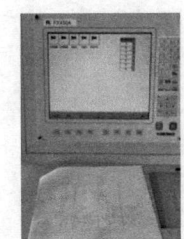

图 4-38　管道数控切割与管道组对

图 4-39　自动焊接与管道除锈

工厂化生产的数控切割技术，具有切割效率高、切割精度高和材料损耗少的优点。自动摇臂焊技术焊接效率高、焊缝质量好。组对台组对能有效地避免预制管段的螺栓孔不对称问题，提高装配精度，实现现场快速简便安装。装配式冷水机房模块通过工厂化生产，提前把施工现场工序放到工厂，不受施工现场进度和环境影响有序地加工，预制成品运输到现场可直接投入施工，按照轨道交通标准车站机房的规模，安装周期由传统安装工艺的30天大幅度缩短至5天。

图 4-40　出库

装配式水泵房模块的生产同样在工厂完成，通过机械化加工预制，加工流程为：按照图纸开料→模块框架制作→管道压槽组对→管道除锈→管道防腐→模块组装→管道测试→出库。加工过程见图 4-41。

(a) 模块框架制作　　　　　　(b) 管道压槽与防腐　　　　　(c) 模块组装

图 4-41　装配式水泵房模块加工过程

## 4.2.3　暖通设备预制模组制造

装配式风机模组加工步骤：开料→模块框架制作→风机安装→天圆地方安装→高温软接安装→风管、风阀段安装→测试→出库。风机、高温软接、天圆地方、风管、风阀预制时要严格按照规范要求执行。预制好的模块两端需要做好密封防异物措施，避免损伤风机叶片。其中，在开料阶段，选择合适的金属材料是关键。通常，风机模组使用的材料需具备良好的机械性能、耐腐蚀性和可加工性，例如，不锈钢或铝合金因其轻质、耐腐蚀的特性而被广泛使用。开料过程中，采用激光切割、等离子切割等高精度切割技术，以确保材料边缘的光滑和尺寸的精确。模块框架的制作则涉及结构工程的原理，包括力学分析和材料力学性能的应用。框架的设计需考虑风机运行时的振动、噪声控制以及承重问题。通过有限元分析

(FEA)等手段，可以在设计阶段模拟框架的受力情况，优化结构设计。风机安装是整个模组的核心环节。选择合适的风机类型（如轴流风机、离心风机等）和规格，需根据空气动力学原理和实际使用需求来确定。安装时，风机位置的准确性直接影响气流效率和噪声水平。隔振装置的安装是为了减少风机运行时产生的振动，保护建筑结构不受损害。隔振材料和技术选择需基于振动学的相关知识，考虑到频率、阻尼和振幅等因素。高温软接的安装则涉及热力学和材料学的知识。高温软接材料需耐受风机运行时可能产生的高温，同时保持足够的柔韧性和密封性。风管和风阀段的安装要求对流体力学有深入理解，以确保气流顺畅，减少压力损失。此外，风阀的精确控制对于调节空气流量和改善室内空气质量至关重要。在测试阶段，不仅需要对风机模组进行性能测试，还需进行耐久性测试，以确保长期运行的可靠性。测试结果需与设计标准进行对比，任何偏差都需进行调整。最后，出库前的封闭处理是保障风机模组在运输和储存过程中不受损害的关键步骤。这涉及包装工程的知识，包括选择合适的包装材料和方法，以及如何进行有效的标识和追踪。综上所述，装配式风机模组的加工不仅是一个简单的制造过程，而是融合了多学科知识的系统工程。从材料选择到结构设计，从安装工艺到质量检测，每一个环节都需严格按照工程规范执行，以确保最终产品的性能和寿命。

组合风柜管道阀门组模块加工步骤：开料→管道和阀门安装→传感器安装→测试→出库，预制时要严格按照规范要求执行，预制好的模块两端需要做好密封防异物措施。在开料阶段，精准的尺寸和材料选择是基础。这一过程不仅要求材料满足管道系统的物理和化学性能要求，如耐压、耐温、耐腐蚀等，还需考虑材料的经济性和可加工性。开料设备的精度直接影响后续组件的装配质量和系统性能。管道和阀门的选型与安装是模块加工的核心。这要求设计者具备流体力学和热力学的知识，以确保管道系统的流体阻力最小化，降低能量损失，同时满足系统对流量和压力的控制需求。阀门的安装位置和类型（如蝶阀、球阀、闸阀等）需根据系统的具体要求来确定，以实现有效的流量调节和系统保护。传感器安装是模块智能化的重要组成部分。传感器类型包括温度、压力、流量等，其安装需考虑到信号采集的准确性和可靠性。传感器的选择和布置应遵循工业自动化控制的原则，确保数据采集的实时性和系统反馈的快速性。测试环节是对预制模块性能的全面验证。这不仅包括管道系统的水压试验、气密性试验，还包括阀门的动作测试和传感器的功能测试。测试过程需严格遵守相关的行业标准，确保模块在实际应用中的稳定性和安全性。出库前的准备工作同样重要。这包括对模块进行清洁、涂装保护、标识和包装。包装设计需考虑运输过程中的振动、冲击和气候条件，以防止模块在运输过程中受到损害。在预制过程中，严格的密封防异物措施是必不可少的。这不仅是出于保护内部组件的目的，也是为了防止异物进入系统，影响其正常运行。密封材料的选择需考虑到温度、压力、化学兼容性等因素。此外，组合风柜管道阀门组模块的预制还需考虑模块化设计的原则，模块化设计可以提高系统的标准化程度，降低现场安装的复杂性和成本，同时便于未来的维护和升级。设计时应考虑模块的互换性、通用性和扩展性。

## 4.2.4 装配式电气线槽桥架制造

线槽桥架成品在送至装配式加工厂后，由专业技术团队根据深化的加工图册信息进行操作。这一步骤要求技术人员具备深厚的电气系统知识和图纸解读能力。加工图册中包含了线槽桥架的详细尺寸、材料规格、连接方式以及系统分类等信息。技术人员需按照这些信息，对线槽桥架进行精确的切割制作，并确保每个构件的准确性。为了便于现场安装和后续管理，每个切割完成的线槽桥架构件都会被粘贴上对应的标签码。这些标签码通常采用条形码或 RFID 技术，能够存储构件的详细信息，如生产日期、型号、序列号等，从而实现构件的可追溯性和安装过程的自动化管理。装配式电气线槽桥架的制造要点在于异形件的制作。异形件是指那些不符合标准尺寸或形状的构件，它们通常用于特殊位置或满足特定的设计要求。异形件的制作工艺更为复杂，需要采用数控机床、激光切割等高精度设备进行加工。在工厂环境中统一制作异形件，可以确保其加工质量和精度，同时避免了施工现场的二次加工，减少了施工过程中的安全风险和材料浪费。在异形件制作过程中，材料的选择至关重要。常用的材料包括铝合金、不锈钢、热镀锌钢等，它们具有良好的导电性、耐腐蚀性和机械强度。材料的选择需考虑线槽桥架的使用环境，如湿度、温度、化学腐蚀等因素。此外，装配式电气线槽桥架的制造还需遵循相关的国家和行业标准，如《民用建筑电气设计标准（共二册）》GB 51348—2019、《电气装置安装工程 电缆线路施工及验收规范》DL/T 5891—2024 等。这些标准为线槽桥架的设计、制造、安装和验收提供了详细的指导。

### 4.2.5　综合支架散件组装模块制造

在现代建筑结构中，综合支架散件组装模块的制造是一项精密而复杂的工程技术。该技术涉及材料科学、结构工程、机械装配等多个专业领域，其目的是提供一种高效、稳定且便于安装的支架系统。以下是对综合支架散件组装模块制造过程的详细阐述，结合了相关专业知识和技术规范。

综合支架散件的材料配送环节是确保产品质量的第一步。所有材料，包括 C 型钢、弹簧螺丝、底板等，均由专业的综合支吊架厂家负责配送。这些材料的选择和配送必须遵循严格的材质标准和供应链管理流程，以确保材料的化学成分、机械性能和表面处理等满足设计要求和工程标准。材料进场后，厂家的技术人员将在现场提供指导，这是确保组装过程顺利进行的关键。技术人员需具备深厚的专业知识和现场操作经验，能够准确解读设计图纸，并对施工人员进行详细的技术交底。按照设计图纸要求，C 型钢的切割处理是组装模块制造的首要步骤。切割过程中，需采用高精度的数控切割设备，以减少切割误差，保证构件的尺寸精度和切割面质量。切割完成后，还需对 C 型钢进行去毛刺、打磨等后处理，以消除切割过程中产生的缺陷，确保构件的表面光洁度和组装质量（图 4-42）。随后，将切割处理后的 C 型钢、弹簧螺丝、底板等散件进行统一拼装。拼装过程需遵循一定的顺序和步骤，通常包括底板定位、C 型钢安装、弹簧螺丝调节等环节。拼装过程中，需严格控制组装精度，确保各部件之间的配合间隙满足设计要求。此外，组装完成的支架模块还需进行功能性测试，以验证其承载能力、抗震性能等关键指标。

图 4-42　线槽标准件原材（左）和支架切割（右）

## 4.3 基于 DfMA 的轨道交通机电工程安装要点

下面将进一步探讨基于 DfMA 的轨道交通机电工程安装要点,重点分析如何在安装阶段有效应用 DfMA 原则,以确保各模块在现场的顺利组装与高效衔接。与设计和制造阶段的优化相呼应,安装阶段的精确规划和高效执行同样对于项目的成功至关重要。

### 4.3.1 单层模块、多层模块及部品部件模块的安装要点

模块安装是轨道交通机电工程中的一个关键环节,其安装质量直接影响整个系统的性能和安全性。以下是安装要点概述。

(1) 在安装过程开始之前,需要提前制定详细的模块到货计划。这个计划应包括模块的运输时间、到货日期、数量以及具体安装位置等信息。通过制定计划,可以有效地组织和管理模块的运输和安装过程,确保施工进度顺利进行。

(2) 一旦模块到达施工现场,根据 BIM 图纸将模块运输至指定位置。在将模块移动到安装位置之前,由工程师代表进行目视检查。这一步骤的目的是确保模块在运输过程中没有出现任何质量问题,如损坏、变形或其他缺陷。只有通过检查确认模块完好无损,才能继续进行安装工作。

(3) 根据 BIM 图纸中的设计要求,在模块安装位置使用激光测量进行定位。激光测量是一种精确的定位技术,可以确保模块的准确安装。同时,在确定模块安装位置后,需要标定模块底座孔洞。这一步骤是为了确保模块能够准确对齐并稳固地安装在底座上,保证整体结构的稳定性和安全性。

(4) 在项目施工现场,制定起重和提升模块方案,可使用叉车、四轮提升平台或剪刀车作为抬升工具,安装位置受限制的部位可使用手动、电动葫芦抬升,不管使用何种抬升工具,在抬升过程都需要尽可能保持模块水平抬升,减少出现模块形变情况且便于安装。对于重量大的模块可加装万向轮用于车站内水平运输。单层模块和多层模块安装前进行划线定位,安装可调节支架底座,然后使用抬升工具依次将模块抬升就位,调节误差后将模块与模块之间的管道连通。

(5) 在模块安装过程中,相连模块在就位后需进行调平并进行连接固定。连接方式应与原设计图纸或产品一致,确保连接牢固、稳定。正确的连接方式有助于保证模块之间的协调配合和整体结构的稳定性,提高施工质量和安全性。

如图 4-43 所示为 BIM 技术在施工现场的应用。它展示了模块、模块抬升、连接模块和安装完成的步骤,并通过对比虚拟与现实中的场景,说明了 BIM 技术如何帮助规划和执行建筑施工过程。这种技术应用能够提高施工效率和准确性。部品部件模块一般使用叉车运输,安装时可使用叉车、剪刀车或电动葫芦作为抬升工具,安装顺序为预制模块大、重量大的优先,安装的区域根据现场条件确定。如图 4-44 所示为部品部件模块方案冷水机房安装。

### 4.3.2 水泵模块和设备模组安装要点

水泵模块和设备模组的体积大,重量较大,场内运输时可使用叉车或地坦克,运输时需要做安全防护和成品保护工作。在模块运抵现场后,其安装工作的第一步是在设备基础

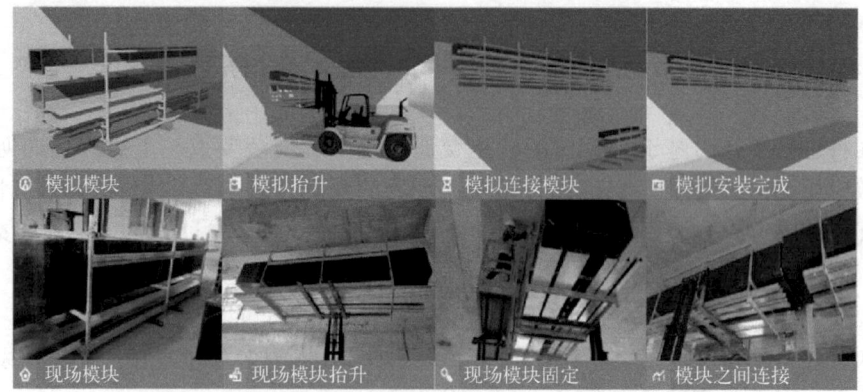

图 4-43 单层模块、多层模块安装要点

图 4-44 部品部件模块方案冷水机房安装

上进行精确定位。这通常涉及先在基础上画线标记模块的具体位置。这种标记需要根据工程图纸以及现场实际情况进行调整，确保模块正确放置。定位的准确性直接影响后续安装工作的顺利进行和设备运行的稳定性。模块就位后，接下来的关键步骤是对模块内的管口与现场其他设备和接口进行对齐和连接。这一步需要技术人员仔细检查所有接口的对齐情况，确保连接紧密无间隙，以避免未来可能出现的泄漏或其他接口问题。在所有接口连接完成后，使用地脚螺栓固定模块。这些螺栓必须均匀拧紧，确保模块在长期运行过程中的稳定性和安全性。如图 4-45～图 4-48 所示为模块、模组的现场安装图。

图 4-45 模块场内运输与冷水机房模块安装

图 4-46 消防泵房模块安装

图 4-47 污水泵房模块安装与污水提升装置模块安装

图 4-48 组合风柜管道阀门组模块安装

### 4.3.3 装配式风机模组安装要点

装配式风机模组的安装是确保其高效性和安全性的关键步骤。在进行安装工作前，应使用如叉车和剪刀车等专业抬升工具，将模组搬运到指定位置。在空间受限的环境中，可以利用手动或电动葫芦进行精确的定位和安装。前期准备包括在安装地点划线定位及安装万向可调节底座，确保模组能准确对接并稳固定位（图4-49）。

图4-49 装配式风机模组安装

在装配式风机模组的安装过程中，除了上述提到的抬升、定位和固定外，还需特别注意以下要点。

（1）风机模组的整体平衡：由于风机模组在运行时会产生振动，因此在安装时必须保证模组的整体平衡，避免因不平衡引起的额外振动和噪声。

（2）接口密封性：风机模组与其他系统（如风管和电气系统）的连接处必须具有良好的密封性。这是为了防止空气泄漏或电气故障，确保系统的整体效能和安全。应使用高质量的密封材料和正确的安装技术，以确保所有连接点都不会因密封不良而影响整体性能。

（3）安装顺序：在进行多模块集成的安装工作时，必须遵循设计好的安装顺序。正确的安装顺序不仅有助于每个模块的顺利接入，还能预防因顺序错误导致的重复劳动和可能的结构冲突。合理的安装顺序是确保工程顺利进行的基础，有助于提高安装效率和减少潜在问题。

（4）系统检验：安装完毕后，必须进行系统级的检查和测试，以验证风机模组及其与其他系统的接口运作是否正常。这包括对风机的运行测试、振动分析以及安全性检查，确保在投入实际运行前，所有组件都达到了设计和安全标准。

### 4.3.4 电气线槽桥架安装要点

线槽、桥架的标准件和异形件在装配式工厂分系统预制，施工现场不需要二次加工，直接按照深化图纸和预制构件所粘贴的标签码进行拼装即可。在安装线槽和桥架时，支架的间距设置是确保整个系统稳定性的重要考虑因素。正确的支架间距能有效分散荷载，防止因重载或长期使用导致的结构变形。根据行业标准及工程实践，水平走向的线槽和桥架应每隔2m设置一个固定支点，而垂直走向的支架则应为每隔1.5m固定一次。这样的间距设置考虑了线槽桥架在承载电缆时的受力均匀性和结构的整体稳定性。采用适当的支架间距不仅保证安装质量，还关乎整个电气系统的长期稳定性和安全。这种结构安排确保在电缆承载和环境因素变化（如温度变化）或机械振动等情况下，线槽和桥架能够维持其形态和功能，避免发生弯曲或断裂等事故（图4-50）。

### 4.3.5 综合支架散件组装模块安装要点

综合支架散件组装模块安装是DfMA理念在机电系统设计中的具体体现。根据设计图纸和支架编号，施工人员可以快速准确地识别和安装对应的支架。这种预制化的组装方

图 4-50　供电房线槽安装

式减少了现场焊接、切割等二次加工工序，降低了施工难度和现场安全风险。正确安装的支架系统是确保机电设施正常运行的基础。不当的安装或对齐错误可能导致设备过早磨损、工作效率下降乃至故障。因此，调正和调平不仅是物理安装的一部分，更是质量控制的重要环节。此外，良好的安装还有助于后续的维护和检修工作，减少维护成本和延长设备的使用寿命（图 4-51）。

图 4-51　现场支架组装与安装

通过这些专业的安装步骤，有助于提高建设项目的总体质量和施工效率。从组件的预制到最终的调正，每一步都被严格控制，以确保机电系统的长期稳定性和可靠性，从而体现现代工程管理的高标准和高要求。这种系统化的安装流程标志着建筑行业向更高效、更经济的施工方法迈进。

# 第 5 章

# DfMA 与数字化技术的深度融合

随着轨道交通机电工程对效率和质量的要求不断提高,数字化技术的应用已成为推动行业创新的重要力量。本章将探讨 DfMA 与数字化技术的深度融合,以及其在轨道交通机电工程数字化运维管理中的应用。在此基础上,本章将从基于 DfMA 的轨道交通机电工程数字化运维管理、数据应用、智慧物流仓储管理、智能制造与 DfMA 的结合以及数字工厂与智慧制造等多个方面展开论述。接下来将逐一分析这些环节,揭示它们在推动工程运维管理创新中的关键作用。

## 5.1 基于 DfMA 的轨道交通机电工程数字化运维管理

基于 DfMA 的轨道交通机电工程数字化运维管理,通过整合 BIM 技术、数据平台和智能应用,实现从设计到运维全生命周期的精细化管理。本节将围绕 BIM 技术管理平台的搭建、数据的深度应用、资料管理的标准化以及生产与安装的全流程管控展开讨论,并进一步介绍如何利用数字化工具,如 APP 和 MES(Manufacturing Execution System,制造执行系统),实现全过程实时管理和现场状态的动态跟踪,为轨道交通机电工程的高效运维提供全面支撑。

### 5.1.1 基于 BIM 技术管理平台

轨道交通工程项目施工建设过程中,涉及的系统、设备、物资种类繁多,成本占比较大,因此如何实现高效、数字化的设备物资管理、施工管理、进度管理和运维管理往往是工程管理的重中之重,也是工程精细化管理的关键。地铁项目建设过程中由于涉及土建、机电等多领域协同施工,物料种类繁多,传统的人工填表录入方式不仅效率极低且易出错,容易造成工期延误或物料数量不符合生产要求等问题。因此,通过引入建筑信息模型实现设备物资计划管控、施工管控和后期运维管控,可以提高物料管理的准确率和效率,保证工程项目的正常运转。基于 BIM 技术管理平台体系如图 5-1 所示。

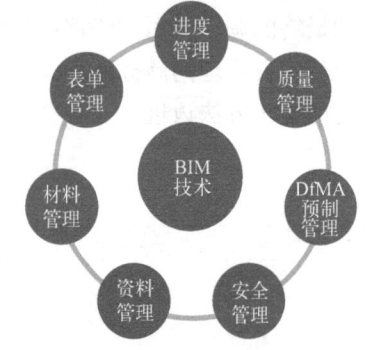

图 5-1 基于 BIM 技术管理平台体系

(1) BIM 技术概述

BIM 技术的载体是建筑模型，它可以收集和处理建设项目的各种信息和真实数据，并通过可视化的应用指导相关建设项目的施工和设计管理、运维管理。BIM 技术不仅仅是三维建模工具，更是一个综合管理平台，通过整合建筑生命周期各阶段的数据，实现信息的共享和协同工作。

(2) BIM 在轨道交通工程中的应用

1) 设计阶段

在轨道交通工程设计阶段，BIM 技术可以集成各专业设计模型，包括建筑、结构、机电等，通过三维可视化的方式，协同设计和优化各专业的协调性。具体应用包括以下方面。

①可视化设计：BIM 技术通过构建三维模型，为设计团队提供直观的设计方案展示。这种方法不仅显著提升了设计质量，还大幅提高了项目团队内部的沟通效率，确保了设计意图的准确传达。

②碰撞检测：利用 BIM 模型的碰撞检测功能，可以在设计阶段提前识别并解决不同专业间的冲突问题。这一流程的引入，有效减少了施工阶段的返工现象，降低了资源浪费，提高了施工效率。

③方案优化：BIM 技术允许设计师对不同的设计方案进行模拟和分析。通过对设计方案的综合评估，包括但不限于结构合理性、经济性、施工可行性等方面，设计师能够选择出最优设计方案。这一过程不仅提升了工程项目的经济性，还增强了设计的可行性，为后续施工阶段的顺利进行奠定了坚实基础。

2) 施工阶段

在施工阶段，BIM 技术可以集成施工计划和现场管理，通过动态管理和实时监控，提高施工效率和质量。具体应用包括以下方面。

①施工模拟与计划：利用 BIM 模型进行施工过程模拟，可以有效地优化施工顺序和计划安排。这种方法有助于预先识别潜在的施工冲突和延误风险，从而确保施工活动高效、有序进行。

②现场管理与监控：BIM 技术支持对施工进度、质量和安全的实时监控。通过移动设备和传感器等现代信息技术手段，使得现场数据的实时采集成为可能，施工过程中的问题能够被及时发现并得到有效解决。

③资源管理：BIM 技术能够对物资、设备和人力资源进行精细化管理，优化配置方案。这种管理方式有助于减少资源浪费，降低成本，同时提高资源的使用效率。

3) 运营维护阶段

在运营维护阶段，BIM 技术可以集成设备和设施的运维信息，通过数字化运维平台，实现设备的智能管理和维护。具体应用包括以下方面。

①设施管理：BIM 模型能够直观展示设施和设备的空间位置信息，为设施管理提供了精确的数据支持。这种可视化管理方式显著提高了设施管理的效率和准确性，有助于减少运营过程中的错误和维护成本。

②维护管理：BIM 技术通过集成设备的维护记录和实时运行数据，实现了对设备状态的实时监控和智能分析。采用预测性维护策略和智能诊断技术，可以有效提高设备的可

靠性和延长使用寿命,降低突发故障的风险。

③应急管理:利用BIM模型进行应急预案的模拟和演练,可以增强应急响应的针对性和处理能力。这种模拟训练有助于运营团队在紧急情况下快速做出决策,确保运营安全,减少事故发生时的损失。

(3) 基于BIM的线网级建设管理系统

广州地铁集团有限公司目前已开发并应用了一套"基于BIM的线网级建设管理系统",覆盖设计、施工和竣工阶段的多维度管理功能。该系统包含"设计模型""施工深化模型""竣工模型"等核心模块,通过集成化的模型管理平台,为线网级轨道交通工程提供了全生命周期的数字化支持。这些模块的开发在提升设计精度、优化施工组织以及规范竣工交付方面发挥了关键作用,使得轨道交通项目在复杂工况下依然能够实现精细化管理,确保工程质量与进度。然而,现有系统的功能更多聚焦于传统工程管理模式,在面对装配式全体系管理需求时,仍然存在模块功能不足的问题(图5-2)。

为进一步适应DfMA理念在装配式轨道交通项目中的应用,需对现有系统进行扩展和深化,特别是在装配式设计、生产制造、验收、智慧物流及智慧仓储等领域开发新的功能模块。这些新增模块不仅能够实现从设计到制造、安装及交付的全过程数字化管控,还将推动装配式构件的生产信息与物流配送数据的实时联动,显著提升供应链协同性和资源配置效率。此外,通过集成智慧仓储技术,可进一步实现构件存储的自动化、智能化管理,为大型装配式轨道交通工程提供更加全面的数字化支撑。未来,这一系统将成为推动轨道交通行业从传统建造模式向数字化、智能化、集成化方向转型的重要技术基础。

图5-2 "基于BIM的线网级建设管理系统"现有模块

## 5.1.2 平台数据应用

平台数据应用以"BIM+APP-MES"为核心,实现了装配式设计、排产、制造、出库、物流运输、预制组件进场、安装和验收管理的全流程数字化联动。MES 作为制造企业车间执行层的生产信息化管理系统,在这一过程中发挥了桥梁作用,连接 ERP 系统与现场控制系统,提升了信息传递的及时性与精准度。在轨道交通项目中,BIM 模型成为信息载体,贯穿设计深化、加工制造与施工安装全周期。通过 BIM 模型上传稳定的施工与加工制造信息至平台,系统可快速生成组件或模块的二维码或标签码,为后续追踪各环节状态提供入口。与传统手段相比,这种信息化方式大幅提高了信息传递的效率和透明度,实现了设计主导、施工与制造协同的全生命周期管理。

同时,通过 APP-MES 移动端,相关单位(如业主、总包、监理、制造商、施工方)可随时扫码获取实时项目信息,类似于物流软件的动态追踪功能。在联网状态下,扫码数据会自动反馈至平台模型,实现基于 BIM 模型的颜色管理功能,直观显示各阶段的状态,包括设计深化、组件制造、出厂验收、物流运输、现场入场、仓储管理、安装调试、验收完工等关键节点。通过这一体系,项目参与方能够实时掌控进度状态、优化资源配置并及时解决可能出现的偏差问题,为轨道交通建设提供了高效、可视化的数据支撑,进一步推动了装配式建造的工业化和数字化转型。数据应用流程图如图 5-3 所示。

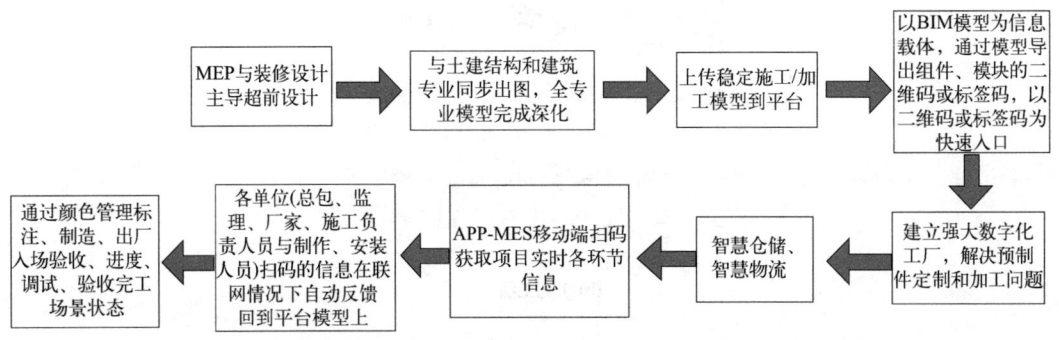

图 5-3 数据应用流程图

图 5-3 详细描述了建筑行业中 MEP 与装修设计主导的超前设计和施工过程。首先从 MEP 与装修设计主导的超前设计开始,然后同步进行土建结构与建筑的出图以及深化工作。接下来是将制定好的施工或加工制造模型上传到平台,并通过 BIM 模型生成二维码或标签码作为快速入口。在现场,各单位如总承包商、监理、厂家和施工负责人等可以通过 APP-MES 移动端扫码来获取项目的实时信息,这些信息包括项目的进度、质量控制和库存管理等。最后,通过建立强大的数字化工厂来解决传统生产方式中的各种问题,从而提高整个建筑过程的效率和质量。

## 5.1.3 平台资料管理

在施工现场,所需资料与具体施工部位的模型实现了精准关联。模型作为信息检索的核心入口,使项目参与人员能够快速定位施工部位并直接预览相关图纸、工艺工法、模型和技术交底视频(图 5-4)。这种基于模型的资料管理模式,不仅显著提升了施工现场的信息获取效率,还增强了数据的准确性与可靠性,避免了因资料不一致或查找耗时对施工进度造成的影响。同时,模型导向的资料可视化方式为施工团队提供了更加直观、全面的参考,大幅提高了决策质量和现场执行的精准性。

此外，平台支持多种格式的文档在线浏览与下载，如PDF、DWG、视频等，能够满足技术交底、施工方案编制以及现场应急响应等多种场景的需求。资料的实时更新与同步功能确保所有项目参与方均可访问最新版本的文档，杜绝了因信息滞后引发的施工返工或决策偏差。通过平台的高效资料管理，项目团队不仅可以在施工前更高效地开展技术交底与施工方案评审，还能在施工过程中快速应对突发问题，减少因信息不畅导致的延误。同时，系统的日志记录功能对资料使用情况进行全面追踪，为后期项目管理、绩效分析以及审计提供了透明且可溯源的依据。

广州开发区站-公共区装修　　广州开发区站-动力照明
广州开发区站-给水与排水　　广州开发区站-广州开发区站-主体建筑
广州开发区站-环境与设备监控系统　　广州开发区站-火灾自动报警系统
广州开发区站-门禁系统　　广州开发区站-通风空调与供暖
广州开发区站-通信信号　　广州开发区站-土建结构
广州开发区站-自动灭火

(a) 图纸

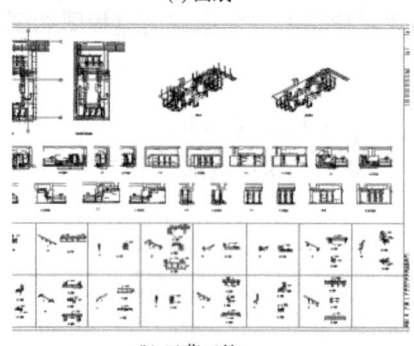

(b) 工艺工法

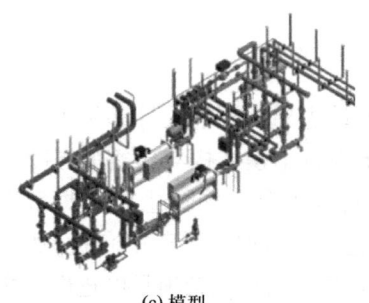

(c) 模型

使用叉车或者剪刀车将风管抬升到安装高度

(d) 技术交底视频

图 5-4　资料管理平台

### 5.1.4　加工生产制造与安装全流程管控

为确保轨道交通机电工程从设计到交付的高效管理，项目需明确每一流程的责任分工，并为各步骤指定专项实名制负责人。每位专项负责人拥有专属更新权限，负责实时记录状态更新，同时可通过平台上传相关备注、图片、视频等资料，确保信息全面透明。如图 5-5 所示为从原材料到最终产品的加工生产制造与安装全流程管控的具体环节。流程从供应商接收原材料（发运流程）开始，材料通过质量检验（风控预检），筛选符合标准的原材料后送入工厂（工厂加工）进行生产。加工完成的产品进入出厂运输阶段（出厂运输），随后到达施工现场进行检查验收（进场验收）。验收合格后，产品进入安装和调试环节，直至完成吊装作业并达到预期性能（吊装完成）。项目全流程在所有环节完成后正式宣告结束（流程结束）。

全流程管控的核心是通过平台实现对加工制造与安装环节的透明化和数字化管理。在"发运流程"阶段，平台提供原材料物流状态的实时跟踪，确保物资按时抵达；在"风控预检"环节，严格实施质量控制，确保仅符合标准的材料进入加工环节。"工厂加工"阶段利用 BIM 导出的组件参数结合工厂 MES 优化生产流程，提升精度和效率。在产品完成"出厂运输"后，施工现场的"进场验收"通过专项负责人进行逐一确认，验收信息实时上传平台以供各方核验。最终，在"吊装完成"阶段记录安装与调试过程，利用平台动态更新项目状态，直至"流程结束"宣告工程竣工。各阶段的精准管理，不仅为施工全流程提供了可视化支持，也为后续运维提供了翔实的数据基础，有效提升了工程质量与效率。

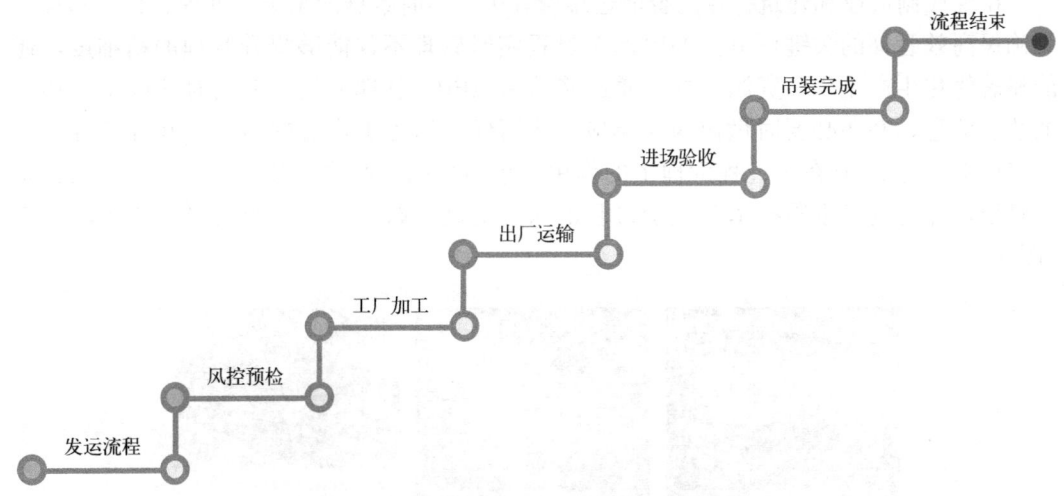

图 5-5　全流程管控

## 5.1.5　通过平台模型创建生产预制清单

在预制组件的生产管理中，专项负责人通过平台模型依照既定生产计划精细筛选同批次预制组件，系统化生成精准的生产跟踪清单。该清单不仅包含预制组件所需的物料清单（BOM），还详细记录了生产流程中的关键节点和要求，从而为各生产环节提供全面的数据支持。通过信息化平台（如电脑端或移动端应用程序），专项负责人能够高效传递清单信息至相关执行人员，明确任务分工和时间节点，形成高效闭环的生产管理模式。与此同时，平台模型的动态联动功能赋予清单实时更新的能力。执行人员可通过移动终端实时反馈各组件的生产状态，如加工进度、质量检验结果和库存变化等。专项负责人则可依据这些反馈迅速调整生产策略，优化资源配置。

采用平台模型进行下单生产，系统能够自动解析设计模型数据，精确计算各类材料的工程量，确保下单环节的高效性与准确性。同时，系统为每个预制组件生成唯一标识的编码和对应的二维码，这些数字化标识不仅与组件的生产信息、技术参数和工程位置等数据高度关联，还为后续的生产、运输、存储及安装提供了统一的数字化管理基础。在组件加工工序完成后，装配式工厂的工作人员会将对应的编码与二维码标识粘贴至组件表面。这一操作不仅便于现场作业人员快速识别组件的属性与状态，还通过二维码的可扫描性，实现了组件全生命周期的可追溯管理。

在整个生产流程中，编码和二维码作为数字化工具，承载着各环节的关键数据，能够实时反馈至管理平台。这一机制确保了生产每一阶段的完成情况和当前进度都能精准记录并即时传递至管理系统，从而为管理者提供了全面、实时的生产动态。这种集成化的信息反馈不仅覆盖了现场的实施管理，还对远程监督和协调能力提供了强有力的支持，使得管理者能够在不受地域限制的情况下，实时掌控生产环节的状态和问题，进一步提升了管理的响应速度和决策效率。

### 5.1.6 APP 的全过程实时管理

在现代制造业和建筑行业的智能运维管理中，实时数据的采集、处理、跟踪和反馈是确保高效管理的关键环节。APP 的全过程实时管理不仅能够提升管理的精细度，还能显著优化生产流程和资源配置。通过移动端 APP，管理人员能够实时获取每个环节的状态信息，并在必要时做出快速响应，从而保证运维工作流的高效性和准确性。下面将详细讨论 APP 在全过程管理中的作用，包括数据的收集、整理、分类、归档、总结管控，并通过二维码技术实现全过程的状态更新与跟踪，直至产品出厂和运输环节（图 5-6）。

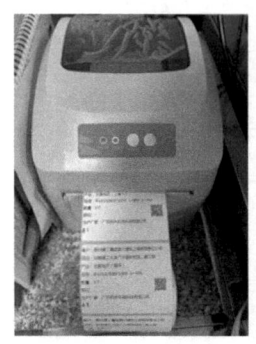
(a) 标签码、二维码制作

(b) 标签码、二维码粘贴

(c) 出库运输

图 5-6 全过程实时管理流程

（1）过程数据的收集与整理

APP 在全过程实时管理中的首要功能是数据收集与整理。在生产制造或建筑施工过程中，实时数据的采集是确保管理精度的基础。通过移动端，管理者能够实时收集包括生产进度、设备状态、物料使用、工人工作效率等多方面的数据。每个生产步骤都由移动端 APP 实时记录，将原本分散在各生产环节的信息整合起来，形成贯穿整个生产和运维周期的可视化数据流。

（2）数据的分类与归档

在收集到各类生产数据后，APP 的核心功能之一是数据的分类与归档。实时数据经过整理后，系统会根据预设的分类标准进行自动归类，确保管理者能够快速找到所需的具体信息。数据分类主要涵盖设备运行数据、生产进度数据、质量管理数据、物料使用数据这四类。所有数据在归档后，会通过云端存储进行备份，并支持随时随地的查询和调用，确保数据的可追溯性和持久性。

(3) 生成标签码和二维码

在全过程管理中，每个产品组件的状态跟踪至关重要。通过 APP，系统可以为每个生产完成的组件生成唯一的标签码和二维码，这些标签码和二维码包含了组件的所有关键信息，如生产时间、工艺参数、质量检测结果、维护计划等。

(4) 移动端扫码实现状态更新与跟踪

当组件在工厂内完成某道工序后，操作员可以通过 APP 扫描组件上的二维码，系统会自动将该组件的生产状态更新为"已完成当前工序"，并同步至中央系统。管理者可以实时查看每个组件的生产进度，确保工厂内部各个环节的生产进度与实际状态相一致。在每道生产工序完成后，系统会自动生成相应的质量检测任务。质检人员通过 APP 扫码进行质量检测，并将检测结果同步至系统。如果组件合格，系统会自动将该组件标记为"合格品"；若不合格，系统会推送维护或返工任务。

(5) 出厂运输状态跟踪

当组件完成生产并通过质量检测后，APP 会生成出厂任务。仓储人员在将产品装车之前，使用 APP 扫描每个组件的二维码，确认其状态。系统会自动将该组件的状态更新为"已出厂"，并同步更新到所有相关部门。在产品的运输过程中，APP 能够与 GPS 和物流系统对接，实现运输状态的实时监控。每个组件在物流运输环节的状态会被自动记录，包括装车时间、运输路线、到达时间等。管理者通过 APP 可以随时查看产品的运输位置和预计到达时间，确保物流的透明度和高效性。当组件到达客户或现场后，交付人员会通过 APP 扫码确认交付状态，系统自动将该组件的状态更新为"已交付"。至此，整个过程从生产到交付完成，系统会将所有数据归档，形成完整的生产和物流记录。

(6) 总结管控与数据分析

系统可以自动汇总每道工序的生产效率，帮助管理者发现生产瓶颈，并优化生产计划。APP 通过汇总每个组件的生产和质量数据，生成质量报告。管理者可以根据质量检测结果，分析产品的合格率、不良品率等关键指标，及时调整生产工艺和质量控制标准。同时，通过 APP 生成的生产和物料使用数据，管理者可以详细分析各个环节的生产成本，并优化资源配置，减少生产浪费，提高生产效益。

## 5.1.7 APP-MES 同步现场状态跟踪

随着信息技术的发展，APP-MES 的引入实现了现场施工状态的高效同步管理，不仅提高了工作效率，还优化了质量控制流程。APP-MES 通过集成数据采集、状态更新、异常反馈、问题处理等功能，构建了一个实时同步的施工现场管理体系（图 5-7）。

(1) 现场状态的实时更新与跟踪

在施工过程中，APP-MES 可以将施工现场的各类状态信息通过移动设备实时更新到系统中，从而实现与远程管理中心的状态同步。施工人员可以随时通过移动端设备进行扫码、数据录入，确保施工现场的信息及时、准确地反馈给管理人员。

1）现场进场验收

施工现场的管理从进场验收开始，这是确保施工质量的重要环节。通过 APP，现场

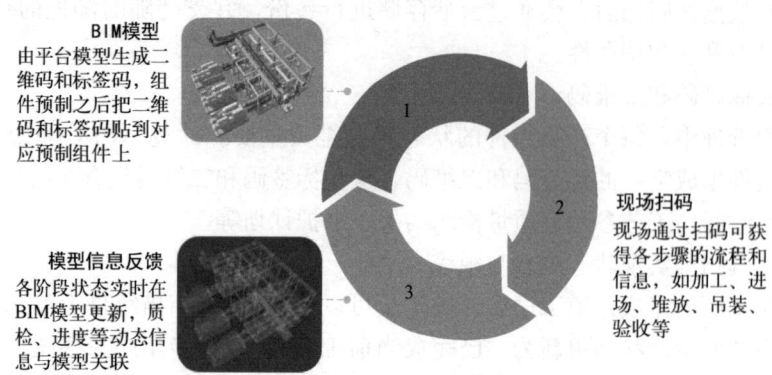

图 5-7 现场状态跟踪

施工人员可以对进场的设备、材料、预制组件等进行扫码验收,系统会自动更新这些物资的进场状态。验收过程中,施工人员可以通过移动端录入物资的规格、数量、质量等信息,并可通过照片、视频等形式记录现场情况。这些数据会立即上传至 MES,与其他相关部门和管理人员实时共享,确保现场信息的透明和实时性。

①批量扫码验收:当有大量预制组件进场时,APP-MES 支持批量扫码更新的方式,减少人工录入的工作量。通过一次性扫描多件组件的二维码,系统会自动记录这些组件的进场状态,并更新进度表,避免了漏扫或重复录入的情况。

②个别组件单独验收:对于需要单独验收的重要组件或设备,施工人员可以逐一扫码,确保每一个关键设备的进场状态和质量信息都得到详细记录。

2)吊装完成状态更新

在现场安装过程中,吊装完成是一个重要的施工节点。在传统管理中,吊装状态通常由现场负责人手动记录,而通过 APP-MES,施工人员可以在每个吊装完成后,立即通过扫码功能更新该组件的安装状态。APP 会记录吊装的具体时间、操作人员、设备位置等关键信息,生成吊装完成的记录表,并同步上传至系统。

通过吊装状态的实时更新,管理人员可以从系统端实时了解项目的进度,不需要亲自到现场进行检查。同时,吊装的过程中如果出现异常,系统也会自动生成报警信息,通知相关人员进行处理,确保项目能够按照预定计划顺利推进。

3)现场实际情况的记录与备注

APP-MES 不仅能记录物资进场和安装状态,还允许现场施工人员对实际施工情况进行详细的记录。现场情况往往复杂多变,通过移动设备,施工人员可以对每个施工环节进行详细备注,上传实际操作照片或视频,以便管理人员或后续操作人员进行参考。

①文字备注与图片、视频上传:在每个重要施工节点,施工人员可以通过 APP 添加文字备注,对当前施工环境、组件安装质量、吊装设备操作等做出说明。同时,照片和视频功能使得施工过程中的关键步骤可以被完整记录下来,提供了更直观的现场情况展示。这些多媒体记录不仅可以作为质量追溯的依据,还能够帮助管理者在远程监控施工过程中的细节,发现潜在问题并及时纠正。

②批量或单独更新构件状态:在需要大批量组件状态更新时,施工人员可以根据施工清单,通过 APP 实现批量状态更新功能。例如,当某批预制构件完成安装后,施工人员

可以通过批量扫码的方式一次性更新所有构件的状态，这种方式极大地提高了工作效率。而对于个别特殊构件或关键设备，APP 也支持单独更新，使得每一个构件的状态信息都得到了准确记录。

(2) 异常处理与质量问题反馈

在施工和运维过程中，质量问题不可避免。APP-MES 不仅实现了状态的实时更新，还提供了强大的异常反馈和质量问题处理功能。一旦在施工中发现问题，施工人员可以通过 APP 立即进行反馈，系统会根据预设流程自动生成处理任务，并根据问题的紧急程度和性质进行分类处理。

1) 质量问题的反馈与退回处理

在施工过程中，如果施工人员在验收、安装或操作中发现组件或设备存在质量问题，可以通过 APP 扫描对应的组件二维码进行问题反馈。系统会自动将问题信息记录下来，生成问题单，记录具体的故障描述、照片或视频证据，并推送给相关管理人员进行审核。

①退回处理机制：当质量问题严重到需要退回组件时，系统可以根据问题描述生成退回任务。施工人员通过 APP 提交退回申请，管理层批准后，系统会自动将该组件的状态更新为"退回处理"，并将该信息同步到工厂端。退回的原因、问题描述等数据会被详细记录，确保工厂端能够了解退回的详细情况，安排返工或重新发货。

②重新安排发货与进度更新：当退回的组件经过工厂处理后，APP-MES 会重新生成发货任务，安排物流将合格组件再次发回施工现场。系统会自动更新物流状态，确保整个流程得到实时跟踪。同时，管理人员可以通过系统查看新发货的组件状态和预计到货时间，合理调整现场施工进度。

2) 人员变动与任务转交

在实际施工过程中，施工人员的变动时有发生，而 APP-MES 能够有效应对这种情况。当某个任务的负责人员无法继续操作时，系统允许任务的转交，以确保项目进度不受影响。

①任务转交机制：当施工人员因临时离岗、岗位调整等原因无法完成扫码或更新任务时，可以通过 APP-MES 将当前任务转交给其他相关人员。系统会将未完成的任务转交给新负责人，新人员通过扫描二维码获取详细的任务信息并继续完成操作。这种机制确保了施工项目的进度不会因个别人员的变动而延误。

②扫码工作接力：如果某个施工节点涉及多个环节需要多人协作完成，APP-MES 允许多人参与同一任务的状态更新。例如，某组件需要分阶段安装，吊装后还需要进行焊接、涂装等工作，每个环节的施工人员可以分别扫码更新状态。每个操作员在完成自己的任务后，通过扫码将该环节的状态更新，确保整个流程的透明化和可追溯性。

(3) APP-MES 的优势与应用场景

1) 信息透明化与高效管理

通过 APP-MES，现场施工的每一个环节都能够实现信息的透明化和高效管理。施工人员能够实时更新状态，管理人员可以随时查看最新的施工进展，无需等待人工汇报或手动录入数据，极大提高了管理效率。同时，二维码扫描功能确保了每个组件的生产、运输、安装全过程都有详细记录，方便后期追溯。

2) 实时问题反馈与快速响应

APP-MES 的质量问题反馈机制大大缩短了问题处理的时间。施工人员在发现问题后可以立即通过APP进行反馈,系统会根据问题的严重程度自动生成处理任务并通知相关负责人。问题处理完成后,系统自动记录处理结果,形成闭环管理,确保每个质量问题都能得到及时解决。

3) 灵活应对现场变动

施工现场人员调动频繁,APP-MES的任务转交功能确保了施工进度不因人员变动而受到影响。无论是因人员离岗、岗位调整还是需要多人协作,系统都能够灵活分配任务,保证每个施工节点的顺利完成。这种灵活性使得APP-MES能够适应复杂多变的施工现场环境,保障工程进度按时推进。

## 5.2 数据应用与智慧物流仓储管理

本节将深入探讨如何通过数字化技术,特别是BIM、IoT、移动APP、MES等工具,优化物流和仓储流程,提升管理效率,实现资源的精准配置和成本控制,以及如何通过数据驱动决策,确保施工过程的高效、透明与可持续。

### 5.2.1 数字工厂数据与工程数据强耦合

在传统的设备供应链管理中,设备供货计划的制定、投产下单等关键业务流程往往依赖于管理人员的个人决策。在这一过程中,施工单位、设备供应商、驻地监理、设备集成服务商以及建管部门与设备管理部门之间,缺乏有效的联动机制,难以达到设备供应与工程实际进度之间的紧密耦合和高度关联性。导致这一现象的根本原因可归结为以下三点。

(1) 设备生产周期数据库与前置条件缺失

尚未逐步构建全面的甲乙供设备生产周期数据库以及下单排产所需的各种前置条件(如设备参数的确定、二级供应商原材料供应的稳定性、现场施工节点的完成情况等)。

(2) 甲乙供设备供货通知书管控节点缺失

在编制机电系统全专业工程筹划时,未能将"下达甲乙供设备供货通知书"确立为一个关键的管控节点,并在充分考虑上述第一点所述因素的基础上,将其纳入整体工程筹划之中。

(3) 机电系统工程进度管控机制不足

对于机电系统工程按照施工组织计划严格推进的要求,缺乏强有力的管控措施。现场实际进度的信息缺乏有效的机制和路径,无法及时反馈至各层级管理部门及相应的数字工厂系统。

综上所述,针对计划编制的联动性和计划执行情况的考核,应从以下两个方面着手优化。

(1) 实现数据接口的无缝对接

必须确保各线路级基于BIM的生产管理系统与数字工厂的智能排产(Advanced Planning and Scheduling,即APS)系统之间的数据接口畅通。通过从机电系统工程全专业施工组织计划中提取甲乙供设备的到货需求计划,并结合二级原材料供应商的材料供应周期、设备部件采购周期以及设备组装所需时间等多元因素,构建智能排产系统的输入数据集。数字工厂的各系统将据此严格监控和执行排产计划。同时,生产过程中的任何异常情况都应实时反馈至现场生产管理系统,以便动态评估是否可通过调整施工组织计划来缓解供应端带来的不利影响。

(2)建立预警和考核机制

以 MES、供应链管理(Supply Chain Management,即 SCM)系统和仓储管理系统(Warehouse Management System,即 WMS)所反馈的产出时间、仓储数量、仓储时长等关键指标为核心,构建预警和报警系统。全面评估施工单位在机电系统综合性施工组织的编制、执行、动态调整、信息反馈等环节的工作绩效。同时,对设备供应商的生产计划兑现率、良品率等指标进行考核,实质上是对其生产进度和质量管控体系运作情况的综合评价。例如,若 WMS 系统数据显示某一设备在工厂仓储超期,则应根据考核模型,联动触发相应的数据举证流程,以判断是供应商提前完成了设备生产,还是施工单位未能按时发起提货申请。这将进一步揭示现场施工组织计划未能按期执行的具体原因。

## 5.2.2 智慧物流管理

智慧物流是指运用大数据分析、人工智能算法及现代化信息手段,对物流资源进行高效整合与优化,全方位提升物流流程中的各个节点,确保物流资源的科学分配,进而减少企业物流配送的成本,增强企业物流管理的效能。与传统物流模式相比,智慧物流的优势主要体现在以下几个方面。首先是成本优化。通过 DfMA 原则,提升物流活动的运营效率,从而增强企业的市场竞争力。其次是客户体验提升。基于高效的供应链管理系统,实现产品在仓储、搬运、包装、加工及配送等环节的集成化管理,确保产品快速且精准地递送至消费者,充分满足消费者的购物及售后服务需求,增强客户忠诚度。再次,物流效能增强。利用先进的数据处理和算法技术,对供应链全过程的运输路线、计划及操作步骤进行精确优化,缩减运输周期,提高运输效率与成效。最后是促进可持续发展。智慧物流旨在实现资源的精确分配与利用,确保资源有效投放至需求点,减少资源浪费和能源消耗,保护生态环境,构建绿色供应链。

(1)积极构建智慧物流体系

基于 DfMA 理念,智慧物流体系的构建已成为企业现代化运营的关键支柱,为提升效率、降低成本与增强竞争力提供了系统性支持。通过整合先进的数据挖掘技术与人工智能算法,智慧供应链管理系统能够对构件库存状态进行动态监控,并基于工程需求进行物资需求趋势的前瞻性预测。这种数据驱动的方法为模块化装配提供了精准可靠的供应链支撑。在此基础上,物联网技术、GPS 定位以及传感器网络被充分应用于物流环节,实现运输、仓储与配送全过程的数据实时采集和标准化分析,从而确保部品模块的流转高度契合生产装配的需求。

此外,针对工程项目的区域性物流需求特点,智慧物流体系通过优化算法与大数据分析制定精细化的网络布局方案,涵盖运输路径设计与配送模式优化。动态调度与精准配送的结合使得物流流程全面向智能化和高效化发展,显著提升响应速度与服务质量。这种精益化管理贯穿物流全生命周期,为 DfMA 在轨道交通领域的深入应用提供了强有力的保障,助力实现从生产到装配的高效协同,推动整体商业模式的创新与优化。

(2)提升数据融合与解析效能

企业需要深入挖掘并高效利用物流管理中的数据资源,通过集成先进的数据捕获与解析工具，为管理平台提供实时、精准的信息流，确保生产与供应链过程中信息的透明化与实时性。这种数据驱动的管理方式能够有效支持 DfMA 的模块化装配需求，提升生产与物流体系的整体协同能力。为此，企业应充分运用大数据分析与人工智能技术，释放数据的潜在价值，推动智能化供应链的持续发展。具体而言，企业可采用机器学习算法，深入解析采购、库存及运输数据，精准监控内部供需波动及供应链绩效趋势，为基于 DfMA 的物流决策提供可靠的数据支持。同时，数据治理是提升数据效能的基础。企业需实施严格的标准化数据处理流程，建立高质量的数据仓库，确保数据的准确性、一致性和可重用性，提高数据处理效率，并增强物流系统的灵活性与适应性。

此外，结合 DfMA 模块化生产的特点，企业应注重实时数据可视化技术的深度应用，构建动态监控平台，实现对生产、仓储、运输等关键节点的实时追踪和可视化展现，为管理者提供直观、可靠的运营信息支持，从而快速响应工程需求并优化决策质量。同时，通过数据挖掘技术，企业可以揭示物流、采购和需求之间的内在关联，为 DfMA 在轨道交通工程中的方案优化与模块创新提供科学依据。与此同时，企业需重视物流管理体系的数据安全与隐私防护。为保障数据资产的安全性与完整性，企业应构建覆盖全流程的数据安全防护体系，包括严格的访问权限管理、安全的数据交换协议、完善的数据备份与恢复机制等，并定期对员工进行数据安全意识培训，确保在智能化与数字化进程中，系统的安全性和稳定性得到充分保障。通过全方位的数据融合与解析能力的提升，企业将进一步增强 DfMA 在城市轨道交通领域的应用深度与效益。

### 5.2.3 智慧仓储系统的构建

智慧仓储是智慧物流的另一重要组成部分。智慧仓储，也被称为智能仓储系统或全自动仓储管理系统，是通过应用 RFID 射频识别、机器人堆垛、立体仓库等先进技术，构建的一种创新业务流程模式，广泛应用于物流管理的仓储环节。智慧仓储作为现代物流管理的核心课题，已成为制造业智能化转型和实体经济领域的热点话题，并在多个行业中发挥着重要作用，展现了巨大的发展前景。它的应用有效缓解了土地资源紧张的问题，通过自动化设备替代人工，突破了土地纵深的局限性，显著提升了单位面积土地的使用效率和存储能力。此外，智慧仓储技术还提高了生产效率和劳动力效能，降低了劳动成本和产品损耗。在精细化作业领域，智慧仓储技术也表现出极强的适应性。智慧仓储系统功能模块设计包括以下方面。

(1) 智能仓储管理

在轨道交通项目中，智能仓储管理作为关键的后勤支持系统，必须充分融合 DfMA 原则，以优化仓储与供应链管理。智能仓储管理系统集成了货物自动识别与分类、库存监控、温湿度监测和智能调度等核心功能。在这一过程中，货物自动识别与分类功能通过 RFID、条形码等技术，结合 BIM 模型，实现对每一件部件或预制模块的精确识别与追踪，确保物料流转的高效性与精准性。通过手持终端扫描，工人能够快速定位、取用物料，显著提高了仓储操作效率，同时降低了误操作的风险。库存监控模块实时跟踪物料的数量和位置，并通过预警机制及时发出库存不足或过剩的警报，优化仓储管理，确保及时补货或调整库存量，从而避免项目延误或物料过度储备。特别是在基于 DfMA 优化设计的情况下，仓库中的每一项物料和部件都有明确的规格和标准，使得库存管理更加精细化,最大限度地提高了仓储空间的利用率和存储容量。在温湿度监测方面,结合环境控制技术,仓库内的环境条件会根据物料的存储要求进行实时调节,确保材料在最佳条件下储存。智能调度系统则利用动态数据调整仓储设备的调度和人员配置,确保资源的最优配置,并通过作业流程的智能优化,提高作业效率,降低运营成本。结合 BIM 与 ERP 系统的深度集成,智能仓储系统能够自动获取各环节的信息,实现更精细化的资源调度与供应链协同,从而有效支持轨道交通项目的高效运作。

(2) 物流追踪与监控

在轨道交通的物流管理中,物流追踪与监控不仅要确保各环节的物流信息透明,还需结合 DfMA 优化设计,确保部件与模块的流转效率。货物追踪功能依托物联网技术,通过实时数据传输,监控物料与设备的物流状态,从供应链的各个环节(如生产、仓储、运输等)获取精确的实时数据。结合 BIM 模型,物流系统能够全面掌握物料与部件的流向与状态,确保物料和部件在运输过程中的高效流转,避免出现错漏或延误。运输状态监控通过智能化工具对运输工具的行驶状态、交通情况进行实时监控,并在出现异常时向管理人员发送警报,提供应对方案,确保项目进度不受外部因素的影响。通过智能路线规划与优化,运输过程中的各环节能够得到更精细的控制,提升物流效率,确保项目按时交付。

(3) 模块化装配管理

模块化装配管理功能模块的核心在于通过标准化、智能化的手段,实现部品部件从设计、制造、仓储到现场装配的全生命周期管控。在模块化装配过程中,装配优化排序是关键环节之一。系统能够根据装配计划、现场施工进度和关键节点的时间要求,自动生成最优装配顺序,避免资源冲突与流程冗余。例如,对于大型预制模块,其运输与吊装往往涉及多方协调,优化排序功能不仅能确保资源配置合理,还能提升装配整体效率。实时装配进度监控则进一步增强了模块化装配的精确性和透明度。通过集成物联网技术,施工现场的装配状态可以实时传输到中央管理系统,管理者能够直观了解当前装配进度,并及时调整后续作业安排,确保整体计划的严密性。此外,质量管理是模块化装配的核心保障。结合 IoT 传感器的检测能力,系统能够对装配完成的模块进行全面质量监测,确保其满足设计要求与安全规范。例如,通过对关键部位的连接强度、位置偏差等参数的自动检测与分析,装配管理模块可以在早期发现潜在问题,避免返工造成的时间和资源浪费。同时,该模块还能提供质量追溯功能,对装配中涉及的所有部品部件进行数据记录,便于后续运维阶段的问题定位和责任划分。模块化装配管理功能不仅提升了装配效率,还在大规模轨道交通项目中极大地减少了非增值作业和资源浪费。

(4) 供应链优化

信息共享与协同机制通过物联网和云计算技术,实现供应链各环节(如供应商、生产商、承包商和分包商)的信息互联互通。借助 BIM 和 ERP 系统的深度融合,供应链各环节能够实时共享库存信息、生产进度、物流状态等数据,确保供需平衡,避免因供应链滞后而影响项目进度。通过实时数据的共享和精准的协作,供应链的透明度和响应速度得到了大幅提升,极大地降低了成本并提高了客户的满意度。基于大数据技术的分析与决策支持系统,为供应链的优化提供了强有力的数据支撑。通过分析和挖掘历史数据,系统能够预测未来的需求和市场趋势,为决策提供准确依据,帮助项目管理者制定更加精准的生产和销售计划。这样，供应链管理不仅实现了物料和部件的最优调度，还保证了整个项目资源的高效利用。

智慧仓储系统不仅承载了仓储的基本职能，还扩展了分配与汇集的功能。其中，仓储环节主要是指为商品提供一个适宜的存放环境及相关流程服务，涵盖了商品的进出库、质量检验、装卸、搬运等多个步骤。而分配与汇集则涉及物流的分配与汇总服务。在传统的仓储作业中，人工操作占据主导地位，这种做法难以实现对商品信息的实时更新，导致无法大规模、自动化地收集仓储数据，从而影响了整体的管理效率。智慧仓储系统采用先进技术，顺应"互联网＋"的时代趋势，运用物联网感知技术和大数据分析技术，保障了物流行业的持续健康发展。

## 5.3　智能制造与 DfMA 的结合

在探讨 DfMA 的未来趋势时，智能制造与 DfMA 的结合成为一个不可忽视的话题。这种结合不仅为制造业带来了新的机遇，也引领着 DfMA 向更高层次发展。接下来，我们将深入探讨智能制造与 DfMA 相结合的具体内容及其对未来制造业的影响。

### 5.3.1　智能制造的定义

智能制造（Intelligent Manufacturing）是指利用先进的信息技术手段，例如人工智能、物联网、大数据分析等，与现代化制造工艺，如 3D 打印技术、自动化生产线等相结合，旨在推动生产活动的智能化、灵活化及高效化。这一模式不仅代表了传统生产方式的优化升级，更标志着生产与管理理念的根本性变革。在智能制造体系下，各类传感器、智能化装备及机器人等自动化工具能够对生产流程中的数据进行即时采集与解析，以便对生产环境、设备运行状况及产品质量进行有效监控与管理。借助实时数据分析与预见性维护策略，能够迅速识别并处理生产过程中的各类问题，进而提升生产效率及产品品质。智能制造能够增强生产过程的灵活性。传统生产线通常是固定的，难以应对产品更新与市场需求的变化。通过数字化技术，智能制造使生产线得以迅速调整，并支持定制化生产，从而更好地应对个性化需求和定制化要求。此外，智能制造还促进了生产过程的高效性。通过优化生产调度、资源配置以及物流管理，能够有效降低生产成本与能耗，同时提升生产效率与资源的使用效率。总体而言，智能制造不仅能提升生产效率与产品质量，还能够减少成本和能源消耗，推动制造业的转型与升级，促进经济的可持续发展。

近年来，制造业在全球范围内正经历着一次深刻的转型，这一转型的核心驱动力是智能制造。智能制造体现了制造工艺与信息技术、人工智能等高科技领域的紧密结合，其目标是推动生产流程向数字化、联网化和智能化方向发展。在国际舞台上，美国、德国、日本等发达国家已成为引领智能制造趋势的先驱。这些国家通过确立国家政策导向、促进技术革新及其应用、营造支持创新的环境，在全球智能制造领域占据了领先地位。例如，美国自 2011 年起启动了"先进制造伙伴计划"，该计划旨在通过工业界、高校和联邦政府合作来巩固美国在智能制造方面的领导地位。之后，为了进一步加大在先进制造技术上的投入，美国政府在 2018 年又推出了"美国制造"倡议。与此同时，德国提出了"工业 4.0"

愿景，聚焦智能工厂与智能生产的理念，利用物联网、云计算和大数据分析等技术优化生产流程，从而增强效率和适应性。而在日本，"社会5.0"战略则着眼于实现人类与机器、系统之间的和谐协作，推广基于物联网技术的智能制造体系，以期创造一个更加融合的未来社会。

作为世界领先的制造业大国之一，中国对推进智能制造的关注度持续增加。在国家层面的发展蓝图中，中国政府明确了智能制造的战略目标，并通过一系列政策措施来促进其成长。中国智能制造的进展主要体现在以下方面。①技术革新：中国在诸如人工智能、物联网和大数据分析等关键技术上取得了长足进步。这些技术的集成应用为智能制造提供了坚实的技术基础。②产业转型：传统制造业正经历向高附加值和技术密集型智能制造的转变。例如，在汽车制造、电子产品以及机械工程等领域，自动化与智能化生产线的应用已经变得越来越普遍。③需求驱动的市场发展：随着国内对智能制造解决方案的需求不断攀升，这不仅刺激了相关产品和服务市场的繁荣，也促使中国企业更加积极地参与国际竞争，逐步增强在全球智能制造领域的存在感。④政策激励：政府通过提供财政资助、税收减免、教育和培训项目等多种方式，鼓励企业和科研机构积极参与智能制造的研究与发展。

## 5.3.2　从管理及经营角度对于智能制造的思考

在当前工业发展背景下，智能制造已成为提升制造业竞争力的关键策略。为了有效实施这一策略，建设公司应牵头开展数字工厂体系认证，将监控重点从单纯的设备生产质量和进度数据，转向整个监控体系的运作情况。这一转变不仅涉及技术的升级，还包括管理理念和操作模式的全面革新。

在智能制造的管理与运营实践中，建设公司业主代表或设备集成服务商（若其角色仍具有必要性）在设备监造管理流程中，主要依赖于设备供应商数字工厂提供的"体系运作数据"来实现对远程监控体系的运行状况的监督。在常规情况下，管理者无需深入探究具体的生产过程数据或出厂验收数据，只要"体系运作数据"能够有效证明质量与进度管控体系维持"绿灯"状态，即表明体系运行正常，相应批次的设备便可以获准放行。在此背景下，"灯塔工厂"这一概念由麦肯锡咨询公司与世界经济论坛于2018年提出，特指在第四次工业革命浪潮中，成功将数字化生产技术从局部试点扩展至大规模应用，并从中获得显著财富收益的企业。这些企业代表了全球制造业在智能制造和数字化领域的最高成就，被视为全球最先进的生产场所之一。入选的"灯塔工厂"不仅是"数字化制造"和"全球化4.0"的示范者，更是生产数字化变革的先锋。"灯塔工厂"的核心在于构建智能制造体系的战略能力，通过自动化、工业物联网、大数据分析、5G等数字技术的广泛应用，实现资源需求和规划管理、柔性生产、物流运输、客户服务等方面的精细管理。这些工厂遍布全球各个行业和地区，规模各异，共同致力于工作流程的变革和效能的提升，因此被誉为"世界上最先进的工厂"。截至2023年12月，全球共有153座"灯塔工厂"，其中中国拥有63座，占据了近半数的份额。这些"灯塔工厂"的经验为制造企业提供了宝贵的参考，展示了如何通过数字化挖掘新的价值，包括提升资源生产率、增强敏捷性和响应能力、加速新产品上市、提高定制化水平等方面。

### 5.3.3 机电系统管综设备化管理与模块化拼装工法的创新实践

所谓基于 DfMA 管线模块化拼装的"机电系统管综设备化管理"指的是对机电系统中全专业管线及其综合支吊架组成的模块单元，实施设备化的管理模式。模块单元的生产、制造、现场安装与设备供应管理已经实现了无缝对接，本质上并无差异。采用此种工法，将大幅简化现场的管理与控制流程。

（1）质量管控工作的转变

传统的全管路质量管控被分解为工厂组装质量管控和现场模块间拼装质量管控两个部分。工厂组装质量管控环节，可以模块单元组装供应商是否具备完善的数字工厂体系作为参与项目的准入门槛。现场管理人员则可将管理重心转移到模块间的现场拼装质量上。

（2）质量验收工作的拆分与整合

在不改变传统检验批划分的前提下，质量验收工作经历了拆分与整合的过程。模块间的拼装实质上是将多专业工程的质量检验批验收，细化为多个模块拼装节点的验收，每个拼装节点的验收实际上是对多个专业质量验收工作的集成。在质量验收的时间节点上，将原本集中在整个检验批完工后的验收，转变为多个模块单元拼装节点的过程验收，这不仅提高了整改措施的及时性，也进一步确保了"一次做对，过程正确，结果优良"的质量管理目标。

（3）机电系统工程项目进度跟踪的影响分析

在传统的机电系统工程中，进度跟踪通常依赖于分专业统计管线类工程的完成长度或百分比。然而，这种传统方法无法直观展示风管和水管等是否在同一区域竣工。相比之下，模块化的表达方式则明确指出了竣工区域，且竣工区域必然涵盖全专业管线（否则无法满足模块出厂要求）。这种进度的表达方式，不仅提升了直观性，也为基于图像识别的进度跟踪提供了便利，显著降低了进度跟踪视频/图像识别算法的研发难度（仅需以机电系统的模块单元作为训练素材，即可开发出分析算法）。

（4）机电系统工程计量方式的革新

传统的月度分专业统计和完成比例折算的计量方式，已优化为按日、周统计竣工模块单元的计量方式。结合进度跟踪的视频/图像识别算法，以及基于"区块链"的智能合约技术，实现了全过程自动化，无需人工干预，从而系统性地解决了施工单位工程费用和劳务人员工资的计算问题。

（5）基于 DfMA 管线模块化安装工法的经营突破点

为了在建筑行业中实现经营模式的创新与突破，以下是基于 DfMA 管线模块化拼装工法的几个关键策略：1）针对参与建设的设备供应商开展数字工厂体系认证服务，以提升其数字化管理水平。2）与模块化工厂建立合作关系（建设公司可考虑注资），并在招标文件及合同中明确要求机电系统工程施工单位必须采用基于 DfMA 的管线模块化安装工法。施工单位需从预选的模块化供应商库中选择合作伙伴，并负责支付材料采购、部分预拼装等成本。对于模块间的拼装工作，施工单位可自行实施，也可从模块化工厂提供的"管综集成拼装"队伍中选择，以实现高效、精准的现场施工管理。

如图 5-8 所示为一个三层工业输送系统设计图。该系统由多个模块化的输送带组成，每个输送带都位于一个独立的隔间内，通过垂直通道相互连接。图中标注部分表示预留的施工和检修空间，宽度为600mm。这些区域的设计是为了方便未来的维护、维修或升级工作，确保系统的可访问性和灵活性。输送带设备是整个系统的核心组成部分，负责物料的传输和处理。金属框架支撑着整个输送系统，提供了必要的结构稳定性。

针对轨道交通机电系统工程，在全专业管综施工深化设计模型确定及优化完成后，将全专业机电系统管线按照模块化要求进行切分，切分后的全专业管线与综合支吊架在工厂预制、组装，形成一个个完成的模块单元，整体出厂运输到现场进行拼接安装。将机电系统工程现场捉襟见肘的工期前置到数字工厂中消化，节省了大量的现场工期。同时工厂的模块化装配可以很大程度上确保竣工质量。现场的质量管控只需要聚焦在模块间的连接质量即可。

图 5-8　三层工业输送系统设计图

## 5.4　数字工厂与智慧制造

随着信息技术的迅猛发展，数字工厂与智慧制造逐渐成为现代建筑行业变革的核心驱动力。这一新兴的建造模式不仅代表了工业化与信息化的深度融合，也为城市轨道交通等大型基础设施项目提供了更加高效、精准的施工方案。通过引入数字工厂的概念，智慧制造不仅优化了设计、生产、施工的各个环节，还推动了项目全过程的数字化管理和智能化决策。

### 5.4.1　数字工厂与智慧制造的定义

在现代工业领域，数字工厂和智慧制造是两个核心概念，它们代表了制造业技术革新和工业自动化的最新发展趋势。数字工厂侧重于利用数字化的方法和工具来模拟、计划和优化制造过程，而智慧制造则涉及使用先进的信息和制造技术来改善制造过程的效率和效能。这两个概念虽然密切相关，但各有侧重，共同推动制造业向更高效、更便捷的方向发展。以下是不同人工智能软件对于数字工厂和智慧制造的定义。

（1）文心一言对于数字工厂和智慧制造的定义

1）数字工厂是在计算机虚拟环境中，对整个生产过程进行仿真、评估和优化，并进一步扩展到产品整个生命周期的新型生产组织方式。它是现代数字制造技术与计算机仿真技术相结合的产物，主要作为沟通产品设计和产品制造之间的桥梁。数字工厂的本质是实现信息的集成，它通过物联网和服务网等信息技术基础，以数据为关键生产要素，以云计算、大数据、人工智能、物联网等信息技术为主要使能技术，以数字技术产品和服务供给、数据价值创造、数字生态营造等为核心业务模式，引领数字产业化发展的现代化新型工具。数字工厂有许多不同的定义。例如，数字工厂被定义为数字模型、方法和工具的综合网络，包括模拟和3D/虚拟现实可视化，并通过持续的数据管理进行集成。在国内，对于数字工厂接受度最高的定义是：数字工厂是在计算机虚拟环境中，对整个生产过程进行仿真、评估和优化，并进一步扩展到产品整个生命周期的新型生产组织方式。

2）智慧制造是一种面向服务、基于知识运用的人机物协同制造模式。在互联网、物联网、内容/知识网、人际网和先进制造技术等的支持下，将各种制造资源连接在一起形成统一的资源池。根据客户个性化需求和情境感知，在人机物共同决策下作出智能的响应。在制造全生命周期过程中为客户提供定制化的、按需使用的、主动的、透明的、可信的制造服务。

此外，智慧制造也是一种具有资讯自感知、自决策、自执行等功能的先进制造过程、系统与模式的总称。在生产设备与生产线高度自动化的前提下，设备在工业物联网的平台内，端点到端点互通信息，借由搜集数据资料进行大数据分析，人工智能学习并预测未来产能运作，达到自行感知、自动决策、自动执行等先进制造作业，关键制造环节智能化，协助企业数位转型后找到最佳生产模式，提升产业竞争力。

（2）ChatGPT对于数字工厂和智慧制造的定义

1）数字工厂是指利用数字化技术和先进的信息技术来优化和改进制造业生产过程的概念。数字工厂的目标是通过整合物理系统和数字系统，实现生产过程的智能化、灵活性增强、效率提升和成本降低。数字工厂的核心理念是将物理世界与数字世界紧密结合，通过实时数据、传感器、自动化和先进的分析技术，实现生产过程的监控、优化和智能化决策。

2）数字工厂通常包括以下关键特征。

①物理与数字融合：将传统的生产设备、生产线和工艺与数字技术、信息技术无缝整合，实现物理与数字的融合。

②实时数据采集与监控：利用传感器、监控设备等实时采集生产过程中的数据，以便实时监测设备状态、生产进度和质量情况。

③自动化与智能化：引入自动化技术，使得生产过程更加自动化、智能化，减少人为操作的干预，提高生产效率和准确性。

④数字化生产计划与调度：利用数字化技术对生产计划进行优化和调度，提高生产资源利用率，降低生产成本。

⑤虚拟仿真与优化：利用数字化技术建立生产过程的虚拟模型，通过仿真和优化，预测生产状况，提前发现和解决潜在问题。

⑥协同性与灵活性：通过数字化平台和信息共享，实现不同环节的协同工作，使生产过程更加灵活。

3）智慧制造是一种基于先进的信息技术和数字化技术的制造模式，旨在通过实时数据采集、智能分析、自动化和协同性，实现制造过程的高度智能化以及灵活性和效率的提升。这一概念强调利用先进的技术手段来改进传统制造业，使其更加灵活、可持续和创新。

4）智慧制造通常包括以下关键特征。

①数字化技术的应用：利用大数据、云计算、物联网、人工智能、机器学习等数字技术，将物理制造系统与数字信息系统紧密结合，实现实时数据的采集、传输和分析。

②实时数据采集与分析：通过各种传感器、监控设备等实时采集生产过程中的数据，并利用高级分析技术进行实时监控、预测和优化。

③自动化与智能化生产：引入自动化技术，包括自动化生产线、机器人、智能控制系统，以提高生产效率、降低人为干预的需求，并实现更高水平的灵活性。

④协同性与连接性：实现不同制造环节的协同工作，通过互联网和数字平台的连接，促进各个部门、供应商和合作伙伴之间的紧密合作。

⑤数字化供应链管理：利用数字技术对供应链进行优化和整合，实现原材料采购、生产计划和产品分发等方面的高效协同。

⑥客户参与和定制化生产：借助数字技术，实现对客户需求的更好理解和快速响应，实现定制化生产，提高客户满意度。

⑦可持续性和绿色制造：通过优化资源利用、减少废物排放等手段，实现生产过程的可持续发展，同时关注环境友好性。

(3) 讯飞星火对于数字工厂和智慧制造的定义

1) 数字工厂是由数字化模型、方法和工具构成的综合网络，包含仿真和 3D 虚拟现实可视化，将连续的数据管理集成在一起。它是现代数字制造技术与计算机仿真技术相结合的产物，同时具有两者鲜明的特征。

2) 智慧制造是一种基于新一代信息通信技术与先进制造技术深度融合的新型生产方式。它贯穿设计、生产、管理、服务等制造活动的各个环节，具有自感知、自学习、自决策、自执行、自适应等功能。它是在互联网、物联网、内容/知识网、人际网和先进制造技术等的支持下，将各种制造资源连接在一起形成统一的资源池，根据客户个性化需求和情境感知，在人机物共同决策下实现高效、精准、灵活、绿色、智能的制造过程。此外，智能制造还强调以产品的整个生命周期为对象，在达到泛认识情况下实现信息化生产制造。

## 5.4.2 数字工厂所包含的系统

在现代制造业中，数字工厂的概念不仅仅是一个简单的自动化工厂，而是一个高度集成、全面数字化的生产环境。数字工厂通过各种先进的管理系统和技术手段，实现了从设计到生产、物流、销售、服务的全方位管理和优化。数字工厂包括了智能排产（APS）系统、产品全生命周期管理（PLM）系统、企业资源管理计划（ERP）系统、制造执行系统（MES）、仓储管理系统（WMS）、供应链管理（SCM）系统、客户关系管理（CRM）系统等。还涵盖了设备资源及控制层，包含传感器、仪器仪表、条码、射频识别、机器、机械和装置等硬件设备。此外，数字工厂的功能还包括对企业知识型资产的管理，如产品数据管理、项目管理、变更管理、协同管理、标准化管理和安全管理。这些系统集成运行，形成了完整的数字工厂体系结构，可以分为企业层、管理层、监控层、控制器层和现场层。通过集成 ERP 系统、MES 等信息系统，协助管理层优化决策输出和实现企业可视化和高效的运维管理。其中，PLM 系统覆盖产品全生命周期，WMS 提升仓储物流效率，ERP 系统辅助决策从而提升工厂精细化管理能力，MES 通过集成功能性软件实现工厂高效运维。此外，还有分散控制系统（DCS）和制造运营管理（MOM）系统，分别可以提升工艺流程管理和运营管理的便捷性和效率。

(1) 智能排产（APS）系统

智能排产（Advanced Planning and Scheduling，APS）系统是数字工厂中不可或缺的

一部分，其主要功能是通过先进的算法和大数据分析，对生产计划进行优化和排程。APS系统通过以下几个方面提升生产效率。

1）实时响应能力

数字工厂的智能排产系统是提升生产效率的关键技术之一。APS系统能够根据实时数据对生产计划进行动态调整，确保生产线的高效运转和灵活应对市场变化。其核心优势在于实时响应能力，这意味着系统能够在接收到新的生产信息或指令后，立即对现有的生产计划进行优化。这种即时性不仅提高了生产计划的准确性，还大大缩短了决策周期，使得工厂能够在复杂多变的生产环境中保持领先地位。此外，APS系统的实时响应能力还体现在对突发事件的快速处理上。无论是市场需求的变化，还是生产过程中的意外情况，APS系统都能够迅速识别并做出相应的调整。这种灵活性对于保持生产连续性和减少潜在损失至关重要。通过APS系统，工厂能够实现资源的最大化利用，降低库存成本，同时提高对客户订单的响应速度，从而在激烈的市场竞争中保持优势。

2）资源优化

通过对生产资源的全面分析，包括设备能力、人力资源、物料供应等各个方面，APS系统能够实现资源的最优配置。这种优化不仅仅局限于提高生产设备的利用率，而是涵盖了整个生产流程中的所有资源，确保每一项资源都能在正确的时间以正确的方式被充分利用。通过这种方式，APS系统帮助工厂减少了资源浪费，提高了生产线的整体效率，从而在成本控制和生产速度上取得显著优势。资源优化还涉及人力资源和物料的管理。APS系统能够根据生产需求合理分配人力资源，确保每个员工都能在其最擅长的岗位上发挥作用，同时减少人员的闲置和过度劳累情况。在物料管理方面，APS系统通过对物料流的分析和预测，优化物料采购、存储和使用流程，减少库存积压和物料短缺的情况，从而降低库存成本并保障生产线的连续运作。这种全方位的资源优化，不仅提升了生产效率，也为工厂带来了更加灵活的运营模式。

3）瓶颈预测

通过先进的模拟和分析技术，APS系统能够对生产流程进行详细的预测，从而提前识别出可能出现的生产瓶颈。这些瓶颈可能是设备故障、物料短缺或操作不当等原因造成的，它们可能会导致生产线的停顿，影响整个生产进度。APS系统通过预测这些潜在问题，能够及时制定出相应的优化方案，采取措施预防生产中断，确保生产流程的平稳运行。

这种瓶颈预测的能力对于维护生产连续性和提升整体效率具有至关重要的意义。在生产过程中，一旦出现瓶颈，不仅会直接影响产品的交货期，还可能导致成本的增加和客户满意度的下降。APS系统的应用，使得工厂能够主动出击，而不是被动应对生产中的问题。通过提前识别和解决瓶颈问题，工厂能够最大限度地减少生产延误，提高生产效率，从而在激烈的市场竞争中保持领先地位。这种前瞻性的管理方式，不仅提升了生产管理的水平，也为企业的可持续发展奠定了坚实的基础。

（2）产品全生命周期管理（PLM）系统

产品全生命周期管理（Product Lifecycle Management，PLM）系统覆盖了产品从概念设计、开发、制造到维护、退役的整个生命周期。PLM系统通过以下方式提高产品管理效率。

1）协同设计

PLM系统提供了一个平台，支持跨部门、跨地域的团队成员进行无缝协作。这种协同设计的工作模式确保了产品设计过程的高效性和一致性，使得不同部门的专业知识和经验能够得到有效整合。通过 PLM 系统，设计团队可以实时共享设计文档和数据，这样的信息透明化极大地减少了沟通障碍，使得设计过程中的反馈和迭代更加迅速，从而显著提升了设计效率。此外，PLM 系统的协同设计功能还促进了创新思维的碰撞和融合。由于团队成员不受地理位置的限制，他们可以更加灵活地参与到设计过程中，贡献各自的专业见解。这种集思广益的设计环境有助于激发更多创新想法，使得产品设计更加完善，更能满足市场和客户的需求。通过 PLM 系统，设计团队不仅能够提高工作效率，还能够确保产品从初始概念到最终成品的每个阶段都能够保持高度的一致性和良好的质量。

2）数据管理

PLM 系统的核心功能之一是数据管理，它通过集中化的方式来管理产品从设计到退役的整个生命周期中的所有数据。这包括设计图纸、技术规范、工艺流程等重要信息，PLM 系统确保这些数据的准确性和可追溯性。通过严格的版本控制和权限管理，系统保证了数据的完整性和安全性，使得任何对产品数据的更改都能被记录和审查。这种数据管理的有效性对于维护产品质量标准至关重要，它使得设计变更和产品迭代过程中的信息流失降到最低，从而保障了产品的一致性和可靠性。数据管理的可追溯性在产品的后续维护和服务环节中发挥着重要作用。由于所有相关数据都被有序存储，技术人员能够快速检索到所需的历史信息，这对于故障诊断、零部件替换以及产品升级都提供了极大的便利。有效的数据管理不仅提高了产品维护的效率，还降低了因信息不准确或不完整导致的维护错误和额外成本。因此，PLM 系统中的数据管理功能是确保产品质量、提升客户满意度和优化产品维护服务的关键因素。

3）变更管理

PLM 系统有效管理产品设计和制造过程中的变更，确保变更信息及时传递和执行，减少生产误差。变更管理不仅仅是对设计变更的记录和追踪，更重要的是确保所有相关方，包括设计团队、供应链及生产单位，能够实时接收到变更信息并迅速响应，从而确保产品在生命周期内始终保持高度的协调性和一致性。此外，变更管理在应对市场需求变化方面具有极大的灵活性和极快的响应速度，能够帮助企业在面对动态市场环境时，及时调整产品设计或生产工艺，以满足新的市场需求或客户要求。这种灵活的变更管理机制，不仅能够加快产品从设计到生产的转换速度，还能够增强产品的市场竞争力和创新能力。

(3) 企业资源管理计划（ERP）系统

企业资源管理计划（Enterprise Resource Planning，ERP）系统是数字工厂的中枢神经系统，负责整合和管理企业的各种资源。ERP 系统的功能包括以下方面。

1）财务管理

ERP 系统中的财务管理模块，是数字工厂高效运营的重要支撑。该模块通过实现财务数据的集中管理，确保了财务信息的准确性和实时性。ERP 系统能够提供精确的财务报表和深入的分析，这些数据是企业进行财务决策的重要依据。通过财务管理模块，企业能够实时监控财务状况，及时发现潜在的财务风险，从而做出更加合理和有效的财务规划。这种集中化的财务管理方式，有助于企业有效控制成本，优化资金流动，提升整体的财务健康。

此外，ERP 系统的财务管理模块还通过对成本和资金流向的细致管理，为企业提供了强大的内部控制能力。它能够追踪和分析成本构成，帮助企业在采购、生产、销售等各个环节中寻找节约成本的机会，从而提高资源的使用效率。同时，通过优化资金流动，企业能够更好地管理现金流，确保在需要时能够及时调动资金，支持企业的运营和发展。这种全面的财务管理能力，使得企业能够在复杂多变的市场环境中保持财务稳定，为企业的长远发展提供坚实的财务基础。

2）采购管理

ERP 系统中的采购管理模块，对于数字工厂的供应链效率起着至关重要的作用。该模块通过优化采购流程，确保了生产所需材料和服务的及时供应，从而保障了生产线的连续运作。ERP 系统可以对采购需求进行精确预测，自动生成采购订单，并通过与供应商的实时沟通，确保物料按时到达。这种高效的采购管理不仅降低了库存成本，还通过集中采购和批量订购等方式，有效降低了采购成本，提升了企业的竞争力。

此外，ERP 系统的采购管理模块还促进了企业与供应商之间的紧密合作关系。系统提供了供应商评估和选择的功能，使得企业能够基于质量、价格、交货时间等关键指标，筛选出最合适的供应商。通过 ERP 系统，企业可以与供应商共享需求信息，实现协同计划，这样不仅提高了采购的透明度，还增强了供应链的灵活性。这种高效的采购管理，有助于企业建立起稳定的供应链体系，减少供应风险，同时提升采购效率，为企业的生产和销售提供了强有力的支持。

3）人力资源管理

ERP 系统中的人力资源管理模块，为企业提供了一套全面的人力资源解决方案。该模块能够详尽地管理员工信息，包括个人资料、职位、技能、教育背景等，同时还具有薪酬计算、绩效管理等关键功能。通过 ERP 系统，企业可以更加科学地进行人力资源规划和管理，确保人才队伍与企业的战略目标相匹配。这种集成化的人力资源管理，不仅提高了员工信息的准确性，还通过自动化流程，大大提升了管理工作的效率。人力资源管理模块通过提高员工管理的透明度，为企业创造了一个公平、高效的工作环境。系统中的绩效管理功能，能够客观地记录和分析员工的工作表现，为晋升、培训和发展提供依据。同时，薪酬管理功能确保了薪酬体系的公正性和激励性，有助于吸引和保留优秀人才。ERP 系统的人力资源管理模块，通过优化人力资源流程，不仅减轻了人力资源部门的工作负担，还促进了员工的整体满意度和忠诚度，从而为企业的长远发展提供坚实的人力支持。

（4）制造执行系统（MES）

制造执行系统（Manufacturing Execution System，MES）是连接生产计划和生产执行的桥梁。MES 的功能包括以下方面。

1）生产调度

MES 中的生产调度模块是数字工厂实现生产自动化和智能化的关键组成部分。该模块根据既定的生产计划，合理地安排生产任务，并实时监控生产线的运行状态和进度。这种实时的生产监控能力，确保了生产任务能够按照既定的时间表顺利进行，有效减少了生产延误的风险。生产调度模块还能够根据实际生产情况，及时调整生产计划，以适应设备故障、物料短缺等突发事件，从而确保生产流程的连续性和资源的最优利用。

此外，生产调度模块通过精细化的管理，提高了生产效率和质量控制水平。它能够根据生产线的实际产能和物料供应情况，动态分配生产任务，避免资源的闲置和浪费。通过这种智能化的调度，企业能够更好地响应市场变化，缩短产品交货期，提升客户满意度。同时，生产调度模块还能为管理层提供详尽的生产报告，帮助决策者了解生产状况，制定更加科学的生产策略。这种高效的生产调度，是数字工厂提升核心竞争力的重要手段。

2）质量管理

MES 的质量管理模块在数字工厂中扮演着提升产品质量的重要角色。该模块能够实时监控生产过程中的各项质量指标，通过对数据的即时分析，系统能够迅速识别出质量偏差，从而及时采取措施解决潜在的质量问题。这种前瞻性的质量管理方式，不仅有助于减少不合格产品的数量，还能够确保整个生产过程符合既定的质量标准，从而显著提高产品的整体质量。同时，质量管理模块的运用对于提升客户满意度具有重要意义。通过精确的质量控制和持续改进，企业能够有效降低次品率，减少因质量问题导致的退货和投诉，进而增强客户对产品和品牌的信任。这种以客户为中心的质量管理策略，不仅提升了企业的市场竞争力，也为企业的长期发展奠定了坚实的基础。

3）追溯管理

MES 的追溯管理功能是数字工厂确保产品质量和提升服务水平的关键。该系统详尽记录了生产过程中的每一项数据，包括原料来源、生产批次、工艺参数、操作人员等信息，从而实现了产品的全生命周期可追溯性。这种全面的记录不仅有助于在发生质量问题时快速定位原因，还能够为产品召回和责任追究提供依据，极大地增强了产品质量控制的效率和效果。

追溯管理在售后服务环节同样发挥着不可替代的作用。当产品出现问题时，通过 MES 提供的追溯信息，企业能够迅速查明出现问题的具体生产环节，及时为客户提供解决方案，从而提高售后服务的响应速度和满意度。这种高效的追溯管理机制，不仅提升了企业的品牌形象，还增强了消费者对产品的信任，对于维护客户忠诚度和提高市场竞争力具有重要意义。

（5）仓储管理系统（WMS）

仓储管理系统（Warehouse Management System，WMS）负责仓库内的货物管理和物流调度。WMS 通过以下功能提高仓储物流效率。

1）库存管理

WMS 的库存管理模块是数字工厂实现物料高效流转的核心。该模块通过实时监控库存水平，为企业提供了精准的库存数据，使得管理层能够及时了解库存状况，从而优化库存结构。这种精细化的库存管理不仅有助于减少不必要的库存积压，降低库存成本，还能够通过精确的库存预测，避免因物料短缺而影响生产进度。库存管理模块的有效运行，确保了物料供应与生产需求之间的平衡，为企业节省了宝贵的存储空间和资金。

同时，保持合理的库存水平对于提升整体供应链效率至关重要。库存管理模块通过自动化的库存调整建议，帮助企业实现按需采购，减少资金占用，并有效预防物料过期或贬值的风险。这种动态的库存管理策略，不仅提高了物料利用率，还增强了企业对市场变化的响应能力，为企业的稳定生产和持续发展提供了有力保障。

2）出入库管理

WMS 的出入库管理模块，通过高度自动化的流程，显著提升了数字工厂仓储作业的效率。该模块负责管理货物的入库、出库和调拨等关键环节，利用先进的条码扫描、射频识别等技术,确保了货物信息的准确录入和实时更新。这种自动化的管理方式,减少了人工操作的错误,加快了货物处理速度,从而优化了仓储资源的利用,降低了运营成本。出入库管理模块的精准管理能力,对于维护库存数据的准确性至关重要。通过实时跟踪货物的流动,系统可以迅速定位库存位置,准确记录货物的移动轨迹,为库存盘点和追溯提供了便利。这种精确的货物管理,不仅提高了仓储作业的透明度,还增强了企业对供应链的掌控能力,确保了物料能够在正确的时间、以正确的数量到达正确的位置,从而支撑了整个生产流程的高效运转。

3) 物流优化

WMS 中的物流优化模块,专注于通过科学规划和精细管理,提升仓库内部的物流效率。该模块通过优化仓库布局和作业流程,合理规划货物的存放位置和搬运路径,有效减少了货物在仓库内的移动时间。这种优化不仅提高了仓储空间的利用效率,还降低了因重复搬运和不当存放导致的货物损耗,从而显著提升了整体的物流作业效率。物流优化模块的运用还大幅提高了仓库作业的准确性和速度。通过对仓库作业流程的标准化和自动化,减少了人为错误的发生,确保了每一项作业都能迅速而准确地完成。这种高效的物流运作,不仅加快了货物的周转速度,还减少了订单处理的响应时间,为企业赢得了市场的竞争优势。物流优化模块的持续改进,是数字工厂实现精益物流管理,提升客户服务水平的关键所在。

(6) 供应链管理(SCM)系统

供应链管理(Supply Chain Management,SCM)系统负责管理供应链中的各个环节,提高供应链的协同效率。SCM 系统的功能包括以下方面。

1) 需求预测

SCM 系统中,需求预测模块发挥着至关重要的作用。该模块利用先进的数据分析技术,对市场历史数据、季节性变化、消费者偏好等多方面信息进行综合分析,从而准确预测未来市场的需求走向。这种预测帮助企业制定出更加科学合理的采购和生产计划,确保生产活动与市场需求紧密对接,避免了因需求波动导致的资源浪费和生产过剩。需求预测模块的应用,显著降低了库存成本,为企业带来了直接的经济效益。通过精确的需求预测,企业能够实现按需采购,减少不必要的库存积压,同时提高库存周转率。此外,该模块还能有效提升供应链的响应速度,使企业能够迅速适应市场变化,及时调整生产和供应策略,从而在激烈的市场竞争中保持领先地位。这种快速响应能力,对于维护客户满意度和忠诚度,以及增强企业的市场竞争力至关重要。

2) 供应商管理

SCM 系统中的供应商管理模块,是确保供应链稳定性和效率的关键环节。该模块通过对潜在供应商的全面评估,包括质量、成本、交货时间和服务等多方面因素,来选择最合适的供应商。这种系统的评估和选择过程,有助于建立和维护一个稳定可靠的供应商网络,从而保障了原材料和服务的及时供应,减少了因供应商问题导致的供应链中断风险。此外,供应商管理模块还能够优化供应商网络,通过持续监控供应商的表现,进行定期的绩效评估和反馈,推动供应商不断提升其产品和服务质量。这种优化不仅提高了采购效率,降低了采购成本,还增强了供应链的整体竞争力。通过供应商管理模块,企业能够与供应商建立起长期的合作关系,实现资源共享,共同应对市场变化,从而在供应链管理上占据优势。

3）物流管理

物流管理模块在 SCM 系统中扮演着至关重要的角色，它负责协调供应链中的各项物流活动，包括运输、仓储、配送等。通过对这些活动的有效管理，物流管理模块旨在优化物流成本，提升物流效率。该模块通过智能算法分析，优化运输路线，减少不必要的运输环节，同时改进仓储布局，确保货物快速流转，从而显著提高了物流运作的效率。物流管理模块的优化措施不仅限于运输路线和仓储布局，还包括对库存水平的实时监控和调整，以及对物流资源的合理分配。这些综合措施共同作用，使得物流活动的整体效率得到大幅提升，为企业节省了大量的时间和成本。通过物流管理模块的持续优化，数字工厂能够确保供应链的流畅性，提升客户满意度，并在激烈的市场竞争中保持领先地位。

（7）客户关系管理（CRM）系统

客户关系管理（Customer Relationship Management，CRM）系统负责管理客户信息和需求，提高客户满意度和市场竞争力。CRM 系统的功能包括以下方面。

1）客户信息管理

CRM 系统在数字工厂中扮演着至关重要的角色。其中，客户信息管理是该系统的重要组成部分。通过客户信息管理模块，企业可以实现对客户信息的集中管理，确保数据的准确性和完整性。这种集中管理模式有助于企业更好地了解客户需求，从而提供更加个性化的服务。在提高客户满意度的同时，客户信息管理模块还能有效提升销售和服务团队的工作效率，使他们能够更加专注地为客户提供优质服务。客户信息管理模块的功能不仅仅局限于信息的存储和整理，它还具备强大的数据分析能力。通过对客户数据的深入挖掘，企业可以洞察客户行为，预测市场趋势，进而制定出更具针对性的营销策略。此外，客户信息管理模块还能实现客户信息的实时更新，确保企业能够及时响应客户需求，优化服务流程。

2）销售管理

在数字工厂的架构中，CRM 系统的销售管理模块尤为关键。该模块通过优化销售流程，为销售团队提供了一个高效的工作平台。它能够详细记录和跟踪销售的每一个环节，从潜在客户的识别到最终成交，确保了销售活动的连贯性和系统性。销售管理模块的另一个重要作用是提升销售团队的业绩。通过该模块，销售人员可以更准确地分析客户需求，制定出合适的销售策略，并在适当的时间点进行有效的销售跟进。此外，销售管理模块还能提供实时数据报告，帮助管理层监控销售活动的进展，及时调整销售目标和策略。这些功能共同作用，不仅增强了销售团队的战斗力，也为企业收入的持续增长提供了强有力的支持。

3）售后服务

该模块专注于管理客户投诉和服务请求，确保客户的反馈能够得到及时而有效的处理。通过对售后服务流程的优化，企业能够提高客户服务质量，快速响应客户的问题，从而在客户心中树立起良好的企业形象。这种以客户为中心的服务理念有助于建立长期的客户关系，为企业的持续发展打下坚实的基础。售后服务模块的效益不仅仅体现在解决客户问题上，它还能显著提升客户忠诚度。当客户感受到企业的用心服务和重视时，他们更倾向于进行二次购买，并将企业推荐给他人。因此，通过售后服务模块的有效运作，企业不仅能够解决客户的不满,还能够转化这些挑战为机遇,促进客户的重复消费,最终实现销售业绩的稳步增长。

(8) 设备资源及控制层

设备资源及控制层是数字工厂的基础设施,包含传感器、仪器仪表、条码、射频识别、机器、机械和装置等硬件设备。设备资源及控制层通过以下方式支持工厂的运行。

1) 传感器和仪器仪表

在数字工厂的设备资源及控制层中,传感器和仪器仪表是不可或缺的组成部分。它们负责实时采集生产过程中的各项数据,包括温度、湿度、压力、速度等关键工艺参数,以及生产设备的工作状态信息。这些数据的实时采集为生产过程的监控和控制提供了基础,确保了生产活动的顺利进行。传感器和仪器仪表的高精度和可靠性是实现生产自动化和智能化的关键所在,它们如同数字工厂的神经末梢,敏锐地感知着生产环境的每一个变化。传感器和仪器仪表的应用,不仅提高了生产效率,还提升了产品质量。通过这些设备,管理人员可以实时掌握生产线的运行状况,及时发现异常并采取措施,从而减少停机时间,降低生产成本。同时,它们收集的大量数据也为后续的数据分析和生产优化提供了宝贵的信息资源。可以说,传感器和仪器仪表是数字工厂智能化转型的基石,它们的存在使得生产过程更加透明、可控,为企业的持续发展和市场竞争力提供了强有力的技术支撑。

2) 条码和射频识别(RFID)

RFID 技术是实现物料和产品自动识别与管理的重要手段。通过条码扫描和 RFID 标签的读取,系统能够快速准确地识别物料和产品的身份信息,从而在生产和物流环节中大幅提升操作效率。这种自动化的识别方式减少了人工干预,降低了出错率,确保了生产流程的顺畅进行。条码和 RFID 技术在提高数据采集准确性和速度方面具有显著优势。在复杂的生产环境中,这些技术能够实时跟踪物料和产品的流动,为生产管理和库存控制提供实时数据支持。高速的数据采集不仅加快了作业流程,还使得企业能够更精准地掌握库存情况,优化供应链管理,减少资源浪费。此外,条码和 RFID 技术的集成应用,为企业的信息化建设奠定了坚实基础,为迈向更高效、更智能的生产模式提供了有力保障。

3) 机器和机械设备

机器和机械设备是实现高效生产作业的核心。这些自动化设备通过精密的控制系统,能够执行复杂的生产任务,减少对人工的依赖,从而显著提高生产效率。从精密加工到自动化装配,每一台机器和机械设备都是生产流程中不可或缺的一环,它们的协同作业保证了生产线的顺畅运行和产能的最大化。机器和机械设备的智能化水平对于生产效率和产品质量有着直接的影响。随着技术的不断进步,这些设备不仅能够执行预设的程序,还能通过智能算法进行自我优化和故障预测。智能化的机械设备能够实时调整生产参数,确保产品质量的一致性,同时减少停机时间,提高整体生产效益。

(9) 知识型资产管理

知识型资产管理是对企业知识型资产的管理,如产品数据管理、项目管理、变更管理、协同管理、标准化管理和安全管理。知识型资产管理系统通过以下功能提升企业的管理水平。

1) 产品数据管理

产品数据管理负责集中管理产品从设计到制造过程中的所有数据,包括设计图纸、技术规范、工艺流程等。通过产品数据管理，企业能够确保数据的可追溯性和一致性，从而在产品生命周期内保持信息的准确性和完整性。这种集中化的数据管理方式，为产品设计团队和生产部门提供了一个统一的资料库，大大提升了信息共享和协作的效率。产品数据管理模块不仅优化了数据存储和检索流程，还显著提高了产品开发和生产的效率。通过该模块，设计变更能够迅速传达至生产一线，减少了因信息传递不畅导致的生产延误。同时，产品数据管理模块还能够支持版本控制和配置管理，确保所有相关人员都能够访问正确的产品信息，这对于缩短产品上市时间、降低开发成本具有重要意义。此外，产品数据管理的实施还有助于企业积累和利用宝贵的知识资产，为未来的产品创新和工艺改进提供了坚实的数据支持。

2）项目管理

项目管理模块负责对项目的进度、成本和资源进行全方位管理，确保项目能够按照既定计划准时完成。通过项目管理模块，企业能够实时监控项目状态，及时发现并解决潜在的问题，从而减少项目风险。项目管理模块的引入，显著提升了项目的执行效率和管理水平。它通过集成化的平台，实现了项目信息的集中共享，使得项目团队成员能够协同工作，有效沟通。此外，项目管理模块还能够对项目成本进行精确控制，通过预算管理和资源分配，确保项目在预算范围内高效运行。这种精细化的管理不仅提高了项目成功的概率，也为企业积累了宝贵的项目管理经验，为未来项目的优化和创新奠定了基础。

3）变更管理

变更管理模块是维护产品设计和制造过程稳定性的重要工具。它负责对产品生命周期中的各种变更进行有效管理，确保变更信息能够及时、准确地传递至相关部门和人员，并得到妥善执行。变更管理模块的运用，使得产品从设计到生产的每一步都能够保持高度的协同和一致性，从而减少了因变更沟通不畅导致的生产失误。通过对变更的严格控制，该模块能够确保所有相关环节都能够迅速适应新的设计要求或制造标准，从而减少生产过程中的误差。这种高效的变更管理不仅提高了产品的可靠性，还增强了企业对市场变化的快速响应能力。此外，变更管理模块还能够记录和分析变更历史，为未来的产品设计改进和流程优化提供了宝贵的数据支持。

4）协同管理

协同管理模块旨在支持跨部门、跨地域的协同工作，通过提供统一的协作平台，使得不同团队和个体能够无缝对接，共同推进项目进度。协同管理模块的应用，打破了传统的工作壁垒，使得信息流通更加顺畅，工作流程更加高效。在数字工厂的环境中，该模块通过实时通信、共享文档、任务分配等功能，确保了团队成员之间的信息同步和任务协调。这种高效的协同工作方式，不仅缩短了决策周期，还增强了团队成员之间的信任和默契，为企业的创新发展和持续改进创造了有利条件。协同管理模块因此成为数字工厂实现资源共享、提升团队效能的关键工具。

5）标准化管理

标准化管理模块通过制定和优化企业的各项标准，包括操作流程、质量控制、安全规定等，确保了企业运营的规范性和统一性。这种规范化的管理方式，有助于消除生产和服务过程中的不确定性，为企业的稳定发展提供了坚实的基础。标准化管理模块的实施，使得企业能够在各个环节中保持高效和有序，从而显著提升了管理的规范性。标准化管理模块的运用，不仅提升了企业的管理效率，同时也对产品质量产生了积极影响。通过严格执行统一的标准，企业能够确保产品从设计到生产的每个步骤都符合既定规范，减少缺陷和偏差，提高产品的可靠性和一致性。这种以标准化为核心的管理策略，有助于企业在市场竞争中树立良好的品牌形象，增强客户的信任度，进而促进销售额增长和市场份额的扩大。

6）安全管理

安全管理模块负责制定和执行安全生产的各项规章制度，以及环境保护的具体措施，确保生产活动在安全、合规的环境中进行。通过安全管理模块，企业能够对潜在的安全风险进行识别、评估和控制，从而有效预防安全事故的发生，保障员工的生命安全和企业的财产安全。该模块通过定期的安全培训、现场巡查、应急预案演练等方式，增强了员工的安全意识和应急处理能力。同时，它还能够监测企业的污染物排放，确保生产过程符合环保标准，减少对环境的负面影响。

（10）分散控制系统（DCS）

分散控制系统（Distributed Control System，DCS）主要用于复杂的生产过程控制，特别是在流程工业中。DCS通过以下功能提高生产过程的控制和管理水平。

1）集中监控与分散控制

DCS是数字工厂中不可或缺的一部分，它通过中央监控中心实现对整个生产过程的集中管理。这种系统的设计理念是将监控与控制功能相结合，其中集中监控为管理人员提供了全面的生产数据和实时工况，使得决策层能够迅速做出响应。同时，DCS在现场层面通过分散的控制器执行具体的控制任务，这种分散控制的结构有助于减轻单个控制点的压力，提高了整个系统的运行效率和响应速度。采用集中监控与分散控制的方式，DCS显著提升了生产过程的可靠性和灵活性。由于控制任务被分散到多个控制器上，即使某个控制器发生故障，也不会影响整个系统的运行，从而增强了系统的鲁棒性。此外，分散控制还能够根据现场的具体情况灵活调整控制策略，使得生产过程更加适应多变的生产需求和环境条件。这种高度集成的控制系统，不仅优化了操作人员的作业环境，还为企业实现自动化、智能化生产提供了强有力的技术支持。

2）实时数据采集与处理

DCS的核心优势之一在于其实时数据采集与处理能力。系统通过部署在各个关键点的传感器和仪器，不间断地收集生产过程中的各项数据，包括温度、压力、流量、湿度等关键工艺参数。这些数据的实时采集为生产监控提供了详尽的信息基础，使得操作人员和管理层能够准确把握生产动态，确保生产过程的连续性和稳定性。除了数据采集，DCS还具备高效的数据处理功能，能够对收集到的信息进行即时分析，并根据预设的参数或算法快速做出响应。这种快速的数据处理能力使得DCS能够在发现生产过程中的异常情况时，立即进行相应的调整和控制，从而避免潜在的风险和损失。通过这种智能化的数据处理，DCS大大提升了生产效率，降低了人为干预的需要，为数字工厂的自动化和智能化生产提供了强有力的支持。

3）自动化控制

DCS通过其先进的自动化控制功能，实现了生产过程的高度自动化。系统内置了复杂的控制逻辑和精确的算法，这些逻辑和算法经过精心设计，能够根据生产过程中的实时数据自动执行各种控制命令。DCS能够持续监控并自动调整生产参数，因此能够确保生产过程始终保持在最佳状态，减少因人为错误导致的产品质量问题。这种精确而稳定的控制环境，对于提高产品的一致性和可靠性至关重要，从而增强了企业在市场上的竞争力。通过DCS实现的自动化控制，数字工厂能够在保证生产高效运行的同时，不断提升产品的品质，满足日益苛刻的市场需求。

(11) 制造运营管理（MOM）系统

制造运营管理（Manufacturing Operations Management，MOM）系统是一种集成系统，用于优化和管理制造运营的各个方面。MOM系统的主要功能包括以下方面。

1) 生产计划与调度

MOM系统是数字工厂的中枢神经系统，其中生产计划与调度是其关键功能之一。该系统通过高级算法和数据分析，对生产任务进行优化规划，确保生产活动能够按照既定目标高效执行。生产计划模块的智能化设计使其能够实时监控生产状况，根据订单需求、物料供应、设备状态等实际情况进行动态调整，从而提高生产计划的适应性和灵活性。通过精确的生产计划与调度，MOM系统显著提升了资源利用率。这种优化不仅体现在设备的使用效率上，还包括原材料、人力资源和能源的合理配置。系统通过对生产数据的深入分析，能够发现生产过程潜在的瓶颈和浪费点，进而采取措施进行改善。

2) 绩效管理

绩效管理模块通过实时监控生产过程中的关键绩效指标（KPIs），对生产绩效进行全面的分析。这种持续的数据监测使得企业能够迅速识别生产流程中的瓶颈、浪费或其他问题，从而及时采取措施进行优化和改进。绩效管理模块不仅能够识别问题，还能够提供详细的生产数据报告，这些报告为管理层提供了决策支持。通过这些报告，管理层可以清晰地了解生产效率、成本控制、产品质量等方面的表现，从而做出更加精准和有效的战略规划。此外，绩效管理模块的反馈机制还促进了持续改进的企业文化的形成，鼓励员工参与到生产优化的过程中，共同推动企业向更高的生产标准迈进。

3) 合规性管理

合规性管理模块设计用于确保生产过程严格遵循相关的法律法规和行业标准，从而保障产品的质量和安全。通过系统化的文档管理和审计跟踪，合规性管理模块能够实时监控生产过程中的状态，确保所有操作都有迹可循，满足监管机构的要求。合规性管理模块的有效运行显著降低了企业的法律风险和合规成本。通过预防违规行为的发生，企业避免了可能的高额罚款、产品召回或品牌声誉受损等后果。同时，该模块通过自动化和标准化的合规流程，减少了人工错误和重复工作，提高了整体的运营效率。

数字工厂通过集成多种管理系统和技术手段，实现了从设计、制造、物流、销售到服务的全方位数字化和智能化管理。这些系统不仅提高了生产效率和产品质量，还增强了企业的市场响应能力和竞争力。通过实施先进的技术和管理方法，数字工厂能够实现全面的数字化转型，推动企业向智能制造的方向发展，达到降本增效的发展目标。

## 5.4.3 数字工厂各类系统所采集的数据

在城市轨道交通设计、制造、装配领域，数字工厂的应用极大地提升了生产流程的自动化和智能化水平。通过集成的信息系统，数字工厂能够收集、分析并应用大量数据，以优化生产流程、提高产品质量和加快市场响应速度。以下详细介绍数字工厂中各类系统所采集的关键数据类型及其在城市轨道交通生产中的应用。

（1）设备运行状态数据

在城市轨道交通制造中，设备运行状态数据至关重要，它直接关系到生产效率和设备维护。这类数据通常由自动化设备和智能传感器收集，包括设备工作状态（记录设备在正常运行、空闲或故障状态）、工作时长与产量（监控设备的连续运行时间和相应的产出数量，用于计算设备效率和预测维护时间）以及能耗数据（测量设备运行时的能源消耗，帮助优化能源使用和降低成本）。这些数据不仅帮助工程师监控设备健康，还能预测潜在故障，实现预防性维护，减少生产中断，从而确保生产过程的稳定性和效率。

（2）工艺数据

工艺数据涵盖了生产过程中的各种工艺流程和参数。通过工艺管理系统，企业可以收集和管理这些数据，包括工艺流程（详细的生产工艺步骤和流程图，有助于标准化生产过程，确保每一步骤都按规范执行）、工艺参数（如温度、压力、速度等关键工艺参数，通过监控工艺参数，可以优化生产条件，提高产品质量和生产效率）以及工艺执行情况（记录每一工艺步骤的执行情况，包括时间、操作人员、设备等，有助于进行过程控制和改进，确保工艺的一致性和稳定性）。通过采集和分析工艺数据，企业可以持续改进生产工艺，提高产品质量和生产效率，从而提升企业的竞争力。

（3）质量数据

质量数据是城市轨道交通制造中确保产品质量符合标准和客户需求的关键要素。通过质量管理系统，企业可以实时收集和分析产品的质量数据，包括产品质量检测数据（各类检测指标和测试结果，有助于及时发现和纠正质量问题，防止不合格品流入市场）、不良品数据（记录不合格品的数量、种类和原因，有助于分析质量问题的根源，进行改进和预防）以及质量问题解决情况（记录质量问题的处理过程和结果，包括采取的措施和改进效果，有助于建立质量管理的闭环系统，确保问题得到彻底解决）。通过采集和分析质量数据，企业可以提高产品的一致性和可靠性，增强客户满意度和市场竞争力，从而提升企业的整体效益和可持续发展能力。

（4）物流数据

物流数据是城市轨道交通制造中确保物料和产品供应链高效运作的关键要素。通过仓储管理系统（WMS）和物流管理系统（LMS），企业可以收集和管理与物料和产品的存储、运输、流转等相关的数据，包括库存数据（库存数量、位置、周转率等，有助于优化库存管理，减少库存成本，防止物料短缺或积压）、出库入库数据（记录货物的入库和出库时间、数量、批次等，有助于跟踪物流作业，提高作业效率和准确性）以及物料流转数据（物料的来源、去向、流转时间等，有助于提高物料管理的透明度和可追溯性，确保物料供应的及时性和准确性）。通过采集和分析物流数据，企业可以优化供应链管理，提高物流效率和响应速度，从而确保生产过程的连续性和稳定性，提升企业的运营效率和市场竞争力。

（5）人员数据

人员数据是城市轨道交通制造中确保人力资源高效运作的关键要素。通过人员管理系统，企业可以收集和管理与员工工作情况相关的数据，包括工作情况（员工的工作时间、工作内容、工作绩效等,有助于进行人力资源管理,优化人力资源配置)、考勤数据(员工的出勤、请假、加班等记录,有助于进行员工的考核和激励,提高工作效率)以及培训和发展数据(员工的培训记录、技能水平、职业发展等,有助于制定培训计划,提高员工的技能和素质)。通过采集和分析人员数据,企业可以提高人力资源管理的效率和效果,增强员工的工作积极性和满意度,从而提升企业的整体竞争力和可持续发展能力。

(6) 环境数据

环境数据是城市轨道交通制造中确保生产环境符合环保和安全标准的关键要素。通过环境监测系统,企业可以实时监控和管理生产环境中的各类环境参数,包括温湿度(生产车间的温度和湿度,有助于控制生产环境,确保生产条件符合工艺要求)、噪声(生产现场的噪声水平,有助于进行环境保护和员工健康管理)以及空气质量(包括空气中的粉尘、废气等污染物,有助于进行环境保护,确保生产过程的环保和安全)。通过采集和分析环境数据,企业可以优化生产环境,提高生产效率和安全性,减少环境污染,从而提升企业的社会责任感和可持续发展能力。

通过数字工厂的各类系统,企业可以实时采集和管理大量的数据,这些数据涵盖了生产的各个方面,包括设备运行状态、工艺流程、质量管理、物流调度、人员管理和环境监测等。通过全面的数据分析和优化,企业可以提高生产效率、优化生产流程、提升产品质量、减少成本,并增强客户满意度和市场竞争力。同时,这些数据也为企业的战略、运营和技术决策提供了坚实的数据支持。

## 5.5 智慧工厂

通过集成先进的信息技术、自动化设备和数据分析系统,智慧工厂能够实现生产过程的高度智能化与精细化管理,从而大幅提高生产效率、产品质量和资源利用率。在城市轨道交通等复杂项目的建设中,智慧工厂的应用不仅有助于提升施工与制造环节的协同效率,还能通过数据驱动的决策支持系统,优化项目的各项资源配置与调度。

### 5.5.1 智慧工厂概述

智慧工厂的概念源于工业 4.0 和智能制造的理念,它是指利用数字化技术、自动化技术和智能化技术,将生产过程、管理过程和决策过程进行集成和优化的工厂。在此类工厂内,先进科技与系统贯穿生产的各个阶段。在全球新一轮科技创新与产业升级的宏观环境下,具备数字化、联网化与智能化特征的智能生产正逐渐成为未来的主流趋势。智慧工厂是数字时代下高度连接与智能化的成果,其核心在于通过以下五个关键领域的革新来推动制造业的转型与升级。

(1) 全面连接

借助信息物理系统(Cyber-Physical Systems, CPS),达成人员、机器、物品以及各系统间的全方位连接。采用物联网技术、传感设备、RFID 标签等方式收集信息,结合 PLC(可编程逻辑控制器)与本地或远程服务器实现高效的人机互动。此外,通过 ERP 系统、PLM 系统、MES、SCADA(数据采集与监控)系统等平台确保内外部信息流的畅通无阻,包括设计供应商、采购供应商、服务提供商及最终用户之间的信息同步,为按需生产和定制服务奠定基础。

（2）数字转型

数字转型涉及从工厂布局规划至整个生产周期内的三维建模与仿真，旨在优化产品设计与生产流程，减少后续调整成本。同时，物联网技术的应用促进了从产品开发到售后支持的全程数字化管理，确保了数据的精确度与即时更新，为智能化进程提供了坚实的基础。

（3）数据驱动

通过对海量数据的处理与分析，智能工厂能够挖掘出隐藏的数据与价值，为管理层提供基于证据的决策支持，促进了个性化产品与服务的创新。

（4）智慧供应链

智慧供应链通过供应链各环节的实时数据收集与共享机制，提升了资源使用的经济性，削减了过剩库存与运输费用，改善了生产和市场需求之间的平衡。

（5）智能机械

智能机械融合了前沿的信息技术和制造工艺，实现了装备的自动化、智能化和网络化，显著增强了生产效能与产品品质，减少了生产开支，为实现灵活定制生产创造了条件。智能制造的终极目标是通过技术革新和实际应用，增强生产效率和产品品质，降低生产成本，更好地响应市场与消费者对多样性与个性化需求的追求，进而增强企业的竞争力和长期发展潜力。

### 5.5.2 智能制造自动化模式综述

智能制造自动化是智慧工厂的关键特性，通过引入自动化工具和智能算法，不仅提升了生产效率、降低了运营成本，还促进了生产流程的优化，加速了制造业的革新与升级。智能制造自动化的模式是一种依托于数字技术和自动化体系的现代生产方法，目标在于使生产活动达到自动化、智能化和高效率的状态。该模式运用了先进的信息技术、自动化技术和 AI 技术，对生产流程实施全面的数字化管理与控制，以提高效率、降低成本、确保产品质量，并促进生产向个性化定制等新型生产模式的转变。

如图 5-9 所示，"5G＋数字工厂"架构覆盖了从智能应用到智能装备的多层次数字化转型。在生产、质检、运维等方面，通过智能应用的推广，提高了生产效率和产品质量；在网络层面，构建了一体化的平台体系，整合了 IoT、AI、大数据等先进技术，实现了数据的集中管理和共享复用；在装备层面，通过对传统生产设备的智能化改造，提升了生产线的自动化水平和柔性生产力。

### 5.5.3 智慧工厂的实施路径

智慧工厂的实施路径从基础的 5S 等管理方法入手，通过计划、生产、物流等环节的智能化集成，最终实现高质量、快交付、低成本的智能制造目标。在智慧工厂的建设过程中，路径层面的构建是智慧制造实现智能化、自动化和高效管理的核心。路径层面通过多个智能化的管理和运营模块的搭建，保障工厂在生产、物流、质量和数据集成等方面达到高度协调与优化。智慧工厂路径层面的实施步骤主要包括以下几个方面：计划一体化、生产透明化、物流智能化、品质体系化和数据集成化（图 5-10）。

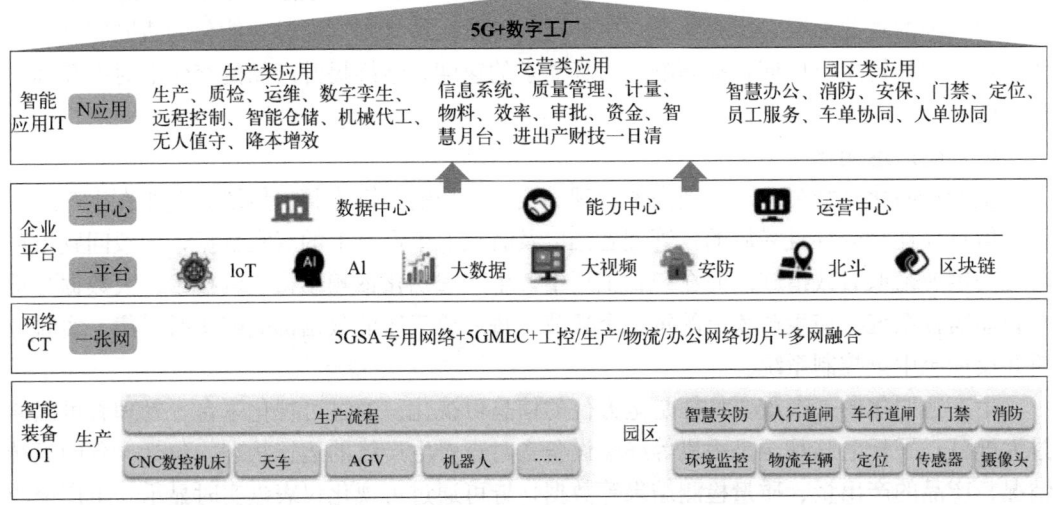

图 5-9 智慧工厂智能制造自动化模式

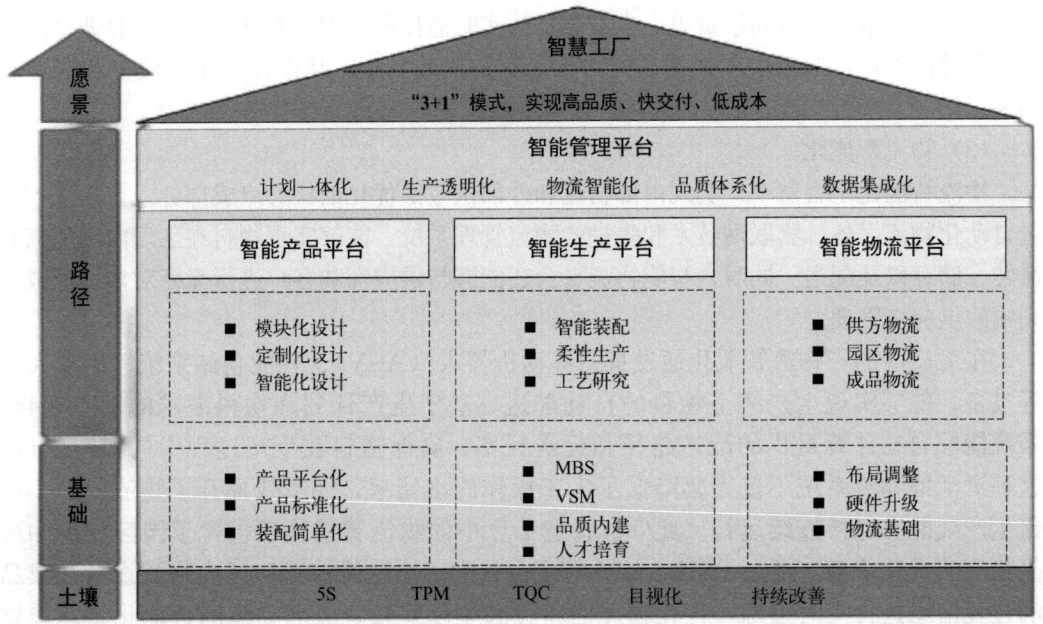

图 5-10 智慧工厂的实施路径

(1) 计划一体化

计划一体化是智慧工厂实现生产计划精细化和协调化管理的核心步骤。传统的生产计划往往依赖于人工的经验和企业的固定模式,缺乏灵活性和动态调整的能力。而智慧工厂通过智能化手段,将不同部门和环节的生产计划进行一体化管理,不仅能够实时监控各个生产环节的进展,还能基于市场需求的变化、供应链的波动等因素对生产计划进行快速调整。

智能计划一体化平台通过先进的算法和数据分析技术,集成了物料需求计划

(MRP)、生产能力需求计划（CRP）、销售计划（S&OP）等功能，使得工厂能够全方位掌握生产中的资源配置、库存状态、生产进度以及交付计划。通过智能化的协同管理，企业能够大大缩短生产周期，提高响应市场需求的速度，最终提升产品的交付准时率和客户满意度。

（2）生产透明化

生产透明化是智慧工厂实现高效管理和实时监控的关键步骤。传统制造业在生产过程中，信息往往是分散且滞后的，管理者难以及时获取生产线上的真实数据，导致问题出现时无法迅速采取有效措施。而在智慧工厂中，生产透明化依赖于物联网技术、大数据分析和智能监控系统，使生产线上的每一个环节、每一道工序的数据都能够实时采集、实时分析并反馈至中央控制系统。

生产透明化的一个重要特征是全方位的信息可视化。通过可视化平台，管理者可以通过大屏幕、平板电脑甚至是手机等终端设备实时查看生产线的运行状态。包括设备的运转情况、产品的产出量、质量检测结果等数据，皆可通过可视化仪表盘实时显示。生产透明化不仅仅是对生产过程进行被动的监控，更可以通过数据分析和预警系统，主动识别潜在问题，及时调整工艺参数，防止问题进一步恶化。此外，透明化的生产管理能够有效减少浪费，如材料浪费、时间浪费等。生产数据的实时监控和反馈，有助于工厂及时调整生产计划和排产安排，避免生产过剩或物料不足等情况的发生，从而提升生产效率和资源利用率。

（3）物流智能化

物流智能化是智慧工厂实现内部物流和外部供应链优化的核心组成部分。智慧工厂通过自动化物流设备、物联网技术和先进的物流管理系统，能够实现物料在工厂内部的高效流转、储存以及配送。同时，智能物流平台还能够与供应商和客户进行无缝对接，形成端到端的供应链管理。

在工厂内部，物流智能化通过自主移动机器人（AGV）、智能仓储系统、机器人臂等设备，能够实现生产线上物料的自动配送。基于生产计划和物料需求的动态变化，系统能够自动计算最优的配送路径和配送频率，确保物料在生产过程中的实时供应。这种灵活的物流系统不仅大幅降低了人工操作的出错率，还有效提升了物流效率，使得生产线能够保持连续运行。此外，智慧工厂中的物流智能化还包含了园区物流和成品物流的优化管理。通过RFID、GPS等定位技术，企业能够对园区内物流设备和成品的位置信息进行实时追踪，优化物流的路径和调度安排。成品物流的智能化管理能够保证从工厂到客户的物流过程全程可视化，实时掌控产品的运输状态，提高客户对交付时间的预期准确性。

（4）品质体系化

品质体系化是智慧工厂确保产品质量一致性和稳定性的关键步骤。在传统工厂中，质量管理通常依赖于人工检测和抽样检验，这不仅效率低下，且难以保证全批次产品的质量一致性。而智慧工厂通过自动化的质量检测系统、机器视觉技术和大数据分析手段，实现了从原材料、生产过程到最终成品的全流程质量控制。

智慧工厂的品质体系化首先体现在原材料的入库检测上。通过自动化检测设备，企业能够对每批次原材料进行实时质量检测，并将检测数据实时上传至数据中心进行分析和存储。这样一来，企业能够对原材料供应商的质量进行长时间的追踪和评价，确保采购环节的高标准。在生产过程中，智能化的质量控制系统通过集成于生产设备的传感器和视觉系统，能够实时监测产品的质量状态。一旦出现质量问题，系统能够自动识别并发出警报，甚至可以自动调整工艺参数，以确保生产线上的每一件产品都符合质量标准。通过这样的实时反馈机制，智慧工厂大大减少了产品的返工率和废品率，提高了产品的一致性和客户满意度。

（5）数据集成化

数据集成化是智慧工厂实现数据驱动决策和持续优化的重要支撑。智慧工厂的所有智能化操作最终都依赖于大量的数据收集和分析。通过大数据平台，企业能够将生产计划、质量控制、物流管理、设备维护等各个环节的数据进行集成和分析，为管理层提供科学的决策支持。

数据集成化的核心是实现多系统、多设备间的数据互联互通。通过 MES 系统、ERP 系统以及 SCADA 系统的无缝集成，智慧工厂能够将各个业务模块的数据汇聚到同一个平台上，形成工厂的"数据中枢"。基于这一数据平台，企业能够实时掌控生产、物流、设备等环节的运行状态，并通过大数据分析和机器学习算法，对未来的生产趋势、设备维护需求等进行预测。此外，数据集成化还支持工厂的持续优化。通过对历史数据的挖掘和分析，企业能够识别出生产中的瓶颈问题和浪费环节，进而制定出相应的优化措施。数据驱动的决策使得智慧工厂能够不断提升生产效率、降低成本，同时提高产品质量和客户满意度。

### 5.5.4 智慧工厂的案例

随着全球工业的快速发展，智慧工厂逐渐成为制造业的重要趋势和核心竞争力。智慧工厂不仅提升了生产效率，还在质量管理、柔性制造、成本控制等方面提供了新的可能性。通过智能化技术的应用，企业可以在全球化竞争中占据优势。接下来将通过分析几家全球领先的智慧工厂案例，如特斯拉工厂和富士康工厂，详细阐述其在机械化、智能化以及准时性方面的成功经验，并总结这些智慧工厂对现代制造业的启示。

#### 1. 特斯拉弗里蒙特工厂案例分析

特斯拉（Tesla）是全球电动汽车领域的领军企业，其位于美国加利福尼亚州弗里蒙特的工厂，是全球最具代表性的智慧工厂之一。这座工厂不仅象征着特斯拉在电动汽车制造方面的技术革新，更是现代智慧工厂的典型案例，展示了自动化、数字化和智能化生产在汽车制造中的广泛应用。弗里蒙特工厂是特斯拉生产多款车型的核心基地，主要生产 Model S、Model X、Model 3 和 Model Y 等系列电动汽车。通过全面实施自动化生产技术、智能化管理系统和高效的柔性制造体系，特斯拉显著提高了生产效率、降低了生产成本，并大幅提升了产品质量和一致性。本案例将从自动化技术、智能化管理、柔性制造、准时生产等方面，详细分析特斯拉弗里蒙特工厂的成功经验。

（1）自动化与机械化生产：智能机械手臂的核心作用

特斯拉弗里蒙特工厂在汽车制造的各个生产环节中，广泛采用了高度自动化的设备，尤其是智能机械手臂在关键制造工序中的应用，是该工厂高效运行的核心动力之一（图 5-11）。

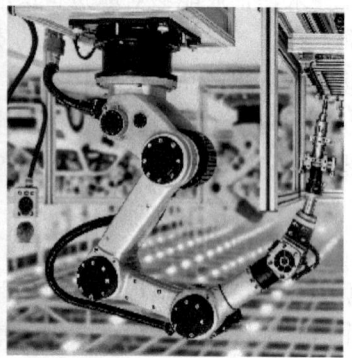

图 5-11　智能机械手臂

1）智能机械手臂在车体制造中的应用

特斯拉弗里蒙特工厂的车体焊接车间是自动化程度最高的生产车间之一。在传统汽车制造中，车体的焊接工序往往需要大量的人力参与，但在特斯拉工厂中，大部分车体焊接工作由智能机械手臂完成。机械手臂通过编程指令，能够精确地完成车体各部件的焊接任务。这种高精度焊接不仅提高了生产效率，还能确保焊接质量的一致性。特斯拉引入的智能机械手臂，不仅能够执行焊接任务，还配备了多种传感器，如视觉传感器和力学传感器，以监控焊接过程中的每一个细节。这些机械手臂能够根据实时检测到的焊接状态，自动调整焊接参数，确保每一次焊接都达到最佳质量。通过这种自动化操作，特斯拉有效降低了焊接缺陷率，同时提高了车体结构的强度和安全性。

2）自动化装配线中的智能机械手臂

除了焊接环节，智能机械手臂还广泛用于车辆总装配过程中。特斯拉的总装配车间配备了数百台多功能机械手臂，用于完成汽车底盘、驱动系统、电池组等关键部件的组装。这些机械手臂通过人工智能算法和编程控制，能够高效、精准地进行复杂的装配操作。例如，在电动汽车的电池组装配过程中，智能机械手臂需要精确地将电池单元安装到车辆的底盘结构中。特斯拉的智能机械手臂能够根据电池单元的尺寸、位置进行自动调整，以保证每一个电池模块的安装位置精确无误，避免因操作失误导致的电池短路或损坏。同时，这些机械手臂还能快速切换不同车型的装配任务，极大地提升了生产线的灵活性和生产效率。

3）自主移动机器人（AGV）的应用

特斯拉弗里蒙特工厂在物流和物料搬运方面也充分利用了自动化技术。自主移动机器人（AGV）广泛用于生产车间和仓库之间的物料运输（图 5-12）。这些 AGV 通过内置的导航系统，能够根据生产线的实时需求，自动调度和分配物料，确保生产线物料供应的及时性。通过 AGV 的应用，特斯拉不仅提高了物料搬运的效率，还减少了人工搬运过程中的差错和延迟。AGV 能够根据工厂的生产计划动态调整运输路径和物料优先级，确保每一条生产线都能在合适的时间获得所需的零部件，从而避免了因物料不足导致的生产停滞。

（2）智能化管理：数据驱动的工厂运营

特斯拉弗里蒙特工厂不仅在机械化生产方面取得了巨大成功，更在智能化管理上走在

图 5-12　自主移动机器人（AGV）

行业前沿。通过大数据、物联网和人工智能技术，特斯拉实现了生产过程的全面数字化和智能化管理。

1）物联网技术的深度应用

特斯拉工厂的每一台设备和每一个生产环节都通过物联网技术实现了互联互通。工厂内的所有设备、传感器和控制系统都通过物联网平台连接在一起，实时采集设备的运行数据、生产进度、环境条件（如温湿度）等。通过物联网技术，特斯拉可以实时监控工厂中每一个设备的工作状态，确保生产过程的高效运转。例如，车体焊接机器人和装配机械手臂都配备了传感器，能够实时采集其运行过程中的电流、电压、温度等数据。通过物联网平台，这些数据会实时传输到工厂的中央控制系统，并通过算法分析判断设备的工作状态是否正常。一旦出现任何异常，如焊接电流过高或装配精度偏差大，系统会自动发出警报，安排维护人员进行检查和处理，避免生产故障扩大。

2）大数据与人工智能驱动的生产优化

在数据的采集和处理上，特斯拉不仅依赖物联网技术，还结合了大数据分析和人工智能技术，对海量的生产数据进行深度挖掘和应用。通过对设备运行数据、生产工艺数据和产品质量数据的综合分析，特斯拉能够实时优化生产流程，做出更精准的生产决策。特斯拉工厂的生产管理系统能够根据历史数据和当前的生产情况，动态调整生产计划。例如，当某一款车型的市场需求突然增加时，系统能够快速调整生产线的生产节奏和生产计划，优先生产高需求的车型。同时，通过大数据分析，特斯拉能够预测设备的故障趋势，并提前安排维护，避免因设备故障导致的生产停滞。此外，特斯拉还利用人工智能技术对生产流程中的各类数据进行优化分析。AI 系统可以根据实时采集的生产数据，自动优化焊接路径、调整装配顺序，甚至能够在生产过程中自主学习，提高生产效率和产品质量。这种智能化的生产优化极大地提升了特斯拉工厂的生产灵活性和效率。

（3）柔性制造：多车型灵活切换的高效生产

特斯拉弗里蒙特工厂不仅实现了高度自动化和智能化管理，还具备极高的柔性制造能力。这种柔性制造的核心在于生产线的灵活性，使得工厂能够根据市场需求的变化，快速调整生产线以应对不同车型的生产需求。

1）柔性生产线的设计

在弗里蒙特工厂，特斯拉通过先进的生产线设计，实现了多车型生产线的无缝切换。无论是大型豪华轿车 Model S，还是紧凑型车型 Model 3，特斯拉工厂的生产线能够根据不同的生产任务进行自动化调整。得益于高度自动化的机械手臂和智能管理系统，特斯拉能够灵活调整每一条生产线的任务，实现不同车型在同一条生产线上的生产。这种柔性生产的能力大幅提升了工厂的生产效率和市场响应速度。例如，当市场对某一款车型的需求增加时，工厂可以快速增加该车型的生产比例，而无需进行复杂的设备重组和调整。通过自动化设备的灵活配置，特斯拉能够以最快的速度完成生产任务的切换，极大地缩短了生产准备时间。

2）定制化生产与个性化配置

特斯拉弗里蒙特工厂不仅能够实现多车型生产，还能够根据客户的个性化需求进行定制化生产。客户可以通过特斯拉的在线平台选择车辆的配置，包括电池容量、车身颜色、内饰材质等，工厂系统会根据客户的需求自动生成生产订单，并将该订单分配到对应的生产线。得益于工厂内的柔性生产系统，生产线可以在不同的生产任务之间快速切换。智能机械手臂和装配设备可以根据订单的配置要求，自动调整操作参数，以满足每一辆车的个性化需求。这种高度灵活的生产模式，不仅提高了生产效率，还提升了客户的满意度，使得特斯拉能够更好地适应市场的多样化需求。

### 2. 富士康工厂案例分析

富士康（Foxconn），作为全球最大的电子产品制造服务提供商，其工厂布局广，制造涵盖多个行业和产品线，特别是在消费电子产品领域，如iPhone、iPad以及其他知名品牌的设备。富士康的成功不仅体现在其庞大的生产规模上，更重要的是其在智能制造领域的创新能力。凭借数字化、智能化和高度自动化的生产模式，富士康实现了大规模、高精度和高效率的生产体系。下面将从富士康智慧工厂的数字化技术、供应链管理、质量控制、自动化程度及柔性制造等方面进行深入分析，探讨其成功的核心驱动因素和对现代制造业的启示。

（1）智慧工厂的数字化技术

富士康智慧工厂的核心在于其全面的数字化转型。不同于传统工厂，富士康通过引入先进的数字化技术和大数据管理，打造了一个高度互联的制造体系，实现了生产过程的精细化、智能化控制。

1）数字化生产平台

富士康的智慧工厂通过数字化生产平台，将生产中的所有设备、人员、物料以及产品信息进行集成和管理。该平台通过传感器和工业互联网技术，将所有生产线上的数据实时汇总，工厂管理者可以通过中央控制系统随时查看各条生产线的运行状态。这一平台不仅帮助工厂监控生产进度，还能够检测设备的运行状况，确保设备在出现故障之前及时进行维护。通过数字化生产平台，富士康实现了生产设备和制造过程的可视化管理。在这样的系统支持下，工厂可以对生产工艺进行实时优化，减少生产中的瓶颈问题。同时，管理层可以依据生产数据，快速做出调整和优化决策，从而提高生产效率并降低成本。

2）数据驱动的决策与优化

富士康工厂广泛使用大数据技术来推动生产优化。在生产过程中，工厂会收集每一个生产环节的详细数据，包括生产线的运行速度、产出质量、机器的使用情况等。通过大数据分析，富士康可以发现生产流程中的潜在问题和改进机会，并对未来的生产进行预测。例如，在电子元件的生产中，富士康能够通过大数据分析，精确预测产品的生产时间和所需材料量，从而避免因材料短缺或过量采购导致的浪费。同时，富士康还利用历史数据进行订单管理，根据历史订单波动情况预测未来需求，提前优化生产线的产能分配。

(2) 精密制造中的高效供应链管理

富士康以其复杂的全球供应链管理能力闻名。特别是像苹果这样的全球性品牌，要求其供应链具备极高的灵活性、反应速度和准确性。富士康智慧工厂通过数字化供应链管理系统，实现了对全球供应链的高效控制。

1) 数字化供应链管理系统

富士康依靠数字化供应链管理系统，能够实时监控和协调全球范围内的物料供应。该系统将供应商、物流公司、工厂和客户的信息集成在一起，通过互联网和大数据平台进行实时监控。例如，当富士康工厂需要原材料时，系统能够自动根据生产计划生成采购需求，并通过供应链平台自动向供应商下单。供应商在系统中确认订单后，物流公司会接到运输任务，确保物料按时送达富士康工厂。这种数字化的供应链管理大大提高了富士康工厂的响应速度，特别是在面对全球范围内的物料调配需求时，能够有效降低延误风险，确保生产线的连续性。同时，供应链的可视化管理也减少了各环节之间的信息不对称问题，使得整个供应链更加透明和高效。

2) 智能库存管理

富士康的智慧工厂还利用智能库存管理系统，动态调节生产所需物料的库存水平。智能库存系统可以根据实时生产需求和未来订单预测自动调整库存，避免库存积压或短缺问题。该系统利用先进的预测算法，结合生产进度和供应链信息，预测未来的物料需求，确保生产不会因材料短缺而中断。智能库存管理还通过追踪物料的使用寿命和有效期，防止因库存物料过期导致的浪费。在生产过程中，系统会根据产品需求自动分配最优的物料使用顺序，确保物料的高效使用。

(3) 严苛的质量控制体系

富士康的智慧工厂不仅在生产效率上实现了突破，在质量控制方面也体现了全球领先的水平。特别是对于精密电子产品的制造，质量控制尤为关键。富士康通过全方位的质量控制体系，确保每个环节的生产都符合严格的质量标准。

1) 数字化质量检测

富士康工厂广泛使用数字化质量检测系统，通过集成在生产设备上的传感器和检测设备，实时监控生产中的每一个环节。例如，在电子元器件的生产过程中，富士康使用光学检测系统对每一个元件进行自动化质量检测。这些检测系统可以快速识别出组件的尺寸偏差、焊接质量、表面缺陷等数据。此外，富士康还使用 X 射线检测设备，对某些精密元件进行内部结构检测，确保其内部没有缺陷或损坏。这些数字化检测设备能够在生产过程中实时发现问题，减少了返工和报废的成本。

2) 全面的质量追溯系统

富士康工厂在生产中还使用了全面的质量追溯系统。通过为每一个产品和零部件分配唯一的标识码，富士康能够在产品的整个生产周期中跟踪其质量状态。当某个产品出现问题时，系统可以迅速定位到问题的来源，查明是哪个生产环节或设备出现了问题，并及时进行修复和优化。质量追溯系统还帮助富士康进行供应商质量管理。如果发现供应商提供的原材料存在问题，系统能够迅速锁定该批次原材料的供应商，追踪其流向，并及时采取措施,防止问题产品进入市场。

(4) 自动化程度:智能制造系统的集成应用

1) 智能自动化生产设备

富士康工厂拥有全球最先进的自动化生产设备,但与许多工厂不同,富士康的自动化并不仅限于机器人装配。富士康通过集成整个生产过程中的自动化设备和智能控制系统,实现了从原材料输入到成品输出的全流程自动化。例如,在半导体芯片制造过程中,富士康工厂引入了自动化晶圆处理设备,这些设备能够在无尘环境下高效完成晶圆切割、蚀刻、镀膜等高精度加工工序(图5-13)。富士康还在印刷电路板(PCB)制造和组装中,使用了自动化印刷、焊接、测试等多种自动化设备,极大地提高了生产线的运转效率。通过这些自动化设备,富士康不仅能够满足大规模生产的需求,还能够保障每一个产品都具备高精度和高一致性。

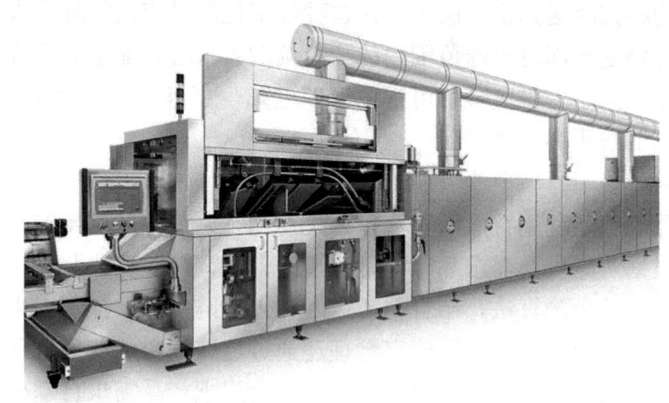

图5-13 自动化晶圆机处理设备

2) 智能生产调度系统

富士康智慧工厂通过智能生产调度系统,将生产中的各个环节进行智能化调度。系统会根据实时订单情况和生产进度,自动分配生产任务,并协调各个生产线的运作。在生产过程中,系统会实时监控每一条生产线的运作状态,动态调整生产计划,确保工厂能够快速响应市场变化。智能调度系统还具备生产预警功能。如果某条生产线出现异常或生产效率下降,系统会自动发出预警,并根据生产情况做出相应调整。通过这一系统,富士康工厂能够实现生产的精细化管理和高效运行。

3) 富士康"灯塔工厂"车间

"灯塔"在航海中是引领方向的象征,而在制造业中,"灯塔工厂"则代表着智能制造和工业互联网的未来趋势,指引制造业向数字化转型迈进。与传统生产模式不同,"灯塔工厂"不仅通过自动化和智能化技术大幅减少了对人工操作的依赖,还通过数字化手段彻底改变了生产方式,推动工人角色的转型升级。

正如富士康的郑州科技园智能互联车间主管杨爽所指出的:"灯塔工厂不仅仅是无人化工厂,它更是通过智能化手段实现生产过程自动化、优化管理的无忧工厂。"通过智能制造技术,工人从烦琐的流水线作业中解放出来,转向设计、研发等更具附加值的岗位,实现了从传统制造工人到技术工人的升级。富士康近年来,尤其是2023年以来,通过工业互联网、大数据、机器学习等先进技术，积极推动能碳管理与数字化的深度融合。在郑州工厂，富士康大力推进"绿色制造"，实现了100%绿色电力供应，降低了27%的用水密度，并成功入选"河南省数字化能碳管理中心"。这些努力不仅提升了工厂的智能化水平，还显著推进了富士康的可持续发展战略。富士康的"灯塔工厂"如图5-14所示。

图5-14　富士康"灯塔工厂"

（5）柔性制造：应对多变市场需求的能力

富士康智慧工厂具备高度的柔性制造能力，能够在同一生产线中快速切换不同产品的生产任务。特别是在消费电子产品的制造中，面对市场需求的快速变化，富士康需要具备极高的灵活性，以满足不同客户的定制化需求。

1）模块化生产线设计

富士康的生产线采用模块化设计，每一个生产单元都具备一定的独立性，能够灵活调整生产任务。当客户需要定制化产品时，富士康可以根据订单需求，快速调整生产单元的配置，切换产品规格和型号。例如，在智能手机的生产中，富士康可以通过切换不同的模块，快速调整摄像头、屏幕、电池等组件的装配顺序和工艺流程，以适应不同型号产品的生产。

2）高效的订单响应系统

富士康通过智能化的订单响应系统，能够实时接收客户订单，并自动调整生产计划。这一系统通过集成客户订单管理平台和生产调度系统，使得工厂能够在最短时间内响应客户需求。无论是小批量定制化生产，还是大规模量产，富士康都能通过柔性生产系统快速完成订单交付。

富士康智慧工厂的成功离不开其在数字化转型、智能制造、供应链管理和质量控制等方面的创新。通过智能化生产平台和高度自动化的生产设备，富士康在全球制造业中树立了标杆。富士康的成功经验表明，在现代制造业中，智能制造系统的广泛应用是提升企业竞争力和生产效率的关键所在。

3. 尚品宅配工厂案例分析

在智能化制造领域，尚品宅配积极采用数字化技术，构建了智能化工厂，并部署了多个智能化的模块化生产流水线。当个性化订单完成拆解后，智能工厂能够实现产品的规模化生产。尚品宅配智能化工厂的引入，显著提升了材料利用率。

在 2006—2016 年间，公司在佛山建设数字化基地。2017 年，尚品宅配在无锡建立了大型数字化基地，并在 2019 年完成了该基地的建设。2019 年，公司在崇州经济技术开发区建设了工业 4.0 智能定制家居西部研发制造中心。2021 年，尚品宅配凭借其长期的数字化探索和科技创新，在西南地区布局了超过 11 万平方米的成都崇州智造基地，并于 2021 年 11 月建立了西南物流中心，2022 年西南智造基地在成都崇州正式投产，与佛山南海数字化基地和无锡锡山华东生产基地形成"三足鼎立"的产业布局。2024 年，尚品宅配打造 AI 设计工厂，推动家居行业的商业模式变革。

在其数字化工厂中，尚品宅配采用了大量的智能生产设备，包括柔性生产线、自主研发的机器人以及自动化立体仓库等智能物流系统。2012 年起，公司从外部引入了柔性生产线，并持续进行升级改造。在生产基础设施方面，公司对龙门开料机、自动钻孔机、自动喷蜡机等设备进行了升级。同时，公司还创新开发并应用了吸塑分拣机器人、六轴贴标机器人、五金分拣线等自主创新的设备，逐步实现了生产车间基础设施设备各个单元的智能化。尚品宅配的智能工厂中各种智能化设备显著降低了人力需求，提高了生产效率。尚品宅配工厂使用的自动化生产的智能机器人和智能立体仓如图 5-15 和图 5-16 所示。

图 5-15　自动化生产的智能机器人

图 5-16　"无人化"操作的智能立体仓

尚品宅配的智能制造工厂具备高效处理多种家具类型设计的能力，能够同时对多种不同的家具进行图形化解析和重构。在此过程中，家具的设计图被转化为符合生产标准的零部件图纸，并根据家具的最佳分解方式，将整体拆分为多个独立的零部件。完成智能拆单后，系统自动生成待生产清单。在物联网技术的支持下，个性化订单数据以数据流的形式迅速传输至订单管理平台，实时、精确地将拆单需求传送至生产后台。系统自动整合所有零部件清单，并对相同或相似的零部件进行拼单生产安排。每个零部件都被贴上唯一的条形码，机器人根据扫描到的条形码信息指令，对零部件进行快速而精确的分拣，并按照系统发出的生产指令进行下一步操作。这种技术有效地将个性化订单与生产端连接起来，实现了高效准确的生产流程。

此外，在数智化生产环节，尚品宅配的智能工厂配备了多条专门化的生产线，用于生产各类家具。每条生产线上的零部件都配有相应的条形码，员工只需扫描这些条形码即可获取生产数据，进而根据数据分析结果发布加工指令，无需手动输入。这种操作不仅降低了错误率，提高了生产效率，还加快了员工对消费者需求的响应速度。

在物流运作中，企业通过智能工厂物流系统中的全自动化立体仓库来执行货物的储存和配送任务。尚品宅配自主研发了立体仓库管理系统，通过将系统与企业的仓库系统对接，实现了对仓库的智能化管理。该系统在无需人工干预的情况下，能够自动执行货物的堆垛、货位分配、入库和出库等操作。此外，该系统还能自动分配进出货，不仅提高了仓库的运转效率，加快了中转速度，也在一定程度上扩大了仓库的存储容量。依靠全流程信息化的支持，机器主导了人工工作，尚品宅配实现了智能物流。

## 5.6 BIM+ APP-MES 在运维管理中的应用

随着数字化技术的不断发展，建筑行业逐渐采用 BIM 和移动执行系统（MES）等工具来提高建筑物的设计、制造和施工效率。在城市轨道交通设计、制造和装配领域，DfMA 与 BIM＋APP-MES 的深度融合为运维管理带来了前所未有的机遇与挑战。

BIM＋APP-MES 是一种结合了建筑信息模型和移动执行系统的综合管理平台。该系统通过建立虚拟的三维模型，并将相关的数据与实际设备进行关联，使得运维管理人员能够实时监控和管理轨道交通系统的运行状态。在 DfMA 的理念下，BIM＋APP-MES 的应用可以进一步提高运维管理的效率和准确性。

首先，BIM＋APP-MES 可以在轨道交通系统的设计和制造阶段提供全面的数据支持。通过将设计和制造过程中的各个环节与 BIM 模型相连，可以实现数据的共享和实时更新。设计师、工程师和制造商可以利用 BIM 模型上的信息，对系统进行全面的分析和评估，从而提前发现潜在的问题并进行优化。同时，APP-MES 可以将设计和制造过程中的实时数据反馈给相关人员，使其能够及时调整和改进工作流程，提高生产效率和质量。

其次，BIM＋APP-MES 在轨道交通系统的装配和施工阶段发挥着重要作用。通过将 BIM 模型与 MES 相结合，施工人员可以通过移动设备实时获取建模数据和操作指导，减少误差和漏洞。APP-MES 可以提供施工进度的实时监控和管理，帮助项目管理者及时调度资源，优化施工过程。此外，APP-MES 还可以进行施工现场的质量检查和问题反馈，确保施工质量和安全。最后，BIM＋APP-MES 在轨道交通系统的运营和维护阶段发挥着重要作用。运维管理人员可以通过 BIM 模型和 APP-MES 实时监测设备状态、检查故障报警和查看维修记录。系统可以提供设备的维护计划和预测性维护的建议，帮助管理人员制定合理的维护策略。此外，系统还可以进行运行数据的分析和统计，为决策提供科学依据，提高运营效率和安全性。

然而，要实现 BIM＋APP-MES 在运维管理中的应用，还需要解决一些挑战。首先是数据的整合和共享问题，需要确保各个环节的数据能够无缝衔接，实现实时更新和共享。其次是系统的安全性和稳定性，需要采取措施保护系统的数据和网络安全，防止非法访问和攻击。此外，还需要培训和提升运维管理人员的技术水平，使其能够熟练运用 BIM＋APP-MES 进行运维管理工作。

# 第6章

# DfMA 数字化编码管理体系

DfMA 数字化编码管理体系，是通过建立统一、标准化的编码规则，将轨道交通项目的设计与制造、装配过程相结合的关键工具。数字化编码通过对构件、模块及工序进行精确标识和管理，使信息在各阶段能够高效流转，为 DfMA 方法的实施提供技术支撑。其目标是优化生产流程，提升协同效率，并显著降低成本和资源浪费。在城市轨道交通领域，数字化编码的应用不仅能够实现信息的透明化与智能化管理，还能够增强项目全生命周期的可追溯性，为行业的现代化和数字化发展提供强有力的保障。

## 6.1 编码体系设计原则

编码体系设计原则需基于科学性、系统性与实践性，确保编码体系不仅能够满足当前的项目需求，还能适应未来的行业发展与技术演进。

（1）标准化：实现跨部门协作与数据共享的基础

标准化是编码体系设计的基础原则，通过统一的编码规则和格式，规范化项目各环节的信息数据流，确保设计、制造、施工等各个环节的数据无缝对接。在城市轨道交通项目中，标准化编码规则的应用确保了各个部门、各个专业之间能够高效沟通和协作。借鉴尚品宅配的编码理念，可以将轨道交通项目的各个部分按照统一的编码规则进行管理。例如，地铁站的电力系统、通风系统、轨道系统等模块，都可以通过标准化的编码进行标识。具体来说，类似于尚品宅配中家具产品的 "JD-001-2024" 编码方式，在轨道交通项目中，也可以使用类似的结构化编码，如 "GS-001-2024" 表示某一特定的轨道设备，其中 "GS" 代表轨道系统，"001" 代表设备版本，"2024" 代表项目年份。通过统一的编码规则，项目中的所有部件和构件能够在设计、施工和运维阶段保持一致，避免信息孤岛，确保数据的准确性和完整性。

（2）模块化：适应复杂项目结构的灵活管理

编码体系设计的模块化特性，是确保城市轨道交通项目能够高效实施和管理的关键。特别是在应用 DfMA 方法时，构件的分解与组合要求直接影响编码体系的设计与应用。DfMA 方法提倡通过将项目拆解为标准化、可重复的模块，简化设计和施工过程，从而提高制造与装配的效率。编码体系的模块化特性在这一过程中发挥着至关重要的作用，能够确保项目的高效管理、信息共享以及协同工作。

首先，编码设计的模块化特性使得各个构件在项目生命周期中的管理更加清晰。每个模块可以根据其功能、结构或用途被赋予独立且统一的编码，使得每个构件能够在设计、制造、施工及运营维护的各个环节中被精确识别。例如，在地铁车站建设中，结构模块、电气模块和设备模块可以被分别赋予不同的编码，确保在不同环节中对模块进行独立管理。每个模块在编码中都包含有详细的构件信息，如类型、尺寸、材质、安装要求等，使得相关人员能够迅速了解模块的具体要求，避免了因信息不对称而导致的错误或重复工作。其次，模块化编码体系能够实现对复杂项目结构的高效组合与拆解。在大型轨道交通项目中，构件数量庞大且功能各异，采用模块化的编码体系可以将构件按功能类别、生产批次、施工阶段等进行灵活组合。例如，机电模块中的电力设备、通信系统、空调设施等可以根据其设计和施工阶段不同被赋予不同的子编码，从而实现不同模块之间的高效对接与协作。

（3）可扩展性：适应行业技术迭代和未来发展

可扩展性是编码体系设计中不可忽视的原则。在城市轨道交通项目中，随着技术的进步和智能化水平的提高，编码体系必须具备支持新技术、新功能的能力。例如，随着智能化设备的引入，传统的轨道交通系统可能会添加更多的传感器、智能监控设备及人工智能算法。这些新技术需要在现有编码体系中找到合适的编码位置，确保每一项新技术都能够与已有系统兼容，同时不影响原有系统的稳定性和数据完整性。为了支持这种扩展，编码体系在设计时需要预留足够的扩展空间，避免在未来加入新技术时对现有编码系统造成冲突或需要重新规划。例如，可以设计具有层级结构的编码体系，使得每个新模块或新功能可以通过扩展新的编码层次来实现，从而无需改变原有的编码格式和逻辑结构。

与此同时，可扩展性还表现在支持项目规模扩展的能力。随着城市轨道交通建设的不断推进，许多项目可能需要增设线路或车站，甚至对现有设施进行技术升级。一个具备高度可扩展性的编码体系，可以通过简单的调整或添加新的编码规则，轻松支持规模扩展或系统优化。例如，在现有线路的基础上增加新的车站时，可以通过简单调整编码体系中的某一模块或层级，实现编码系统的灵活扩展便于新站点的管理与建设，同时不会影响其他部分的运营。

（4）唯一性与可溯源性：提升信息的精准管理

在复杂的城市轨道交通项目中，信息的唯一性与可溯源性是确保项目高效、精确管理的基石。首先，编码体系通过为每个构件、部件或模块分配唯一且不重复的编码，确保了信息的独立性和唯一性。在一个大型轨道交通项目中，从最初的设计阶段，到制造、运输、安装以及最终的运营维护，每一个构件、部件或模块都需要明确、准确的标识。为每个构件赋予一个独立的编码标识，有助于避免相同名称或相似功能的构件混淆，同时也为信息的追溯和管理提供了基础。其次，可溯源性是指通过编码体系能够追踪每个构件的来源和历史信息。在项目的设计、生产、安装、调试等各个环节中，确保每个构件都可以被追溯到其原始设计文件、制造厂家、检验记录以及安装位置等信息。通过将这些信息集成在编码体系中，可以在项目生命周期的任何阶段快速获取完整的构件信息。例如，当在后期的运营维护阶段，地铁站的某个供电设备发生故障时，运营人员可以通过编码快速定位到该设备的制造商、生产日期、维护记录等信息，从而高效判断故障原因并采取相应措施，减少故障排除的时间和成本。

（5）开放性：促进跨平台信息互联互通

开放性是编码体系设计的核心要求之一，尤其是在涉及多个信息平台和技术系统的轨道交通项目中，开放性可以实现不同平台之间的数据交换和共享。例如，城市轨道交通的建设管理平台、供应链管理系统、BIM 平台等可能采用不同的系统架构和数据格式，而编码体系的开放性则确保了这些平台之间的数据能够无缝对接。在尚品宅配的编码体系中，家具的定制设计、生产、仓储和配送等环节可以通过统一的接口进行数据交换，轨道交通项目同样需要实现这种跨平台的兼容性。例如，地铁项目中的施工管理系统和运营管理系统可以通过标准化编码接口进行对接，从而确保数据的一致性和共享性。这种跨平台的信息互联互通不仅提高了项目管理的效率，还为后期运营维护提供了可靠的支持。

## 6.2 编码体系与 BIM 集成

BIM 作为全生命周期信息集成和共享的技术平台，能够为编码体系提供可视化载体和数据管理基础，而编码体系则通过规范化、标准化的标识规则，为 BIM 模型注入可追溯、可操作的数据语义，从而实现两者的有机融合。这种集成方式不仅能够打破设计、生产、施工和运维各阶段之间的信息壁垒，还可以通过统一的数字化语言，将复杂的项目要素转化为清晰、可控的结构化数据流，显著提高协同效率与决策能力。整个编码体系的建立过程通常包括以下几个核心步骤：需求分析、规则制定、逻辑架构设计、技术实现与验证、动态维护与优化。这些步骤紧密衔接，共同确保编码体系的科学性、实用性与可扩展性。

（1）需求分析

编码体系的构建首先需要明确轨道交通项目的全生命周期管理需求。从设计、生产、施工到运维的各个环节，逐一分析信息流转的核心痛点与协作需求。例如，设计环节需要通过编码实现模块与构件的精准标识，制造环节需要以编码为依据优化生产排程，而施工环节则依赖编码实现现场装配的高效指导和实时监控。需求分析阶段还需结合项目规模、复杂性及技术条件，为后续的编码规则设计提供依据。

（2）规则制定

基于需求分析，制定统一且规范的编码规则，是建立科学编码体系的核心步骤。规则制定需要满足以下几点要求。①唯一性：每个模块、构件或工序都应具有唯一编码，避免混淆。②标准化：编码结构需符合行业或项目的通用标准，便于跨系统、跨平台的信息互通。③层次性：按照项目级、模块级、部件级、工序级逐层递进，使编码结构具备清晰的逻辑层次。④可扩展性：预留扩展位以适应项目变更或未来需求，例如支持新构件类型或施工工艺的加入。

编码规则的制定一般采用分层分段的方式，确保逻辑清晰。例如，编码格式可设计为"XX-YY-ZZZ-WWW"，分别代表项目代码、模块代码、部件代码与工序代码，每一部分的具体内容需详细定义并记录。例如，"DL-MK-ZT-WP-001"中，DL代表地铁一号线项目，MK 表示综合模块，ZT 标识站厅层，WP 指墙板部件，001 为模具制造工序。同样，对于站台层地板模块，编码"CX-ZD-ZT-FB-003"中的 CX 表示城际线项目，ZD 为站台层模块，ZT 标识站厅层，FB 为地板部件，003 表示混凝土浇筑工序。此外，机房层的吊顶模块编码"DL-JD-JF-CL-001"中，DL 代表地铁一号线，JD 为机电模块，JF 标识机房层，CL 为吊顶部件，001 同样表示模具制造工序。这种分层分段的编码规则通过逐级细化的方式实现模块与构件的唯一标识，既支持复杂项目中信息的精准追踪，也能灵活应对模块新增或变更需求，同时便于在 BIM、ERP、施工管理等多平台中应用，构建了高效协同的管理基础。

（3）逻辑架构设计

在规则制定完成后，需要建立编码的逻辑架构以实现信息的结构化管理。逻辑架构的设计通常包括两部分：编码层级结构和数据映射关系。

1）编码层级结构

将编码按模块或功能归类，例如地铁车站可分为结构模块、机电模块、装饰模块等。其中，结构模块涉及车站主体的承重部分，如基坑、主体框架、柱子、墙体等，其编码需体现设计阶段的分区特性和施工阶段的工程节点。机电模块包括电力设备、通风空调、消防系统等机电设施，通常分为系统层、设备层和连接件层，以支持设备安装、管线布局和功能集成的全过程管理。装饰模块包括装饰性和功能性部件，如墙面贴面、吊顶装饰、地面铺装等，编码设计注重样式分类与材料匹配。通过这种模块划分，不同类别的模块可以在设计阶段独立建模，在施工阶段分区实施，最后在运维阶段实现功能化维护。模块划分完成后，需要进一步将每个模块分解为细化的部件层级。部件的分解基于模块内构件的物理属性和功能特性，同时结合施工流程中的加工与装配需求。例如，在结构模块中，地铁站厅的编码可从整体框架细化为底板、立柱、墙体和顶板。进一步分解时，底板可划分为基础板和防水层；立柱可分为主柱和次柱；墙体则可细化为混凝土墙板和内衬装饰板。

2）数据映射关系

将编码与 BIM 模型中的构件属性进行关联，例如通过 BIM 平台将编码嵌入构件的"标识"属性字段中，确保每个编码与其对应的物理或虚拟构件精准匹配。将编码嵌入柱子构件的标识属性中，在 BIM 模型中，每个柱子的属性面板会显示如"构件编号：DL-SM-ZT-001"之类的信息。通过这种方式，不仅能够确保每个构件的唯一性和可追溯性，还能方便后续的管理和分析。

（4）技术实现与验证

在完成逻辑架构设计后，技术实现阶段需要将编码体系嵌入 BIM 模型及相关信息系统中。具体流程包括：

1）编码自动生成

借助脚本工具（如 Revit API 或 Dynamo），依据规则自动生成编码（程序编码）并批量绑定到 BIM 模型中的构件上。

2）多平台对接

通过标准化数据接口（如 IFC 标准），确保编码体系与 ERP 系统、生产管理系统或现场施工系统的联通性。

3）数据一致性验证

利用校验工具对编码的完整性、正确性和逻辑一致性进行检查，避免重复编码或错误关联。例如，某个构件的编码可能未能正确嵌入 BIM 模型中的属性字段，或者在导入外部数据时，编码信息与构件实际物理属性不符。数据一致性工具可以通过定期扫描模型和数据库，自动检测并提醒相关人员进行修正，确保数据的完整性和准确性。

(5) 动态维护与优化

轨道交通项目的复杂性决定了编码体系并非一成不变。动态维护机制的建立是保证编码体系持续有效运行的重要保障。在项目执行过程中，编码可能因设计变更、新增构件或工艺调整而需要更新。为此，需配套开发维护工具，实现编码的增删改查功能。例如，当站厅层新增一个墙板构件时，可通过编码规则生成新的编码"DL-MK-ZT-WP-015"，并自动嵌入 BIM 模型中，确保信息的及时更新和一致性。同时，通过大数据分析和反馈机制，不断优化编码规则和结构，使之更加适应未来的技术需求与行业发展趋势。

## 6.3 数字化编码在 DfMA 全生命周期中的应用

数字化编码能够贯穿项目的全生命周期，从设计、制造、装配到后期运营维护，通过高效的数据管理和流转促进各阶段的协同与精细化管理。

### 6.3.1 数字化编码在设计阶段的应用

在设计阶段，数字化编码主要用于模块化设计、信息分类与标准化、设计数据的精准管理。通过给每个构件、部件、模块分配唯一且具有层级关系的编码，设计团队可以清晰定义设计目标、模块边界及其属性，确保设计的一致性和可追溯性。在这一阶段，编码体系的核心功能是促进设计人员之间的沟通与协作，帮助实现不同专业设计之间的信息整合并避免冲突。

(1) 精确的构件标识与模块化设计

在设计阶段，数字化编码通过对模块、部件和构件进行精确标识，使得整个设计过程实现模块化管理。通过为每个构件、部件或模块分配唯一且具有层级的编码，设计团队可以明确每个模块的功能、位置、尺寸和材料等信息，从而大大提高设计的精准度。例如，在地铁车站设计中，结构部分可能由多个子模块构成，如站厅、通道、设备间等。每个模块会根据其功能和位置被赋予特定编码，如"MK-ZT-01"代表站厅模块的第一个设计版本，而"ST-DM-02"则可能表示结构支撑模块的第二版本。设计人员在使用这些编码时，能够快速识别每个构件的具体信息，而无需查阅大量设计文档或图纸，避免了信息丢失和错误传递。

(2) 自动化设计生成与模块化方案集成

数字化编码体系不仅帮助设计师对模块进行分类和定义，还通过 BIM 工具与设计平台的集成，实现了自动化设计生成。在设计阶段，基于统一编码的模块库可以为设计人员提供标准化、预设的设计方案。设计师只需选择相应的模块编码，系统便能自动提取该模块的设计规格、功能要求及其构成要素，并在此基础上进行定制化修改。例如，在设计一个特定的轨道交通车站时，设计人员只需选择"ST-01"这一标准化站厅模块编码，系统便会加载该模块的结构尺寸、外立面设计、材料规格等，并自动为其添加设计中的所有必要构件，如墙体、天花板、门窗等。设计师可根据实际需求进一步调整这些构件，确保它们与项目的具体要求相符合。

（3）精细化的零部件设计与编码支持

数字化编码在设计阶段的一个重要应用特性是为每个零部件、配件提供精准的编码标识。特别是在城市轨道交通项目中，每个零部件的设计通常都需要根据功能、位置、工艺要求等因素进行详细定义。通过将数字化编码嵌入零部件的设计过程中，设计人员能够更精确地掌握每个构件的设计数据。例如，某个车站的电气系统中的配电箱部件，可能会被赋予编码"E-DC-01"，其中"E"代表电气系统，"DC"代表配电箱，而"01"则代表该配电箱的编号。设计人员可以通过这个编码，直接获取配电箱的具体规格、尺寸、安装位置等信息，从而避免设计过程中出现冗余或不一致的情况。

### 6.3.2 数字化编码在制造阶段的应用

在制造阶段，数字化编码的作用主要是精确控制制造过程，确保设计方案准确转化为可执行的生产任务。在此阶段，通过编码将设计图纸转化为生产任务，并确保材料采购、生产工艺、生产调度与部件质量控制的精确性。每个零部件的编码不仅指导制造商按照设计规格生产，还帮助跟踪生产过程中的进度和质量，确保构件能够在装配阶段准确无误地对接。

（1）自动化生产任务分配与智能调度

数字化编码为自动化生产提供了基础，极大地优化了生产任务的分配与调度。每个零部件通过唯一的编码标识，将设计图纸、材料要求、加工工艺等信息与制造系统直接对接。通过这一编码系统，生产任务能够自动化地分配给合适的生产线或设备，避免了人工干预带来的误差。编码不仅包含了工艺流程、设备要求，还能与制造执行系统对接，实现生产进度的智能调度。例如，当某个部件的编码标识系统识别出其已完成初步加工，系统会自动调度相应设备进行后续工序，从而实现零部件生产的自动化。进一步地，系统还会根据工序的优先级和设备的空闲情况智能调整生产计划，提高了生产效率并减少了设备空转和生产延误的情况。

（2）智能化质量控制与实时监控

数字化编码在制造阶段的另一个重要应用是智能化质量控制。每个零部件的编码不仅代表了其设计要求，还包含了与质量控制相关的各项标准，如尺寸公差、材料强度、焊接工艺等。在生产过程中，编码与质量检测设备紧密集成，实时监控构件在生产中的各项指标。例如，在焊接工序中，编码系统会将每个构件的焊接要求与智能传感器的数据实时匹配，确保焊接强度、焊缝宽度等参数满足设计规范。如果传感器检测到偏差，系统将自动启动调整流程，或者生成报警信号，并指示操作人员进行调整。这种集成的质量控制系统能够在生产过程中提前发现潜在问题，并及时采取纠正措施，避免生产缺陷对后续环节造成影响。

（3）生产进度跟踪与信息共享

数字化编码还实现了制造阶段中零部件的实时进度跟踪与信息共享。通过编码，制造过程中的每一个环节都可以与生产调度系统及其他业务系统（如ERP系统）进行数据交互。当某个零部件的编码被扫描时，系统能够自动更新该部件的生产状态，并将其信息传递到相关的业务环节。例如，生产管理系统可以通过编码了解每个部件的加工进度，确保每个工序按时完成并向下游装配线提供及时的生产信息。这种信息共享不仅提高了生产管理的透明度，还可以通过数据驱动的智能分析进行生产预警。当某个生产环节出现问题时，系统会自动生成预警报告，提示生产管理人员采取补救措施，从而降低生产停滞或延误的风险。

### 6.3.3　数字化编码在装配阶段的应用

在装配阶段，数字化编码的核心功能是确保构件的正确匹配与高效安装。通过编码，施工人员可以准确识别每个构件的位置和安装要求，确保模块和零部件按照设计图纸顺序和规范进行安装。数字化编码还支持现场物料的管理和调度，确保装配过程中零部件的实时跟踪和协调。编码在此阶段的应用不仅提升了装配效率，也提高了施工现场的资源管理能力，避免了因信息不对称导致的装配错误和延误。

（1）确保构件的正确匹配与精准安装

数字化编码最重要的功能之一是在装配阶段确保每个构件的准确识别与匹配。每个零部件在设计阶段就被赋予了独一无二的编码，且该编码与构件的特性、位置、安装顺序等信息紧密关联。在施工现场，装配人员通过扫描编码，可以准确获得该构件的所有关键信息，包括构件的规格、安装位置、所需的配件和安装要求等。例如，某个构件的编码可能包含该构件需要安装的位置编号、连接方式以及安装时所需的工具和材料，系统将通过扫描二维码或 RFID 标签自动显示所有相关信息，确保每个构件按照预定的顺序和规范安装，极大地提高了安装的精度与效率，避免了错误匹配造成的返工和损失。

（2）现场物料的实时管理与调度

数字化编码在装配阶段还具有重要的物料管理功能。通过编码系统，施工现场的所有物料和构件都可以被实时追踪和管理，确保零部件按时、按量送达并准确分配到各个安装工序。例如，在一个大型城市轨道交通项目的车站建设中，不同模块如站厅、机电、设备等的构件都有独立编码，通过这些编码，施工人员能够实时了解各类物料的库存情况、配送进度及安装位置。这不仅有助于避免因物料短缺或配送延迟导致的施工停滞，还能提高资源的利用率，减少现场的物料堆积或误用情况。在现场物料调度方面，编码系统能实时反馈材料的流转状况，从而确保构件与安装顺序之间的协调与同步。

（3）优化现场资源管理与调度

在施工现场，数字化编码能够有效提升资源管理和人员调度的效率。随着项目的推进，各种构件和零部件的安装进度、安装顺序以及施工队伍的分工都需要被精细化管理。数字化编码不仅帮助施工人员了解每个构件的安装状态，还能通过集成系统与现场管理平台对接，优化人力资源和机械设备的调度。例如，基于每个构件的编码，施工管理系统可以实时显示该构件的安装状态，若某个构件的安装过程中出现延迟，系统会自动提醒相关人员调整工期计划或调配更多资源进行支持。此外，通过在构件编码中嵌入与工人工作时间、工种和安装计划相关的信息，管理人员能够精确地调度劳动力和设备，确保施工进度不受影响。

### 6.3.4　数字化编码在运营与维护阶段的应用

在运营与维护阶段，数字化编码主要用于设施管理、故障追溯和全生命周期管理。每个构件或设备的编码能够确保运营团队可以实时追踪设施的状态和历史数据，及时发现潜在问题并进行维修或更换。通过数字化编码，运营团队可以高效地管理设施的维护周期，记录维修历史，并实现设备的预防性维护。此外，编码体系还支持故障诊断、资源调度以及应急管理，确保轨道交通系统的安全稳定运行。

（1）设施状态监控与管理

在运营阶段，数字化编码使得设施管理变得更加高效和精准。通过将编码与设施状态、维修记录、运行数据等信息相结合，运营团队能够实时监控设施的健康状况，例如，轨道交通系统中的电力设备、信号系统或列车上的关键部件，每个部件都可以通过编码与相关的传感器和监控设备联动，将其运行状态、温度、压力等实时数据反馈至管理平台。运营人员可以通过这些信息及时发现设备的潜在故障，进行预警，避免突发性故障导致的停运。比如，某个电力系统的编码信息可以包含该设备的使用年限、保养记录及故障日志，帮助工作人员在必要时判断设备是否需要提前更换或进行进一步的修理。

（2）故障追溯与维修记录管理

数字化编码在故障追溯中同样发挥着关键作用。每当设施出现问题时，运营团队可以通过构件的编码追溯具体的部件和相关历史数据，查明故障原因，快速响应。例如，假设某列车的牵引系统出现故障，运营人员可以通过列车上每个关键部件的数字化编码，查看该部件的维修历史、生产日期以及相关的性能测试数据，从而判断是否是设备老化或维护不到位导致的故障。这种编码与历史数据结合的方式大大缩短了故障排查和修复的时间，提高了故障处理的效率。同时，所有的维修记录和操作都可以通过编码进行精准追踪，形成可查可溯的维修档案，为后期管理和质量评估提供支持。

（3）全生命周期管理与预防性维护

数字化编码还为设施的全生命周期管理提供了关键支持。轨道交通项目中的设备和构件往往有较长的使用年限，在这期间，设备会经历不同的维护和更新阶段。通过编码，运营团队能够基于设备的使用数据和维护周期进行预测性管理。例如，某一段轨道的编码可能包含了自安装以来的所有维护记录、使用频率、环境变化等信息。通过分析这些数据，管理系统可以预测该轨道在未来的某个时间点可能出现的问题，并提前安排维护工作，避免因设备突然故障导致的交通中断或安全事故。此外，编码体系能够自动生成设备的维修提醒，提醒工作人员进行定期检查和更换，优化资源利用，延长设备的使用寿命。

通过数字化编码在运营与维护阶段的广泛应用，轨道交通系统能够实现更加智能化和系统化的管理。每个设施和构件的实时数据和历史记录都有条不紊地存储在编码系统中，为运营团队提供了高效的管理工具。无论是故障排查、设备调度、资源管理还是预防性维护，数字化编码都能有效提高管理效率，减少人为错误，保障系统的长效运行。这种精细化、数据化的管理模式，将有助于提升轨道交通系统的整体服务质量和安全性。

## 6.4 数字化编码的实时管理与跨阶段连贯性保障

确保数字化编码在设计、制造、装配及运营维护阶段的连贯性，是实现 DfMA 全生命周期管理的核心目标。通过动态跟踪、版本管理以及全流程信息集成，可以实现构件信息的精准传递与无缝衔接，避免因信息孤岛或数据缺失而引发施工与运维问题。

## 6.4.1 实时更新的编码管理系统

实时更新的编码管理系统作为数字化管理的重要工具，能够确保项目各环节的信息在不同阶段得到准确、及时的记录和传递。这一系统通过对工程数据、资源配置、设计变更等内容进行实时编码和更新，确保了项目各方在执行过程中始终基于最新的信息进行决策，从而提升了项目管理的透明度与协同效率。

（1）统一规则生成与编码分配机制

数字化编码管理系统基于统一的规则生成标准，自动为每个构件分配独一无二的编码标识。这些编码综合考虑构件的类别、功能、位置和生命周期需求，并通过与BIM模型深度集成，形成包含几何参数、物料信息、制造工艺和装配要求的多维信息集成体。例如，轨道交通机电系统的支架模块，其编码需包含具体线路、安装位置、材料属性及功能分区，确保在设计与后续环节中快速识别。

（2）全生命周期状态管理

实时管理系统对构件的状态进行动态跟踪，从"设计中"到"制造完成""运输中""装配完成""投入运营"等多阶段记录具体时间、责任人及操作流程，确保信息流动清晰无误。例如，当某构件进入运输阶段，系统会自动标记其状态并生成实时物流追踪信息，以支持装配阶段的及时调度。

（3）版本控制与多阶段一致性保障

在各阶段的变更管理中，系统通过版本控制实现编码的动态更新，同时保留历史版本数据作为参考。设计阶段的每一次修改会生成新版本编码，而制造与装配系统会自动接收更新数据，避免因信息延迟或遗失导致的操作错误。例如，在设计阶段对某设备接线布局进行优化后，制造工厂可直接接收更新后的设计数据，避免使用过时模型制造，确保各阶段无缝衔接。

## 6.4.2 严密的质量控制与审核机制

严密的质量控制与审核机制不仅有助于在设计、制造、施工等各个环节中实现精确的质量把控，还能够通过系统化的审核流程，及时发现和纠正潜在的质量问题，从源头上减少工程事故和返工的发生。

（1）设计阶段的编码规则自动校验与标准化

在设计阶段，编码规则的校验是确保项目顺利进行的关键步骤。首先，制定一套详尽的编码规则，该规则涵盖编码结构、命名规范、版本控制等多个方面，确保了编码的唯一性和可追溯性。为了加强编码规则的执行力度，可以开发一套自动化的编码校验系统，该系统能够在编码生成过程中实时检查编码是否符合既定规则。若发现不符合规则的编码，系统将立即发出警告，并提供修改建议。此外，还可组织跨部门的编码规则培训，让设计、采购、生产等相关部门人员充分理解并掌握编码规则，提高协同工作效率。在设计评审环节，特别强调对编码的审查，确保设计图纸、技术参数与编码系统的一致性。通过定期的设计评审会议，收集各方意见，不断优化编码规则，以适应项目需求的变化。

（2）制造阶段中构件编码一致性质量审核

在制造阶段，质量审核与生产对接的关键在于确保构件编码的前后一致性。具体来说，需要在生产的两个重要环节进行双向验证：一是生产前，要核对编码是否与图纸和工艺要求完全一致；二是生产后，通过质量审核确保编码与实际成品相符。以轨道交通信号系统中的电子控制板为例，其编码必须与设计参数、测试结果及物料批次精确对应，以防止安装或使用错误。此外，数字化编码体系通过在编码中嵌入批次信息，实现了生产批次与具体构件的绑定。例如，编码"C-456-20240115-B12"中的"B12"代表了第12批次生产的构件。这样的批次信息编码化，使得构件从生产到装配的全过程都具有可追溯性，保证了项目管理人员和系统能够精确追踪每个构件的来源和生产背景。同时，在制造过程中，利用数字化制造系统（如 MES），每个生产环节都会自动记录批次相关信息，包括原材料批次、生产工序、操作人员和质检结果。这些数据通过生产批次编码与具体构件关联，并存储在中央数据库中，便于后续阶段的调用与分析。例如，在生产电缆模块时，系统会自动为每个批次生成唯一编码，并将其与模块的质量检测报告和制造参数关联起来。

（3）装配期间动态编码验证与批次追踪

在装配阶段，构件的编码验证是一个动态且关键的过程，主要通过现场扫码设备或智能终端来实现。施工人员在安装每个构件之前，必须使用这些设备扫描构件的编码，并将其与 BIM 系统中的数据进行核对，以确保正确的构件被安装在了预定的位置。这一步骤不仅验证了构件的身份，还确保了装配的准确性和效率。装配作业完成后，系统会自动更新构件的状态信息，详细记录包括安装时间、操作人员以及安装位置等关键数据，从而构建出一个完整且连续的装配数据链条。这样的数据链条为后续的运维工作提供了坚实的数据支持，使得任何构件的安装历史都能够被追溯和分析。此外，在运输和装配阶段，批次追踪系统发挥着重要作用。它不仅提供了构件的物流信息，还确保了指定批次的构件能够按照计划准时送达指定的装配地点。例如，当一批构件运输到装配现场时，现场技术人员只需扫描批次码，就能迅速确认这批构件是否为当前任务所需，从而避免了因批次错误导致的装配延误或错误安装。这种精确的批次追踪机制，结合实时的编码验证，大大提升了装配过程的透明度和可控性。

（4）运营维护阶段编码一致性数据审查与维护计划

在运营维护阶段，多维数据审查成为确保设备正常运行的关键。通过编码系统对设备运行数据进行实时监控，确保数据与实际编码的一致性。当设备出现故障时，运维团队可以迅速通过编码系统定位到设计图纸、制造批次和安装信息，实现精准溯源，为故障排查和修复提供有力支持。此外，利用大数据分析技术还可对设备运行数据进行深入挖掘，预测设备潜在故障，制定预防性维护计划。运维团队还依据编码管理的历史数据，制定定期维护计划，合理分配维护资源，降低运维成本。同时，建立用户反馈机制，将用户的使用体验和建议纳入运维数据审查范围，不断优化设备性能和运维服务。

通过实时管理、跨阶段衔接和动态更新，数字化编码体系实现了 DfMA 全生命周期内的唯一性和连贯性保障。各阶段信息通过统一平台和多维编码结构无缝衔接，形成完整的信息流和操作闭环。

# 第 7 章

# DfMA 带来的经济效益与社会效益

随着 DfMA 理念的逐步推广和应用，轨道交通工程在设计、制造和施工各个环节的经济效益和社会效益得到了显著提升。本章将深入探讨 DfMA 带来的经济效益和社会效益，重点分析如何通过优化工程成本与周期、推动低碳可持续性发展、提高劳动力效率以及提升业务场景的各项管理效果，来推动整个行业的转型升级。详细阐述 DfMA 在实际项目中的推广效果及其对社会的长远影响，并进一步探讨这一方法如何影响传统业务场景的质量验收、进度管理、计量计价及材料设备管理等方面的变革。

## 7.1 工程成本与周期的优化

DfMA 在城市轨道交通设计、制造、装配领域的广泛应用，不仅革新了传统的施工模式，更在工程成本与周期优化方面展现出显著的经济效益。本节将深入探讨 DfMA 如何通过其核心理念和实施策略，实现工程成本的大幅度降低和建设周期的显著缩短，进而对城市轨道交通建设的经济性和效率产生深远影响。

首先，从工程成本的角度来看，DfMA 通过在设计阶段充分考虑制造和装配过程，可以有效降低制造成本。一方面，通过简化设计，减少零件数量和复杂度，可以降低生产成本。例如，在地铁车辆设计中，通过采用模块化设计，可以减少零件种类和数量，降低生产成本。另一方面，通过优化装配过程，提高生产效率，降低人力成本。例如，在装配过程中，通过采用自动化装配设备，可以提高装配效率，降低人力成本。

此外，DfMA 的应用还可以帮助企业在生产过程中降低材料成本。通过在设计阶段充分考虑材料的选用和供应情况，例如，在地铁车辆设计中，通过选用性价比高的材料，可以降低材料成本。同时，通过优化供应链管理，确保材料及时供应，可以避免因材料短缺而导致的生产延误和额外成本。

在降低生产成本的同时，DfMA 还可以帮助企业降低运营成本。通过优化设计，提高产品的可靠性和耐用性，降低维护成本。例如，在地铁车辆设计中，通过采用耐磨材料和抗疲劳设计，可以提高车辆的耐用性，降低维护成本。另外，通过提高产品质量，提高产品市场竞争力，从而带来更多的市场份额和利润。

其次，从工程周期的角度来看，DfMA 可以有效缩短项目周期。一方面，通过提前识别设计中可能出现的问题，避免在生产过程中出现设计变更，从而减少返工和修补工作，缩短生产周期。例如，在地铁车辆设计中，通过仿真分析，可以提前发现设计中的问题，避免在生产过程中出现设计变更，从而缩短生产周期。另一方面，通过优化装配过程，提高生产效率，从而缩短整个工程项目周期。例如，在地铁车辆制造过程中，通过采用流水线生产方式，可以提高生产效率，从而缩短整个工程项目周期。

## 7.2 低碳可持续性与环境影响

在城市轨道交通设计、制造、装配领域，DfMA 的应用不仅可以提高生产效率、降低成本，还能带来良好的低碳可持续性和环境影响。本节将从以下几个方面探讨 DfMA 在城市轨道交通领域发展研究中的低碳可持续性与环境影响。

（1）材料选择与资源利用

在轨道交通设计过程中，材料的选择对环境影响至关重要。DfMA 理念强调在设计阶段充分考虑材料的环保性能，优先选择可回收、可再利用的材料，以降低产品生命周期结束后的处理压力。此外，通过优化设计，减少材料的使用，从而降低资源消耗。

以地铁车辆为例，采用 DfMA 设计理念，可以在车体结构、内部装饰、设备安装等方面实现材料的最优化配置。例如，在车体结构设计中，采用高强度、低重量的新型材料，既可以提高车辆的运行速度和安全性，又可以降低能源消耗；在内部装饰方面，使用环保材料和可回收材料，减少废弃物产生；在设备安装方面，通过模块化设计，提高零部件的通用性，降低备用零部件的库存，减少资源浪费。

（2）制造过程与能源消耗

DfMA 理念强调制造过程的优化，以降低能源消耗。在城市轨道交通领域，制造过程的优化可以体现在以下几个方面。

1）生产工艺的改进：通过引入尖端的加工技术，如激光切割、精密铸造等，不仅大幅提升了原材料的利用效率，同时也有效减少了能源的消耗。这些先进工艺的应用，对于提高生产效率和产品质量具有重要意义。

2）生产设备的升级：采用高效、节能型生产设备，能够在确保生产效率的同时，显著降低能源消耗。生产设备升级是提升制造业整体能效水平的关键举措。

3）生产流程的优化：通过对生产流程进行科学布局和智能调度，可以有效减少生产过程中的能源浪费。流程优化不仅提高了生产效率，也为节能减排提供了有力支撑。

4）废弃物处理与回收：在生产过程中，对产生的废弃物进行分类处理和资源化回收利用，不仅减少了环境污染，同时也实现了能源的循环利用。这一环节对于推动制造业绿色发展具有积极作用。

（3）装配过程与废弃物减少

DfMA 理念强调装配过程的优化，以降低废弃物的产生。在城市轨道交通领域，装配过程的优化可以体现在以下几个方面。

1）装配工艺的改进：通过采纳创新的装配技术，例如模块化装配和自动化装配，不仅显著提升了装配效率，同时也大幅度减少了废弃物的产生。这些先进装配工艺的应用，对于提升产品品质和降低环境影响具有显著效果。

2）装配设备的升级：运用高效率和节能型的装配设备，可以在提高生产效率的同时，有效减少废弃物的生成。设备升级是提升装配环节资源利用率和技术水平的关键步骤。

3) 装配流程的优化：通过对装配流程进行科学合理的布局和精确调度，可以显著减少在装配过程中产生的废弃物。流程优化不仅提高了装配效率，也为实现清洁生产和循环经济提供了重要支撑。

(4) 产品全生命周期管理与循环经济

DfMA 理念强调产品全生命周期的管理，以实现循环经济。在城市轨道交通领域，产品全生命周期的管理可以体现在以下几个方面。

1) 产品设计阶段的环保考虑：在产品设计的初始阶段，即综合考虑环保性能，确保产品设计符合可回收性和可再利用性的原则。这种前瞻性的设计策略有助于减少产品对环境的影响，并为后续的循环利用奠定基础。

2) 产品制造阶段的资源利用：在制造阶段，通过精细化材料选择和生产工艺的优化，旨在降低能源消耗并提升资源的利用率。这一过程不仅提高了生产的经济性，也为循环经济的实现提供了物质保障。

3) 产品装配阶段的废弃物减少：在装配阶段，通过优化装配工艺和设备，有效减少废弃物的产生。这种策略不仅提高了装配效率，也降低了环境负担，符合循环经济的原则。

4) 产品生命周期结束后的处理：当产品生命周期结束时，对其进行系统的分类处理和回收利用，是实现资源循环的关键环节。通过对废弃物的有效管理，促进了材料的再循环和再利用，从而最大化地发挥了资源的价值。

## 7.3 劳动力需求与用工效率的改善

在城市轨道交通项目中，劳动力成本和效率是衡量项目经济性和施工进度的关键指标。DfMA 的应用，通过其创新的设计理念和高效的施工模式，对劳动力需求和用工效率产生了深远的影响。本节将详细探讨 DfMA 如何通过减少劳动力数量、提高工作效率、优化人力资源配置以及对建筑行业劳动力结构的正面影响，进而推动城市轨道交通建设乃至整个建筑业的转型升级。

(1) 劳动力需求的大幅度降低

DfMA 通过其模块化、标准化的设计，使得机电设备和管线系统在工厂进行大规模的预制生产，现场施工更多转向装配而非传统手工作业。这种转变极大地减少了现场需要的劳动力数量。传统施工中，大量工种需要在狭窄、复杂的施工现场进行精细操作，而 DfMA 的装配方式使得更多工作可以在工厂环境下进行，利用自动化和半自动化的机械设备完成，显著降低了对熟练技术工人的依赖。例如，广州轨道交通多个项目应用 DfMA 后，实现了现场工人数大幅度降低，这不仅降低了直接的人工成本，也减轻了项目管理和协调的复杂度，减少了因人力资源调配不当造成的窝工现象。

(2) 用工效率的显著提升

DfMA 的模块化设计使得现场安装过程如同"拼装积木"，简化了施工步骤，提高了作业效率。预制构件在工厂经过严格的质量控制后运至现场，减少了现场的质量检验和调整工作，使得安装工人可以专注于高效的装配作业，显著提升了人均日安装量。通过

BIM 技术的辅助，安装前的模拟和预装配减少了现场安装错误，确保了安装的精确度和一次成功率，进一步提升了整体施工效率。实际应用案例显示，DfMA 在某些项目中实现了安装效率提升 30% 以上，有效缩短了机电安装的周期。

(3) 劳动力技能结构的优化

随着 DfMA 的推广，施工现场对高技能劳动力的需求发生了结构性变化。传统的手工艺技能逐渐被预制构件安装、BIM 技术应用、智能设备操作等新技能所替代。这种变化促使建筑行业对劳动力的培训和招聘策略进行调整，加大对新技术、新工艺培训的投入，鼓励年轻一代掌握更符合现代建筑发展趋势的技能。同时，DfMA 的实施对劳动力年龄结构也产生了正面影响，通过减少对体力劳动的依赖，吸引了更多年轻人加入建筑行业，有助于缓解建筑行业劳动力老龄化问题，促进劳动力结构的年轻化和专业化。

(4) 劳务管理模式的革新

DfMA 的应用还推动了劳务管理模式的创新。在 DfMA 体系下，项目管理方可以更加精准地预测劳动力需求，通过数字化平台进行劳动力资源的优化配置。例如，利用 BIM+APP-MES，可以实时跟踪现场状态，合理安排作业进度和人力资源，实现灵活用工和高效调度。这种基于数据驱动的劳务管理模式，减少了无效劳动，提高了工作效率，同时也增强了对施工质量与安全的控制，为项目管理带来了新的可能性。

(5) 劳动环境的改善与工人满意度提升

DfMA 减少了现场的手工加工和焊接等作业量，降低了施工现场的噪声，减少了粉尘和有害气体排放，改善了作业环境，有利于保护工人健康，提升工人满意度和工作积极性。良好的工作环境和现代化的作业方式也吸引了更多年轻人的兴趣，有助于解决建筑业面临的劳动力短缺问题，形成良性循环。

## 7.4　应用情况和推广效益

随着数字化技术和模块化建设方法的广泛应用，城市轨道交通项目的施工效率和管理水平得到了显著提升。在这一背景下，探索并分析应用情况与推广效益，能够为进一步优化设计和施工流程提供宝贵的经验与数据支持。

### 7.4.1　应用情况

在轨道交通 MEP 工程中，通过全专业协同开展装配式设计、工厂化预制与模块化安装，实现了从设计到竣工交付的全生命周期数字化建造。通过引入多维数字化建模与优化技术，对机电设备、管线及其附件进行精细化集成设计，不仅有效减少了零部件数量，还在连接方式上实现优化，显著降低了系统复杂性。此外，通过考虑制造工艺的可行性和施工现场的适应性，进一步提升了加工效率，并实现对安装误差的灵活调节。这一数字化与工业化深度融合的应用实践，通过生成详细的预制产品清单，指导工厂高效生产和现场高精度装配。在组件设计阶段，充分利用数字化工具模拟装配流程和使用场景，确保产品在功能、质量和经济性上的高度统一。最终，在工厂完成预制后，各部件能够以模块化形式快速安装，既缩短了施工周期，又提高了工程的整体可靠性和可维护性，为轨道交通建设提供了全新范式。

通过BIM技术的三维可视化功能,精确构建管线、设备与构件模型,识别并解决设计阶段的冲突与碰撞问题,确保了全专业协同设计的高效性。同时,通过装配式技术的引入,将施工过程标准化与模块化,涵盖了从精准下料、工厂加工到现场高效管理的完整流程。装配式模拟技术进一步优化了构件安装路径和步骤,为施工提供了动态指导。工厂化生产的构件以精度和质量为核心,现场则通过高效装配模式实现快速施工,显著减少了施工周期,并提升了施工安全性与一致性。这一技术体系的应用在多个维度实现了建筑工程的价值增益。从资源利用的角度看,装配式技术有效减少了材料浪费,BIM驱动的精细化设计则显著减少了返工和施工误差,大幅度节约了成本。施工阶段通过减少湿作业与传统工艺对环境的影响,不仅减少了建筑垃圾产生,还改善了现场施工环境,有助于实现绿色建筑的目标。在信息化管理方面,BIM技术贯穿项目全生命周期,结合物联网与大数据分析,实现了从设计到施工及运维的高效协同与动态调控。这种以数字化和集成化为核心的管理新模式,不仅提高了项目管理的精度与效率,还推动了建筑行业迈向智能化和可持续发展的新阶段。

## 7.4.2 推广效果

在广州市轨道交通三号线、五号线东延段车站设备区装修及机电工程施工中,全面应用了基于DfMA的先进技术体系,实现了轨道交通工程从设计到运维的数字化升级。通过引入超前设计技术、模块化制造技术和装配式快速安装技术,结合BIM-DfMA的数字化运维管理平台,构建了一个贯穿全生命周期的数字化生态链。在施工过程中,物联网技术与移动APP深度融入,通过受控的工厂制造、预装、验收及预制组件的前置管理,确保模块与部品部件的精度与质量。同时,积木式的装配方法简化了现场施工工序,大幅提高了施工效率与精准度,推动了地铁站数字化建造方式的变革。这一模式的实施,不仅实现了成本的有效控制和工期的显著缩短,还显著提升了工程质量的可控性与可预测性。数字化设计、制造、物流、安装与运维的全过程融合,优化了资源配置,降低了施工过程中对环境的影响,为城市轨道交通建设树立了新的标杆。通过技术与管理的双重创新,项目在降低人工成本与减少施工风险的同时,也为后续的运维管理提供了高效便捷的数字化支持。

城市轨道交通装配式绿色MEP-DfMA体系技术经过深入研发,已成功应用于广州市轨道交通十八—二十二号线一期、七号线西延、五号线东延、三号线东延、七号线二期及佛山地铁三号线等多条线路,以及若干国家重点装修及机电工程项目。在这些工程中,该体系通过集成装配式绿色技术和DfMA理念,将建筑数字化、产业化、绿色节能与创新发展融为一体。项目中广泛应用BIM技术,并与互联网信息平台深度结合,建立了贯穿"DfMA设计—智能制造—快速安装—运维一体化"的全过程生态链,为轨道交通建设提供了全新的技术支撑与管理范式。这一体系的核心优势体现在对施工全过程的高效组织与绿色施工理念的贯彻。通过"一次性设计、一次性制造、一次性施工、一次性验收"的高效实施模式,显著提高了工程整体效率,同时减少了传统施工中因二次加工和焊接产生的建筑垃圾、灰尘及烟雾等环境污染问题。装配式施工方法有效优化了现场作业流程,大幅度降低了对环境的影响,实现了绿色建造的目标。该技术体系不仅为轨道交通工程质量、成本控制和工期优化提供了可靠保障,也展现出推动行业向数字化、低碳化和智能化方向转型的强大潜力。

### 7.4.3 社会效益

采用城市轨道交通绿色装配式 MEP-DfMA 体系技术，强调对产品的量化分析，找出装配环节的问题，并同时评估零部件的制造工艺和成本。在设计时尽量简化产品结构，从而提高产品的生产效率，同时每个 MiC 构件都配备了便于信息数据化管理的多功能模块编码、单层模块编码与散件组件包装编码，从设计、下单、生产、出仓到运输、进仓、安装、调试、验收，每个环节都可以进行数据收集、整理、统计、分析、决策贯穿建筑全过程生态链，成功实现了提高轨道交通车站机电工程的安装质量水平和缩短车站机电工程的建设工期两大效益，同时推进装配式产业的发展，将机电管线及设备的超前设计、提前工厂化预制、智慧物流配送、装配式施工技术推广至城市轨道交通各线各站点，提高劳动生产率、减少对环境的污染。有效降低整体成本，同时提高产品的质量。

（1）运用 MEP-DfMA 技术体系与传统安装技术优劣势对比

相较于传统安装技术，MEP-DfMA 技术体系在城市轨道交通设计、制造、装配领域展现出明显的优势。首先，在质量方面，MEP-DfMA 技术体系通过工厂化预制和智能化物流配送，确保了机电管线及设备的精准安装，降低了返工和整改的可能性。其次，在工期方面，由于预制构件的生产与现场安装可以同步进行，大大缩短了工程建设周期。再次，在成本方面，虽然预制构件的初期投资较高，但减少了现场施工人员、提高了施工效率，从而降低了整体成本。最后，在环保方面，MEP-DfMA 技术体系通过减少建筑垃圾产生、降低碳排放，实现了绿色可持续性发展（图 7-1）。

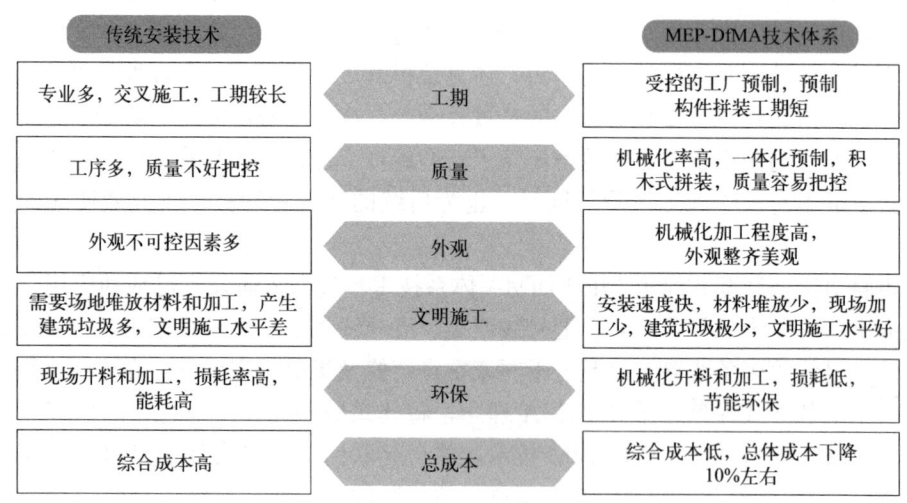

图 7-1　MEP-DfMA 技术体系与传统安装技术优劣势对比

（2）运用 MEP-DfMA 技术体系实现了用工人数大幅度降低

采用 MEP-DfMA 技术体系后，传统施工过程中大量的现场作业人员被机器人和自动化设备所替代，从而实现了用工人数的大幅度降低。这一变革不仅减轻了施工单位的人力成本压力，还有效降低了因人工操作失误带来的质量风险和减少了安全事故。

(3) 运用 MEP-DfMA 技术体系实现了低碳可持续性

MEP-DfMA 技术体系的无返工、无整改、零调试的理念,为城市轨道交通类似工程提供了低碳、绿色、可鉴的新方案。通过减少建筑垃圾、降低碳排放,实现了环保节约的目标,推动了建筑行业的绿色转型。图 7-2 阐述了建筑和工程项目中采用的关键技术特点和概念。低碳方面,在异地工厂进行组件的制造和机械开料,特点是高精度和低损耗。这种集中加工方式可以批量生产,显著减少了材料浪费和能源消耗,从而实现了项目的低碳环保目标。通过优化材料使用和生产过程,该策略不仅提高了资源利用率,还符合当前对可持续发展和环保的需求。无返工则是采用预制组件在现场进行积木式快速安装,这种方式减少了现场施工的时间和成本。预制组件的精确度高,误差小,现场拼装调整简便,大大提高了施工效率和项目质量。无整改的特点体现在预制组件的生产和安装过程中。二维码或编码是预制组件的唯一标识,这些信息由稳定的模型导出,确保了组件的正确性和一致性。现场安装人员通过扫描二维码,可以快速获取组件的装配信息和附图,从而确保了安装过程无误,消除了整改的需求。与此同时,通过异地工厂的质量管控,包括单设备测试和验收等环节,确保了组件在出厂前就已经达到使用标准。结合中央系统调试中心和数字孪生技术,实现了实体与虚拟调试的无缝对接,这大大减少了现场调试的需要,优化了系统的实施流程。BIM 模型作为数据载体和核心,展示了如何将设计意图与现场实际完美结合。通过复核现场的实际数据和图纸,如施工图、模拟方案等,BIM 技术确保了方案的可行性和合理性。同时,预制组件的二维码或标签码追踪和溯源流程,为整个工程提供了准确性和完整性的保障。

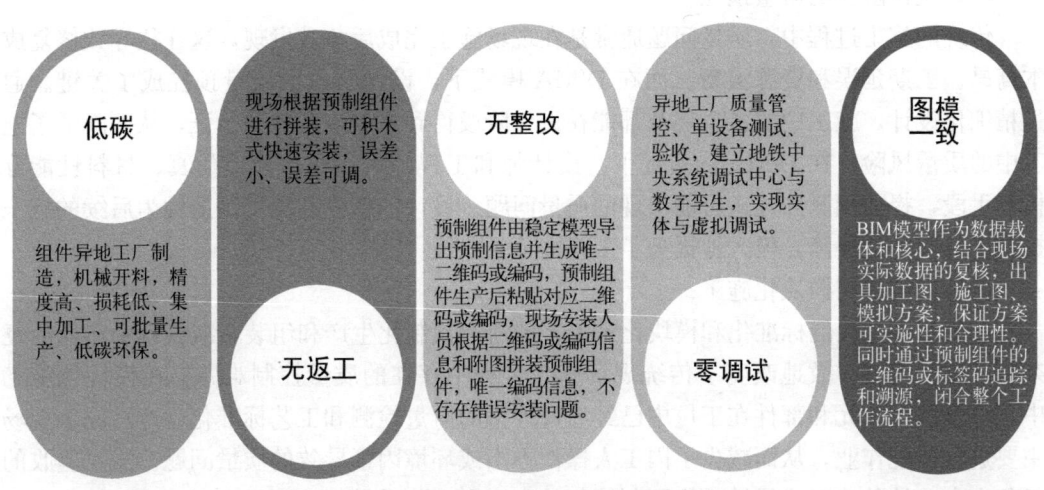

图 7-2 低碳、无返工、无整改、零调试、图模一致

随着社会的不断发展,机械自动化、信息化、产业化、智能化和绿色化的趋势在众多领域中展现出了多功能性、高效率和环保节约的特点。根据预测数据,未来几年内,对轨道交通机电工程装配式快速安装的需求预计将增长至 85%。相较于传统安装方式,机电工程装配式安装不仅提高了工程质量,降低了技术要求,还能够在多个方面带来显著的效益:例如工期可缩短约 25%,机械利用率有望提高约 50%,建筑垃圾可减少约 50%,施工过程中的碳排放可减少约 45%,同时施工单位的综合成本可下降约 20%。这些预测数

据表明，机电工程装配式安装技术将为城市轨道交通工程带来巨大的改进，提升行业整体效率，并促进环保和可持续性发展。

## 7.5 DfMA 对传统业务场景的影响

随着 DfMA 理念的不断深入与应用，传统轨道交通建设中的各项业务场景正面临前所未有的变革。通过精确的设计与制造协同，传统的工程模式不仅得以优化，且在施工效率、成本控制与质量管理等方面取得了显著成果。本节将探讨 DfMA 如何重新定义并改进这些传统业务场景，推动行业向更加智能化、标准化与绿色化的方向发展。

### 7.5.1 质量验收的变革

质量验收一直是城市轨道交通建设中的重要环节。在传统的施工模式下，质量验收通常依赖于大量的现场人工检查，验收流程冗长且容易受人为因素影响。这种传统验收模式在施工过程中存在诸多问题，例如现场施工质量不均、隐蔽工程难以检验、工期延误、验收标准难以统一等问题。尤其是在大规模、复杂度高的轨道交通建设中，质量验收的难度和复杂性更是显著，常常造成返工、延误和成本增加等问题。随着 DfMA 理念的引入，质量验收的流程和方法发生了根本性的转变。DfMA 通过对设计和施工工艺的优化，推动了质量验收标准的提升，主要体现在以下几个方面。

（1）设计阶段的质量预控

传统的施工过程中，质量问题通常是在现场施工完成后才被发现，这往往导致修复成本高昂、工期延误和资源浪费。而在 DfMA 模式下，设计阶段的质量预控成了关键。通过精细化设计，施工中的各个环节都能在设计阶段得到充分的考虑和验证，从而降低了施工中的质量风险。在 DfMA 的指导下，设计师和工程师可以通过模拟仿真、材料性能分析等手段，提前预测和规避可能出现的质量问题。设计的精确性和可制造性为后续的施工提供了强有力的保障，极大地提高了工程的可验收性。

（2）标准化与模块化施工

DfMA 理念提倡标准化和模块化施工，即通过预制化生产和组装，减少现场作业的复杂性。这种模式有效地改变了传统现场施工过程中存在的质量控制难题。在模块化施工中，许多结构单元和部件在工厂中已经经过严格的质量检测和工艺标准化生产，施工现场主要进行装配作业，从而减少了因工人操作不当或环境因素导致的质量问题。质量验收的对象也由单纯的施工成果转变为预制部件的生产和组装质量，从而提高了验收的效率和准确性。

（3）数据驱动的质量监控与验收

在传统模式下，质量验收往往依赖于现场验收和人工检测，难以实现全过程的监控和追溯。而 DfMA 模式借助 BIM 等数字化技术，实现了数据驱动的质量监控和验收。通过 BIM，项目各环节的设计、制造、运输、安装等过程都可以得到实时跟踪，所有相关数据都能够存储和分析，确保施工过程中每个步骤都符合预设的质量标准。此外，BIM 还能够提供详细的验收记录和质量数据，确保质量验收的透明度和可追溯性。通过这些技术手段，质量验收不再是单纯的"过后检查"，而是变成了一个全生命周期的质量控制过程。

(4) 自动化质量检测与智能化验收

随着技术的进步，使用自动化和智能化验收手段逐渐成为质量验收的趋势。在 DfMA 模式下，许多传统的人工检查环节可以通过机器人、传感器、无人机等技术进行替代。例如，通过无人机进行现场拍照和扫描，再结合 AI 技术进行图像识别，可以快速检测建筑结构的缺陷；通过传感器可以实时监测施工过程中材料的温度、湿度、应力等关键参数，从而确保质量控制的精度和及时性。自动化的质量检测不仅减少了人工成本和降低错误率，还能够在施工过程中实时发现问题，及时进行调整。

(5) 质量验收的责任划分与协同

传统的质量验收往往存在责任不明确、各方协作不畅的情况，导致验收流程复杂、效率低下。DfMA 在推动设计与施工一体化的同时，也促使了责任的明确划分。在 DfMA 的框架下，设计、制造、施工各环节的责任被细化，并且通过数字化平台实现了不同参与方之间的信息共享和实时协作。设计阶段的质量预控、生产阶段的工艺标准化、施工阶段的质量监控，三者之间形成了无缝衔接的链条，各方责任清晰，质量验收的透明度和效率大大提高。

(6) 验收标准的统一与规范化

由于 DfMA 推崇标准化和模块化生产，施工现场的质量验收也逐渐趋向统一和规范。在传统模式下，不同承包商、不同地区的施工质量标准差异较大，质量验收的标准化较为困难。而在 DfMA 模式下，标准化和模块化设计要求使得所有参与方都必须遵循统一的设计、制造和施工规范，从而实现了质量验收标准的一致性和规范化。这不仅简化了验收流程，还提高了验收结果的一致性和公正性。

## 7.5.2 进度跟踪的改进

在城市轨道交通建设中，项目进度是衡量项目成功与否的核心指标之一，传统的进度管理往往依赖手工记录和现场管理，存在信息滞后、沟通不畅、资源调配不合理等问题，导致进度跟踪和控制的难度大，进度偏差常常难以及时发现和纠正。而 DfMA 理念的引入，通过优化设计、标准化制造、数字化管理等手段，有效地提升了进度跟踪的精确性和实时性。首先，DfMA 通过设计优化和模块化生产，显著减少了施工过程中的不确定因素，从源头上避免了工期延误。在传统模式下，设计变更、现场条件的复杂性常常导致施工进度滞后，但在 DfMA 模式下，设计和制造的预见性和精确性增强，减少了现场变更的发生，进度可以按照更为科学的预定方案推进。其次，借助 BIM、物联网等数字化工具，项目的进度跟踪变得更加透明和实时。BIM 可以创建项目的虚拟模型，将所有施工环节、材料需求和设备使用情况——展示，实时更新施工进度，帮助项目管理者直观地了解各个施工阶段的完成情况，及时识别进度滞后的环节，快速调整资源和调度安排。物联网技术则通过智能传感器和设备监控，实现施工现场实时数据采集，进而提供精确的资源使用和作业进度数据，进一步提高进度管理的精度。此外，智能化进度预警系统的应用，使得管理者能够在进度出现偏差时及时收到预警，从而有效降低风险。通过实时跟踪和智能分析，管理者不仅能够识别潜在的进度问题，还可以预见到可能的延误风险，并提前采取措施进行调整。最后，DfMA 的协同管理模式也促进了进度的高效跟踪。在这一模式下，设计、生产、施工等各环节之间通过统一的数字化平台进行信息共享，各方能够在同一时间获取到项目的最新进度数据，避免了信息滞后和决策失误。这种全程数字化、实时同步的管理方式，不仅提高了进度跟踪的效率，还增强了各方协作的透明度和协调性。

在此基础上，"鹰眼"系统的引入进一步提升了进度跟踪的能力。作为一种集成化的监控与预警工具，"鹰眼"系统通过高精度传感器和大数据分析，实时监控施工现场的关键节点和资源流动，自动生成进度数据报告，帮助项目管理者迅速识别进度偏差，并提供详细的风险评估。这一系统不仅增强了对进度的透明化管理，还为决策者提供了更加直观、动态的进度监控手段。通过"鹰眼"系统，项目管理团队能够全方位、无死角地掌握项目进展情况，确保每个环节都能及时调整和优化，最终实现项目进度的高效控制与精准管理。

### 7.5.3 计量计价的优化

传统的轨道交通建设计量计价方式存在效率低下、争议频繁、难以准确反映项目实际成本等问题。而 DfMA 的应用，为解决这些问题提供了新的思路和方法。基于BIM 模型的计量计价方法，能够更好地适应模块化施工的特点，提高计量计价的效率和准确性。

（1）标准化与模块化带来的计量简化

传统的轨道交通建设项目中，计量工作通常需要根据每个施工环节和材料的实际使用量进行核算，这一过程烦琐且容易出错。尤其在复杂的地下轨道交通项目中，施工现场的不断变化和施工内容的多样性，使得计量工作往往缺乏统一标准，导致计量不精准或计算错误。通过引入 DfMA，项目采用了标准化和模块化的设计和施工方式，使得项目的计量工作变得更加简洁和精准。

在 DfMA 框架下，设计阶段的标准化要求使得施工过程中使用的组件和部件具有高度的统一性和重复性。比如，轨道交通中的基础设施、预制墙板、隧道管片等，都可以按照统一的设计标准进行生产。这种标准化和模块化的生产方式使得计量工作变得更加简单，因为预制部件的数量和尺寸都已经在设计阶段被确定，施工现场的计量不再依赖于复杂的现场测量和计算，而是可以通过核对标准化部件的数量与规格来实现。

此外，预制件的生产和运输通常会在工厂阶段就完成详细的计量，所有的工程量和单位都在出厂前就已经进行了核算，因此，现场验收时的计量工作相对减少。计量的标准化和简化，确保了更高的准确性和效率，减少了因人工测量和现场变更所带来的错误。

（2）数字化工具支持下的精确计量

传统计量工作往往依赖手工记录和人工核算，容易受到人为因素的影响，且由于信息传递不及时、数据更新滞后，项目的计量结果往往存在较大的误差。而 DfMA 的引入，借助了 BIM、物联网技术和大数据分析，为计量提供了更加精确和实时的数字化支持。

BIM 技术能够对项目的每一个组成部分、每一项施工工艺和每一件材料进行详细建模,所有的工程量和物料需求都能通过 BIM 模型进行精确计算。这一过程不仅提高了计量的准确性,还减少了传统手工计量中的人为疏漏。同时,BIM 模型可以与施工进度、资金流和资源配置实时同步,为项目管理者提供一个全面的数据支持平台,帮助他们在每个施工阶段实时跟踪材料、人工和机械的使用情况。

物联网技术则可以在施工现场实时监控各类资源的消耗情况,所有设备的使用情况、材料的消耗量、工人的工作进度等数据都可以实时采集并上传至数字化平台。通过这些实时数据,管理者能够快速了解项目的资源使用情况,并根据实际消耗情况调整资源的使用或资金的分配,从而避免出现计量偏差或预算超支的情况。

(3) 实时数据与智能化计价

通过数字化工具的辅助,项目的计量计价不仅变得更加精准,还实现了实时化和智能化。传统的计价工作通常依赖于固定的单价和人工核算,在项目变更频繁或现场条件复杂的情况下,可能导致计价出现较大误差或延误。而在 DfMA 模式下,数字化平台可以根据实时数据进行智能化计价,不仅能够实现准确的预算控制,还能在项目进展过程中根据实际情况进行动态调整。

例如,当项目出现变更时,智能化计价系统可以通过与设计变更、材料消耗和施工进度的实时数据对接,自动计算出新的工程量和相应的费用,进而生成更新后的预算。通过这一机制,项目管理者能够在变更发生后及时掌握变更带来的费用变化,避免了传统计价方式中因信息滞后或人工计算错误导致的预算失控。

此外,数字化平台还能够将项目的计价与合同条款、支付条件等信息进行对接,使得计价结果与资金支付更加紧密地绑定。项目的计价和结算过程可以在平台上实现全程透明化和自动化,大大提高了资金流转的效率和准确性,减少了结算纠纷和资金滞后的问题。

(4) 供应链管理与计量计价的协同

DfMA 模式下,设计、制造、运输、施工等环节形成了一个高度协同的供应链网络。每一环节的工作都依赖于前一环节的顺利完成,且每一环节的资源消耗和费用都会对项目的整体预算产生直接影响。在这种模式下,计量和计价工作不再是单独依赖施工现场的人工测量和后期结算,而是与整个供应链的运作紧密衔接。

例如,预制件的生产、运输和施工安装可以通过统一的供应链平台进行协同管理,确保每一项资源的消耗都能够得到实时记录和监控。在这种协同机制下,计量不仅仅是对已完成工程量的核算,更是对整个供应链中每一环节的动态监控和调整。通过与供应链的紧密配合,计量计价系统可以实现对项目预算、材料消耗、人工成本和机械使用等多个维度的全面把控,确保项目的资金使用和进度计划能够实现同步优化。

(5) 完善的项目审计与风险控制

由于 DfMA 能够提供实时、精确的数据支持,项目的审计和风险控制也得到了优化。通过数字化平台,项目的计量数据和费用支出能够得到实时记录和监控,从而为审计提供了完整的、可追溯的依据。审计人员可以直接通过平台查看项目的实时计量结果、费用结算和变更记录,避免了传统审计中人工记录和计算带来的漏洞和风险。

此外，计量计价的透明化和标准化使得风险控制更加科学和精准。项目管理者可以通过对计量数据的分析，提前发现可能导致成本超支或进度延误的风险点，并采取相应的预防措施，从而有效减少项目的财务风险和运营风险。

### 7.5.4 材料设备化管理

传统模式中，材料的采购、运输、存储和使用常常存在资源浪费、管理不善以及低效运作等问题。而随着BIM技术与模块化施工的结合，材料的管理不仅实现了数字化、标准化和智能化，还通过精细化的追溯体系提高了施工过程中的效率与精度。在这一背景下，材料设备化管理应运而生，它通过将材料、设备与施工流程的各个环节进行数字化联动，提升了整个项目的资源配置能力，并为轨道交通建设提供了更为高效、可持续的解决方案。

**1. 材料设备化的概念**

材料设备化是近年来在工程管理领域逐渐兴起的一个重要概念，它强调在产品设计和生产过程中，将材料与设备视为一个整体进行管理，以提高生产效率、降低成本、缩短产品上市时间。材料设备化管理是对传统业务场景的一种颠覆，它要求企业在产品设计、采购、生产、维护等各个环节，充分考虑材料与设备的兼容性、互换性和经济性，从而实现资源的优化配置。

材料设备化的核心思想在于，将材料与设备紧密结合起来，形成一个高效、稳定的生产系统。在这个过程中，材料不再是单一的物资，而是具有特定功能、性能和价值的产品组成部分；设备也不仅仅是生产工具，而是实现材料性能和价值的关键载体。材料设备化管理的目标是实现材料与设备的高度匹配，确保产品在质量、成本、交期等方面达到最优状态。材料设备化包括以下几个关键要素。

（1）功能集成：材料设备化管理要求在设计阶段，充分考虑材料与设备的集成性，将多种功能集成到一个系统中，从而简化生产流程，提高生产效率。例如，采用多功能设备实现材料加工、成型、检测等工序的一体化，降低生产成本。

（2）兼容性与互换性：在材料设备化管理体系中，材料与设备之间应具备良好的兼容性和互换性。这意味着，在不同设备上生产的同一种产品，可以保证性能和质量的一致性；同时，同一种设备可以适应不同材料的生产需求，提高生产灵活性。

（3）经济性：材料设备化管理强调在保证产品质量的前提下，降低生产成本。这包括优化材料选型、提高设备利用率、减少能源消耗等方面。通过材料设备化管理，企业可以实现生产资源的合理配置，提高市场竞争力。

（4）可持续发展：材料设备化管理关注产品的全生命周期成本，提倡绿色设计、环保生产。在材料选择、设备采购等方面，充分考虑环境影响，减少废弃物排放，实现企业经济效益与社会责任的统一。

**2. 材料设备化的优势**

在当今竞争激烈的市场环境下，企业需要不断寻求提高生产效率、降低成本、优化资源利用和提升产品质量的方法。在这样的背景下，材料设备化管理作为一种综合性管理方法，为轨道交通建设带来了显著的优势。

首先，材料设备化管理通过标准化和批量化的方式，使得每个施工环节所需的材料和设备都能够提前规划和精准配送，避免了现场材料短缺或过剩的情况。在传统模式下，材料的采购和运输往往根据现场实际需求进行调整，这种灵活性虽然看似能应对不确定性，但也容易带来材料使用不均、工期拖延等问题。而在模块化出场模式下，所有材料和设备都可以预订，精确到施工每个阶段所需的数量和规格，避免了资源浪费和工期滞后。

其次，模块化的材料设备化模式大幅提升了施工的工效。在传统的施工过程中，工人需要在现场进行大量的手工操作，包括切割、拼装和调整等，这不仅占用大量时间，还可能带来质量控制的困难。而模块化生产和材料设备化管理将这些环节移到工厂或预制场中进行，采用机械化、自动化的方式完成大部分的工作，现场施工时，工人只需要进行简单的组装和调试，大大提高了施工效率，缩短了工期。

再者，材料设备化管理通过高度标准化的生产方式，有效提高了质量控制水平。预制模块和设备在工厂环境下生产，相比现场施工，能够更加严格地执行质量控制标准，减少了施工现场环境不稳定或操作不当引起的质量问题。此外，模块化的施工模式使得每个施工单元都有统一的标准，所有的构件和材料的规格、尺寸都能够得到准确控制，确保了建筑的质量稳定性。

### 3. 材料设备化对供应链的影响

材料设备化作为一种现代企业管理理念，其影响已经渗透供应链的各个环节。供应链作为企业运营的重要组成部分，涵盖了原材料采购、产品生产、库存管理、物流配送以及最终产品交付等过程。材料设备化的实施，对供应链产生了深远的影响，以下将从几个关键方面进行分析。

首先，在原材料采购方面，材料设备化要求企业在选择材料时，不仅要考虑材料本身的物理和化学特性，还要考虑材料与现有设备的兼容性。这意味着采购部门需要与设计部门和生产部门紧密合作，确保所选材料能够适应设备的生产工艺，从而提高生产效率和产品质量。此外，材料设备化促使企业在采购时更加注重供应商的选择，倾向于与能够提供符合设备化要求材料的供应商建立长期合作关系，这有助于降低采购风险，提高供应链的稳定性。

其次，在产品生产方面，材料设备化推动了生产过程的标准化和模块化。通过将材料与设备紧密结合，企业能够实现生产线的快速调整和优化，以适应不同产品的生产需求。这种灵活性不仅提高了生产效率，还减少了生产过程中的物料浪费，从而降低了生产成本。同时，材料设备化促进了生产信息的实时共享，加强了供应链各节点之间的协同，使得生产计划更加精准，库存水平更加合理。

在库存管理方面，材料设备化的影响同样显著。由于材料设备化强调材料与设备的匹配性，企业往往需要对库存进行精细化管理，以确保材料能够及时供应到生产线上。这意味着企业需要采用更为先进的库存管理系统，如 JIT 库存策略，以减少库存积压，提高库存周转率。材料设备化还推动了库存信息的透明化，使得供应链各环节能够实时监控库存状态，有效预防供应链中断。

在物流配送方面，材料设备化对供应链的影响体现在运输效率和成本控制上。由于材料设备化要求材料在运输和储存过程中保持特定的状态,企业需要优化物流配送网络,确保材料能够安全、及时地送达。此外,材料设备化促进了物流包装的标准化,减少了包装材料的使用,降低了物流成本。同时,通过集成物流信息系统,企业能够更好地跟踪物流过程,提高配送的准确性和客户满意度。

  最后,在产品交付方面,材料设备化通过提高产品的质量和可靠性,增强了客户对企业的信任。材料设备化生产的产品往往具有更好的性能和更长的使用寿命,这有助于提升企业的品牌形象和市场竞争力。同时,材料设备化能够实现快速响应市场需求,因此企业在产品交付方面能够更加灵活,满足客户的个性化需求。

# 第8章

# DfMA 撬动城市轨道交通业态发展的商业模式

机电工程 DfMA 装配式的商业模式，主要基于装配式机电这一创新的建筑技术。以下是对该商业模式的详细分析。

(1) 优势

1) 高效快捷：通过预制的机电系统进行快速组装，使得工程能够在短时间内完成，大大缩短了施工周期。

2) 质量稳定：采用标准化的设计和生产方式，使得各部件的质量更加稳定，避免了传统现场施工中的误差和缺陷。

3) 环保节能：采用集约化的生产方式，减少了材料浪费和运输成本。同时，通过工厂化的生产，可以降低对环境的影响，实现环保节能的目标。

4) 降低成本：装配式机电的施工方式减少了人力成本和现场管理成本，同时也降低了因天气等因素对工程进度的影响。

5) 机械使用：生产加工和安装过程中大部分使用机械完成，减少工人成本，大幅度提高了生产效率和提升了产品质量。

(2) 应用场景

1) 住宅建筑：装配式机电在住宅建筑中广泛应用，特别是高层住宅和公寓等建筑类型。通过装配式机电的应用，可以大大缩短施工周期，提高施工效率。

2) 商业建筑：商业建筑对机电系统的要求较高，装配式机电的应用可以满足商业建筑的特殊需求，提高建筑的品质和价值。

3) 公共建筑：公共建筑如学校、医院、车站等对机电系统的要求也较高，装配式机电的应用可以提供更加稳定、高效的机电服务。

4) 工业建筑：工业建筑中的生产线和设备需要高效的机电系统支持，装配式机电的应用可以满足这一需求，提高生产效率和产能。

(3) 商业模式特点

1) 全产业链整合：从设计、生产到施工、安装，形成了一条完整的产业链。这种整合不仅提高了效率，还降低了成本，使得整个项目更具竞争力。

2) 定制化服务：根据不同客户的需求和场景，提供定制化的装配式机电解决方案。这种灵活性使得装配式机电能够更好地适应市场变化和客户需求。

3) 智能化生产：借助先进的智能制造技术，实现装配式机电的自动化、智能化生产。

这不仅可以提高生产效率，还可以保证产品质量的一致性和稳定性。

4）智慧中央仓储：集成了先进的信息技术、精准库存管理、自动化设备和智能算法的仓储管理系统，旨在提高仓储效率、降低成本、实时跟踪获取材料动态信息、增强透明度和提升客户满意度。

5）长期运维服务：提供长期的运维服务，确保装配式机电系统的稳定运行。这种服务不仅增加了客户的满意度和忠诚度，还为企业带来了持续的收益。

（4）发展趋势

1）技术创新：随着科技的不断发展，装配式机电将不断引入新技术、新材料和新工艺，以提高产品的性能和质量。

2）市场拓展：随着装配式机电技术的不断成熟和应用场景的不断拓展，其市场规模将不断扩大。

3）绿色发展：装配式机电将更加注重环保和可持续发展，通过优化设计和生产工艺，降低对环境的影响。

4）智能化管理：借助物联网、大数据等先进技术，实现装配式机电系统的智能化管理，提高运维效率和客户满意度。

# 第 9 章

# 趋势与展望

DfMA 技术作为一种高效的设计和制造方法，逐渐显示出其在提升项目效率、降低成本、优化资源配置等方面的巨大潜力。本章将探讨 DfMA 技术在城市轨道交通建设中的未来趋势和发展前景。首先，分析 DfMA 技术在这一领域中的实际价值，进一步探讨其未来的发展方向及在不同建设环节中的应用前景。最后，结合当前行业发展的现状，讨论如何推动 DfMA 技术的推广应用，为未来城市轨道交通项目的可持续发展提供支撑。

## 9.1 DfMA 技术在城市轨道交通建设中的价值体现

城市轨道交通系统是现代城市化发展的重要标志，其效率与质量直接关系到城市经济的可持续增长。然而，机电系统作为轨道交通建设中的核心环节，长期以来面临设计滞后、施工复杂、管理效率低下等问题。这些问题不仅制约了工程的技术进步与效能提升，也导致工期延误和资源浪费。在传统工程模式下，设计通常滞后于需求更新，导致图纸质量不高且难以适配最新技术，施工过程频繁出现返工与调整。与此同时，材料种类繁多、加工工序复杂，加剧了现场施工管理的难度，现场作业界面不连贯、施工人员技能参差不齐，最终造成了项目成本上升和效率低下。

DfMA 技术的引入，为解决轨道交通建设中的核心痛点提供了全新的解决方案。其核心理念强调设计、制造和安装过程的高度集成，通过顶层设计和全流程优化实现"一次做对"，从根本上避免返工和材料浪费。通过 DfMA 技术，设计成果不再仅限于传统的二维图纸，而是扩展为涵盖详细作业指导书的多维设计模型。这种设计模式能够直接对接工厂生产线，为构件的标准化、模块化制造提供坚实保障，从而显著提升施工效率和工程质量。

异地工厂化预制是 DfMA 技术的另一大优势。相比传统现场加工模式，工厂化预制在受控环境中完成部件的生产与组装，确保了部件质量的一致性与可靠性。通过将施工现场的复杂工序前移至工厂进行标准化生产，不仅有效降低了现场施工对环境的影响，还减少了因环境不确定性导致的误差与损耗。工厂化预制模式不仅提高了生产效率，还通过严格的质量管控和资源优化，实现了更高的经济效益和环保效益。

在现场施工环节，DfMA 技术实现了机电模块的高效拼装，如同"搭积木"一般，将复杂的安装过程分解为简单、快速的组装步骤。通过模块化设计和精准的生产对接，施工现场的工作量显著减少，对工人技能的要求也大幅降低，从而大幅缩短了施工周期，提高了施工精度。这种"一次安装到位"的模式，有效避免了传统施工中的二次调整与返工，显著提升了项目的时间效益与经济效益。

DfMA技术通过"一对三无"的理念，彻底颠覆了传统轨道交通建设模式，实现了一次设计、一次生产、一次安装，达到了无设计变更、无材料浪费、无返工的目标。通过前期的顶层设计、异地工厂化预制与标准化生产，DfMA技术不仅实现了机电模块的流水线生产与现场快速拼装，还有效降低了施工复杂性和减少了材料堆积，提升了施工现场的组织效率和安全性。这一技术理念的实现标志着轨道交通建设从传统粗放型模式向精细化、集约化模式的全面转型。

总之，DfMA技术以其整合性与高效性，推动了轨道交通建设在设计、制造、安装等各个环节的深度优化。通过解决传统模式中的关键痛点，DfMA技术不仅提升了建设效率与质量，也为绿色施工、智慧化建造和现代化管理模式的推广奠定了基础。未来，DfMA技术将在轨道交通建设中发挥更加深远的影响，助力行业实现高质量发展和技术创新。

## 9.2　DfMA技术在城市轨道交通建设中的发展趋势

随着城市轨道交通建设需求的不断增长，以及人们对工程建设质量、效率和环保要求的不断提高，DfMA技术在城市轨道交通建设中的发展趋势显得尤为重要。以下是DfMA技术在城市轨道交通建设中的几个主要发展趋势。

（1）设计阶段的优化

在建筑行业的发展趋势中，设计阶段的深度优化已成为提升工程整体效率和质量的关键环节。依托于BIM技术的先进支持，设计师能够在项目初期即对施工过程进行详尽的模拟分析，从而前瞻性地识别并解决潜在的设计问题和施工风险。这种基于BIM技术的优化策略，显著减少了施工阶段的变更和返工现象，为工程建设的顺利进行提供了重要保障。通过BIM技术的应用，设计阶段的优化不仅仅局限于图纸的完善，更体现在对整个建设过程的全面考量。设计师可以在虚拟环境中验证设计的可行性和合理性，通过碰撞检测、性能分析等手段，确保设计方案的精准性和施工的可操作性。这种预先的优化过程，极大地促进了设计人员与施工人员之间的信息交流和协同工作，减少了因设计优化不足导致的施工延误和资源浪费。

（2）标准化与模块化的深化

在DfMA技术框架下，标准化与模块化作为其核心构成要素，预示着未来城市轨道交通建设的发展趋势将向着更深层次的标准化与模块化推进。随着这一趋势的深化，越来越多的轨道交通建设项目将采纳标准化的构件和模块化设计，这些标准化构件具备在不同项目间的高度通用性和可重复使用性，从而显著提升了施工速度和项目执行的灵活性。标准化构件的应用，不仅优化了供应链管理，减少了库存成本，还通过规模化生产降低了单位成本，提高了构件的质量稳定性。与此同时，模块化设计的进一步深化，将使得构件的生产过程更加自动化，安装作业更加便捷，有效降低了施工的技术难度和操作复杂性。在这种发展趋势下，模块化设计不仅仅局限于构件的物理形态，还将扩展至功能集成和系统兼容性方面。通过预制模块的标准化接口设计，实现了构件间的快速连接和功能整合，极大地提高了施工现场的装配效率和加快了工程建设的整体进度。

（3）预制化技术的普及

随着预制化技术的不断成熟，其在生产过程中的质量控制与成本控制将得到更加精细化的管理。预制构件的生产将不仅仅局限于传统的结构构件，而是向更为复杂的机电安装构件等领域扩展，从而实现建筑行业全产业链的预制化升级。在预制化技术的普及过程中，质量控制的提升将是关键所在。通过采用先进的制造工艺和材料，结合数字化质量管理手段，预制构件的尺寸精度和性能稳定性将得到显著提高。同时，成本控制将成为预制构件生产的核心竞争力之一，通过规模化生产、优化供应链和降低运输成本等措施，预制构件的整体成本将得到有效控制。预制化技术的普及还将带来施工效率的全面提升。由于预制构件在出厂前已经完成了大部分的加工和组装工作，施工现场的作业将主要转变为构件的快速连接和功能调试，这不仅大幅减少了现场作业量，也降低了施工过程中的安全风险。此外，预制化技术的应用还有助于施工现场的环境保护，减少了噪声、粉尘等污染物的产生，促进了绿色施工理念的实践。

（4）智能化与自动化的应用

在当今技术革新的浪潮中，人工智能、大数据、物联网等前沿技术的迅猛发展为DfMA技术的应用带来了新的机遇。未来发展趋势预示着DfMA技术将深度融合这些先进技术，实现建筑设计、生产制造、施工安装等环节的智能化与自动化升级。具体而言，智能化设计软件的广泛应用将成为这一趋势的重要体现。此类软件通过内置的算法和数据分析能力，能够实现对设计方案的自动优化，不仅大幅提升了设计效率，还确保了设计方案的科学性和合理性。此外，智能化设计软件还能够实时反馈设计变更对成本、工期和环境影响，为项目决策提供数据支持。与此同时，自动化生产设备和施工机械的普及将是DfMA技术发展的另一重要方向。自动化技术的引入，将显著减少人为操作错误，提高生产过程的精确度和施工质量。自动化生产线能够实现24小时连续作业，大幅提升生产效率，缩短构件生产周期。而在施工环节，自动化机械臂、无人驾驶施工车辆等设备的应用，将进一步提升施工现场的安全性和施工效率。

（5）绿色建筑理念的实践

DfMA技术符合绿色建筑的理念，未来的发展趋势将更加注重可持续发展。在材料循环利用方面，DfMA技术通过预制构件的标准化和模块化设计，提高了构件的重复使用率和回收价值，减少了资源浪费。预制构件的生产过程采用工业化流水线作业，有效减少了原材料的消耗，同时也减少了建筑垃圾的产生。在能源高效使用方面，DfMA技术通过优化设计，提高了建筑物的能源利用效率。预制构件的精确生产减少了现场施工中的能源浪费，同时，预制构件的高性能密封和保温特性也有助于提升建筑的整体能效。在环境保护方面，DfMA技术的应用减少了现场施工活动，从而减少了施工过程中的噪声污染和扬尘问题。预制构件的工厂化生产模式，不仅提高了生产环境的可控性，还有助于实现生产废料的集中处理和资源化利用。

（6）跨学科技术的集成创新

DfMA技术的发展不仅局限于建筑学和工程学的传统领域，而是呈现出显著的跨学科特征，推动了跨学科技术的集成创新。展望未来，DfMA技术的发展趋势将更加凸显多学科交叉融合的重要性，涵盖了材料科学、机械工程、信息技术等多个领域，这些技术的深度融合将为轨道交通建设领域的科技创新注入新的活力，从而显著提升工程项目的综合性能和竞争力。在材料科学方面，DfMA技术的应用推动了高性能建筑材料的研究与开发，如轻质高强复合材料、智能材料等，这些材料的应用不仅减轻了结构重量，还增强了结构的耐久性和功能性。在机械工程领域，DfMA技术促进了预制构件生产设备的自动化和智能化，提高了构件的生产效率和精度。信息技术在DfMA技术中的应用为轨道交通建设的项目管理、设计协同、施工监控等环节提供了数据支持和决策依据。这种信息技术的集成应用，实现了项目全生命周期的数字化管理，提高了工程建设的透明度和可控性。

（7）供应链管理的优化

DfMA技术对供应链管理提出了新的要求，未来的发展趋势将是供应链管理的优化。通过DfMA技术，企业将更加注重供应链的协同效应，实现设计、采购、生产、施工等环节的高效衔接。供应链管理的优化还将关注材料供应的及时性和准确性。通过精细化的物流规划和库存控制，企业能够确保预制构件和关键材料按时按需到达施工现场，减少施工等待时间和项目延误风险。同时，供应链合作伙伴之间的紧密协作，将有助于实现质量控制和成本控制的双重目标，进一步提升项目的整体竞争力。这些趋势预示着城市轨道交通建设将进入一个更加高效、智能、环保的新时代，为我国城市交通的可持续发展提供有力支撑。

## 9.3 DfMA技术在城市轨道交通建设中的推广应用

DfMA技术在城市轨道交通建设中的推广应用是当前工程领域关注的焦点之一。随着数字化技术的不断发展和城市轨道交通建设的迅速扩张，DfMA技术在这一领域中的应用前景备受期待。以下是DfMA技术在城市轨道交通建设中推广应用的一些重要方面。

（1）政策与标准的制定

未来的发展趋势将是政策与标准的制定。政府应出台激励措施，比如税收优惠和直接财政补贴，以降低企业的初期技术采用成本。同时，相关部门需要制定详尽的技术规范和操作流程标准，确保从设计到现场组装的每一个环节都能达到预定的质量和效率。此外，建立严格的质量控制体系和定期的行业培训与认证，将进一步确保技术规范的有效执行。政策的制定和标准的制定将有助于推动DfMA技术的普及和应用。

（2）设计优化与标准化

DfMA技术在城市轨道交通建设中可促进设计优化与标准化。基于DfMA方法论，设计团队得以在项目初期便深入考虑制造与装配的协同效应，从而在方案设计阶段即实现设计要素的优化配置。此举不仅有助于降低制造成本，提升装配作业的效率，而且对于整个建设周期的成本控制和进度管理具有积极的推动作用。具体而言，DfMA技术倡导的设计优化，体现在对设计方案进行精细化管理和模块化处理，确保设计方案的可行性和经济性。通过对设计参数的精确控制，结合制造工艺的可行性分析，设计团队能够有效地减少设计迭代，避免不必要的修改，从而缩短设计周期，提高设计质量。DfMA技术推动的标准化设计，旨在构建一套统一的设计规范和组件库，以实现轨道交通设备部件的通用性和互换性。标准化设计的实施，不仅减少了定制化部件的需求，降低了生产复杂性，而且通过规模化生产提高了生产效率，降低了长期维护成本。此外，标准化设计还有助于提升零部件的质量稳定性,确保轨道交通系统运行的安全可靠。

(3) 成本控制与效率提升

DfMA技术以其独特的设计理念和施工方法,实现了对建设项目全生命周期的精细化管理,从而在多个层面上促进了成本的有效控制和建设效率的显著提升。首先,DfMA技术通过在设计阶段综合考虑制造和装配的兼容性,有效减少了材料浪费。这一方面得益于设计的精确性和预见性,使得材料使用更加合理,避免了过度设计和材料过剩的问题;另一方面,通过模块化设计,DfMA技术促进了材料的重复利用和循环使用,进一步降低了材料成本。其次,DfMA技术的应用显著降低了返工率。在设计阶段已经充分考虑了制造和装配的可行性,因此在施工过程中能够减少因设计缺陷导致的工作返工,这不仅节约了人力和物力资源,也避免了因返工造成的工期延误。此外,DfMA技术提高了生产和装配效率。通过标准化和模块化的设计,预制构件的生产和现场装配变得更加快捷和高效,减少了现场施工的复杂性和不确定性,从而加快了建设进度,缩短了工期。

(4) 模块化与预制化

模块化设计理念强调将复杂的建筑结构和系统分解为一系列标准化、系列化的功能单元,这些单元具有独立的设计、生产和装配特性。通过这种设计方法,可以实现构件的批量生产和重复利用,从而减少设计周期和制造成本。同时,模块化设计促进了构件的互换性和通用性,为后续的维护和升级提供了便利。预制化施工技术则将传统现场作业转移到工厂环境进行,通过工厂内的成套生产线,预制构件能够在受控的条件下完成生产,确保了构件的尺寸精度和质量。预制化施工减少了现场作业环节,减少了现场加工带来的噪声和环境污染,同时减少了施工过程中的安全风险。规模化生产是模块化与预制化的另一大优势,它通过集中管理和优化资源配置,提高了生产效率,降低了单位成本。

(5) 智能化制造与管理

智能化制造依托于先进的传感器技术、网络通信技术、数据处理技术和人工智能算法,实现了生产线的自动化控制和质量的自适应调整。在这一过程中,机器人和自动化设备取代了传统的人工操作,不仅提高了生产速度和精度,还显著减少了人为错误和降低了事故风险。此外,智能化制造系统能够实时收集和分析生产数据,通过数据驱动的决策支持,不断优化生产流程,减少资源浪费。同时,智能化管理系统的应用,为城市轨道交通建设提供了全方位的监控和管理手段。通过集成化的管理平台,项目管理者能够实现对施工现场的远程监控,及时掌握设备运行状态、施工进度和资源消耗等信息。这种管理模式不仅提高了管理效率,还通过预测性维护等手段,保障了轨道交通系统的安全稳定运行。

(6) 可持续发展与绿色施工

DfMA技术的核心在于其预制化和模块化的生产方式,这一模式有效地减少了现场施工过程中的噪声和扬尘污染,减少了建筑垃圾的产生,同时也减轻了对周边生态环境的影响。预制构件的工厂化生产,能够在受控环境下进行,从而提高材料利用率,减少资源浪费,实现资源的循环再利用。此外,DfMA技术倡导的绿色施工理念,强调在施工过程中采用环保材料和技术,如节能灯具、环保涂料和高效节能的施工机械,进一步降低施工活动对环境的影响。同时,通过精确的设计和施工管理,DfMA技术有助于提高建筑物的整体能效,延长其使用寿命,从而在长远角度促进城市轨道交通建设的可持续发展。

(7) 技术创新与人才培养

DfMA 技术的融合性和前沿性要求专业人才具备广泛的跨学科知识结构和创新思维，这为人才培养提出了更高的要求。为了应对这一挑战，高等院校、科研机构和企业应紧密合作，构建多元化、层次化的人才培养体系。通过将理论教学与实践操作相结合，培养能够跨越设计、制造、施工及管理等多个领域的复合型人才。这些专业人才不仅具备扎实的理论基础，还能够在实际工程项目中发挥创新思维，推动技术的应用与发展，成为城市轨道交通建设中的核心力量。此外，复合型人才的培养还要求教育体系灵活调整，注重培养学生的综合能力，使其具备应对复杂工程环境的能力，从而在未来的技术变革中占据有利位置。

DfMA 技术的推广不仅促进了城市轨道交通建设的创新，也为产学研一体化发展提供了有力支持。通过加强技术研发与实际应用的紧密结合，技术创新的焦点从实验室研究逐渐向施工现场的实际应用转移。项目实施中，技术与管理的不断融合和迭代，使得 DfMA 技术得以快速优化，推动了建筑行业的数字化和智能化转型。这一以实践为导向的创新模式，构建了丰富的实践平台，不仅加速了技术的应用普及，也为未来的技术升级提供了源源不断的创新动力。这种良性互动为人才培养和技术进步之间架起了桥梁，使得技术创新和人才培养相辅相成，共同推动城市轨道交通行业的持续发展。

## 参 考 文 献

[1] 樊美斌. 基于BIM的城市轨道交通配线设计方法[J]. 铁道标准设计, 2022, 66 (08): 38-43.
[2] 田玉冬, 蔡琼辉, 王广勋, 等. 城市轨道交通地下建筑安全智能检测系统平台技术[J]. 城市轨道交通研究, 2016, 19 (11): 121-123.
[3] 安从工, 张金博. 地铁站域步行空间的模块化设计更新策略[J]. 城市建筑, 2024, 21 (21): 65-69.
[4] 金博. 基于地铁车辆段上盖板模块化施工的可变式移动台车支架力学分析及优化研究[D]. 石家庄: 石家庄铁道大学, 2024.
[5] 李开存. 基于BIM技术模块化装配式地铁车站机电安装施工应用研究[R]. 昆明: 中国水利水电第十四工程局有限公司, 2022.
[6] 张宏林. 智慧管控系统在城市轨道交通运维中的应用研究[J]. 时代汽车, 2024 (17): 4-6.
[7] 李姝洁. 基于模块化理念的西安地铁施工项目部景观设计研究[D]. 西安: 长安大学, 2022.
[8] 付志永. 地铁车站装配化设计研究[J]. 中国新技术新产品, 2022 (05): 115-118.
[9] 孙志航. 轨道车辆数字化制造技术平台应用研究[J]. 人民公交, 2024 (06): 62-64.
[10] 俞能彬, 曾锵. 动态能力视角的尚品宅配数字化商业模式研究[J]. 科技创业月刊, 2023, 36 (11): 179-183.
[11] 徐蒙. 新零售模式下定制家具企业价值创造路径及财务绩效研究[D]. 南昌: 华东交通大学, 2023.
[12] 尚品宅配华东智能制造基地正式开业投产[J]. 智能城市, 2020, 6 (12): 13.
[13] 王立夏, 宋子昭. 动态演化视角下企业家精神与商业模式创新关系研究——以尚品宅配为例[J]. 管理案例研究与评论, 2020, 13 (03): 287-301.
[14] 刘达帅, 史美鲜. 汽车装配工艺模块化设计[J]. 汽车画刊, 2024 (04): 116-118.
[15] 马诗颖. 模块化设计在无人驾驶汽车内饰中的智能交互应用[D]. 兰州: 兰州交通大学, 2023.
[16] 鲍滕霄, 顾新建. 电子制动器智能化生产线模块化设计方法的研究[J]. 成组技术与生产现代化, 2021, 38 (02): 1-6.
[17] 张吉康. 基于模块化理论的车载控制器设计研究[J]. 汽车工业研究, 2021 (02): 35-40.
[18] 郭伟年. 模块化设计方法在商用客车设计中的应用[J]. 客车技术与研究, 2020, 42 (03): 16-19.
[19] DARWISH A, ELGENEDY A M, WILLIAMS W B. A review of modular electrical sub-systems of electric vehicles [J]. Energies, 2024, 17 (14): 3474.
[20] LU W, TAN T, XU J, et al. Design for manufacture and assembly (DfMA) in construction: The old and the new [J]. Architectural Engineering and Design Management, 2021, 17 (1-2): 77-91.
[21] NAIJU C D. DfMA for product designers: A review [J]. Materials Today: Proceedings, 2021, 46: 7473-7478.
[22] MONTAZERI S, LEI Z, ODO N. Design for manufacturing and assembly (DfMA) in construction: a holistic review of current trends and future directions [J]. Buildings, 2024, 14 (1): 285.
[23] 杨卓翰. 地铁建筑设计技术要点探讨[J]. 城市建筑与发展, 2023, 4 (2): 112-114.
[24] 赵晓丽. 智能制造在工业设计中的应用与发展趋势[J]. 南方农机, 2024, 55 (S1): 92-95.
[25] 刘长春. 基于单元的数控机床装配设计关键技术研究[D]. 沈阳: 东北大学, 2013.
[26] 刘虎沉, 李河, 施华. 基于质量4.0的智能制造全价值链质量管理模式[J/OL]. 科技导报, 1-14 [2025-02-25]. http://kns.cnki.net/kcms/detail/11.1421.N.20241212.1555.002.html.
[27] 王苏文. 基于BIM的MEP管线综合知识库构建与可视化研究[D]. 徐州: 中国矿业大学, 2019.
[28] 马捷. 基于BIM的地铁综合管线设计优化方法研究[D]. 广州: 华南理工大学, 2015.
[29] 陈昊. ERP在房地产企业的全系统应用研究[D]. 长春: 吉林大学, 2017.
[30] 黄燕雯. ERP系统在企业成本管理中的应用问题及对策研究[J]. 上海商业, 2024 (10): 154-156.
[31] 佟伟. 工业软件: 制造业的数字化转型引擎[J]. 现代制造, 2024 (07): 6.
[32] 高子陵. 基于ERP的MES集成系统设计研究[J]. 科技与创新, 2024 (17): 116-118.
[33] 洪毅生. BIM应用+工厂ERP和MES形成机电工程智慧制造的探索及应用[C] //中国图学学会建筑信息模型

（BIM）专业委员会.第二届全国BIM学术会议论文集.北京：中国建筑工业出版社，2016：317-320.

[34] GAO S, LOW S P, NAIR K. Design for manufacturing and assembly (DfMA)：A preliminary study of factors influencing its adoption in Singapore[J]. Architectural engineering and design management, 2018, 14（6）：440-456.

[35] 任星辰.装配式BIM技术在建筑全生命周期中的应用[J].铁道工程学报，2022，39（06）：90-94.

[36] 李静原，姚维风，姜恩泽，等.BIM技术在建筑运行维护阶段的持续集成应用案例[J].施工技术，2018，47（S2）：15-18.

[37] 杨婧雯.基于BIM与数值仿真的道路下穿高铁桥梁施工影响分析[D].南昌：华东交通大学，2023.

[38] 成月.BIM技术在MIC模块化集成建筑中的应用[J].中国勘察设计，2024，（09）：93-96.

[39] 张博.数字化背景下BIM在模块化集成建筑中的应用研究[D].长春市：吉林建筑大学，2023.

[40] 吴启源，钱叶琳，苏颖.智慧工地建设实施动态管理分析管理[J].安徽建筑，2023，30（09）：189-190.

[41] 毕思远.BIM技术在装配式建筑模块化施工中的应用研究[J].房地产世界，2024（11）：143-145.

[42] 陆友平.模块化施工在建筑工程中的应用[J].中国建筑装饰装修，2023（14）：165-167.

[43] 侯风垒.基于成熟度的Y地铁企业机电项目接口管理能力评价研究[D].杭州：浙江大学，2023.

[44] 孔逸文.现代物流管理与供应链管理在企业中的应用[J].中国物流与采购，2024（14）：105-106.

[45] 王久红.现代物流与供应链管理在企业中的应用[J].全国流通经济，2021（32）：21-23.

[46] LIJUN L, SHUMIN Y. The influence of modern logistics management optimization strategy on alleviating employee anxiety under supply chain management mode[J]. Psychiatria Danubina, 2022, 34（S4）：560-560.

[47] 李志强.物联网技术在智慧城市建设中的应用优势与难点[J].智慧中国，2024（05）：58-60.

[48] 陈晶晶.物联网技术在智慧城市建设中的应用分析[J].电信快报，2023（04）：34-37.

[49] 黄一格，孙波，鲁青松，等.基于BIM的地铁智慧运维管理的研究与实践深铁集团南山区既有运营线路BIM基础信息建设项目[J].城市轨道交通，2023（05）：44-47.

[50] 侯峰超.城市地铁轨道交通工程造价全过程控制探讨[J].中国市场，2023（12）：177-180.

[51] GANGLONG F, BO F, HONGSHENG X, et al. Research on the virtual simulation experiment evaluation model of e-commerce logistics smart warehousing based on multidimensional weighting[J]. Open Computer Science, 2022, 12 (1)：314-322.

[52] KRISHNAN K R E, WAHAB N S. A qualitative case study on the adoption of smart warehouse approaches in malaysia[J]. E3S Web of Conferences, 2019, 13601039.

[53] 黄建勇.机电设计创新引领数字工厂建设[J].经贸实践，2024（07）：54-55.

[54] 李景.高标准建设绿色能源数字工厂[N].经济日报，2024-04-30（012）.

[55] 申晓波.基于物联网数字工厂与智能工厂的整合[J].中国新通信，2024，26（01）：38-40.

[56] 曾湘钰，黄雅雯，曾耀锐，等.基于财务战略矩阵的特斯拉公司战略优化[J].河北企业，2024（04）：98-101.

[57] 马广勋，韩鹏，高尚.工业互联网与建筑行业的深度融合——装配式建筑数字工厂[J].中国建设信息化，2023（24）：42-45.

[58] G Z. Guidelines of the German Association of Engineers for evaluating human work in the digital factory[J]. IISE transactions on occupational ergonomics and human factors, 2021, 9 (3-4)：11.

[59] DAMIANI L, REVETRIA R, MORRA E. Safety in Industry 4.0：The multi-purpose applications of augmented reality in digital factories[J]. Advances in Science Technology and Engineering Systems Journal, 2020, 5 (2)：248-253.

[60] 黄捷，詹维捷，潘聪捷，等.面向智慧工厂的多仓储机器人路径规划仿真教学研究[J].实验技术与管理，2024，41（11）：100-108.

[61] 卫鸿涛，王旭，洪磊.智慧工厂数字孪生的仿真模型设计与连接实现[J].互联网周刊，2024（20）：14-16.

[62] 费天元."世界灯塔工厂"的期权智慧[N].上海证券报，2024-08-23（003）.

[63] 严翠.富士康：以"灯塔工厂"引领未来智造[N].证券时报，2022-12-27（A04）.

[64] 胡强.智慧工厂中的AGV路径规划和调度机制研究[D].南昌：南昌航空大学，2024.

[65] 杨凯．基于5G技术的智慧工厂仓储物流与巡检管理研究［J］．农业装备与车辆工程，2024，62（06）：137-140.

[66] 阚希，张红燕，曹海啸，等．智慧工厂＋虚拟仿真混合式实践教学模式探索［J］．新闻研究导刊，2023，14（24）：54-56.

[67] 郑耀威．制造企业主导型工业互联网平台开放度演化研究［D］．杭州：浙江工商大学，2022.

[68] 胡亚森．基于统一编码标准的城市轨道交通BIM族库管理系统研究［D］．成都：西南交通大学，2021.

[69] 芦思文．基于建筑信息分类体系的建设项目工作分解结构研究［D］．南昌：华东交通大学，2011.

[70] ZUGUO B，SHENG H，ZHAN W，et al. Research on big data coding system based on the classification of artificial materials and mechanical equipment in construction engineering［J］．Journal of Architectural Research and Development，2024，8（6）：40-50.

[71] 高质量编码为企业数字化转型保驾护航［J］．条码与信息系统，2024（03）：3.

[72] 赖欣，朱美玲，梁昌盛．空域类数字化航行通告建模与编码映射方法研究［J］．民航学报，2023，7（04）：64-69.

[73] 朱红坤．面向建筑运维的BIM构件结构化编码技术研究［J］．上海建设科技，2024（03）：106-110.

[74] 潘志权，闫飞，贾东远，等．长距离输水工程数字孪生模型数据融合及编码技术研究［J］．水利与建筑工程学报，2024，22（02）：12-18.

[75] 孔云涛．基于EBS编码规则的城市轨道交通四电BIM云构件库搭建［J］．铁路技术创新，2023（04）：88-95.

[76] 黄玮．建筑工程BIM编码体系的研究［J］．铁道建筑技术，2023（01）：24-27.

[77] HU S，MA W，ZHU Y，et al. Research on information coding and management for big data mining in highway bridge operation and maintenance［C］//2023 3rd International Conference on Public Management and Intelligent Society（PMIS 2023）．Paris：Atlantis Press，2023：1090-1097.

[78] TIAN J，LAN G，JIN L，et al. Research on the fusion of power grid data and urban facilities data［C］//E3S Web of Conferences. Paris：EDP Sciences，2021，294：02006.

[79] 饶洋，王君，曾雪松，等．城市轨道交通BIM分类和编码标准及数字化应用研究［J］．土木建筑工程信息技术，2022，14（03）：57-61.

[80] 孙周辉，张晓川，彭昱坤，等．基于智能建造平台的大型线性工程进度管理模型的开发及应用［J］．四川水力发电，2024，43（02）：61-64＋75.

[81] 谢长城．BIM技术应用到建筑施工进度控制中的分析［J］．城市建设理论研究（电子版），2023（36）：123-125.

[82] 周绍杰，潘鹏，顾栋炼，等．融合BIM与三维重建的施工进度数字孪生跟踪方法初探［C］//中国图学学会建筑信息模型（BIM）专业委员会．第九届全国BIM学术会议论文集．北京：中国建筑工业出版社，2023.

[83] 邱聪．地铁机电安装工程质量控制探究［J］．工程管理与技术探讨，2023，5（14）：206-208.

[84] 郝健，张彤．浅谈地铁车站防水施工技术及质量控制［J］．工程管理与技术探讨，2022，4（16）：215-217.

[85] 王朝杰，冯志华，樊浩博．公路隧道施工涌水处治与计量计价［J］．中外公路，2024，44（05）：225-231.

[86] 王艳玲．试论地铁机电安装工程的计量结算过程［J］．建筑与预算，2022（07）：77-79.

[87] 范加波，王同军．智能物料验收系统助力成本管控［J］．建筑，2019（17）：77-78.

[88] 段政．城市轨道交通建设与经济社会发展协调性研究［D］．武汉：华中科技大学，2016.

[89] 王玮，薛志刚．信息化在广州地铁工程项目管理中的创新应用与研究［J］．智能城市，2024，10（10）：14-16.

[90] 薛小同．城市轨道交通建设对周边房价影响［D］．徐州：江苏师范大学，2020.

[91] 魏晓龙，陈波．智慧城市轨道交通运营管理信息化建设研究［J］．现代交通与路桥建设，2024，3（12）：109-111.

[92] 邓慧，李晓宇，李玉申．智慧城市轨道交通运营管理信息化建设研究［J］．工程管理与技术探讨，2023，5（18）：99-101.